Gerhard Habarta • Ernst Fuchs

GERHARD HABARTA

ERNST FUCHS

DAS EINHORN ZWISCHEN DEN BRÜSTEN DER SPHINX

EINE BIOGRAPHIE

:STYRIA

Die Deutsche Bibliothek – CIP-Einheitsaufnahme

Habarta, Gerhard:
Ernst Fuchs – das Einhorn zwischen den Brüsten
der Sphinx : eine Biographie / Gerhard Habarta. –
Graz ; Wien ; Köln : Verl. Styria, 2001
ISBN 3-222-12851-0

www.verlagstyria.com

Archiv Ernst Fuchs: Ernst Fuchs
Erste Lesung: Annemarie Moser
Verlagslektorat: Sabine E. Gollmann
Layout und Umbruch: Helmut Lenhart, Graz
Thlenai: A. H.
Umschlagbild: Archiv Ernst Fuchs
Umschlaggestaltung: Graphik-Design Mag. Kurt Rendl
Druck und Bindung: Druckerei Theiss GmbH, A-9400 Wolfsberg
ISBN 3-222-12851-0

INHALT

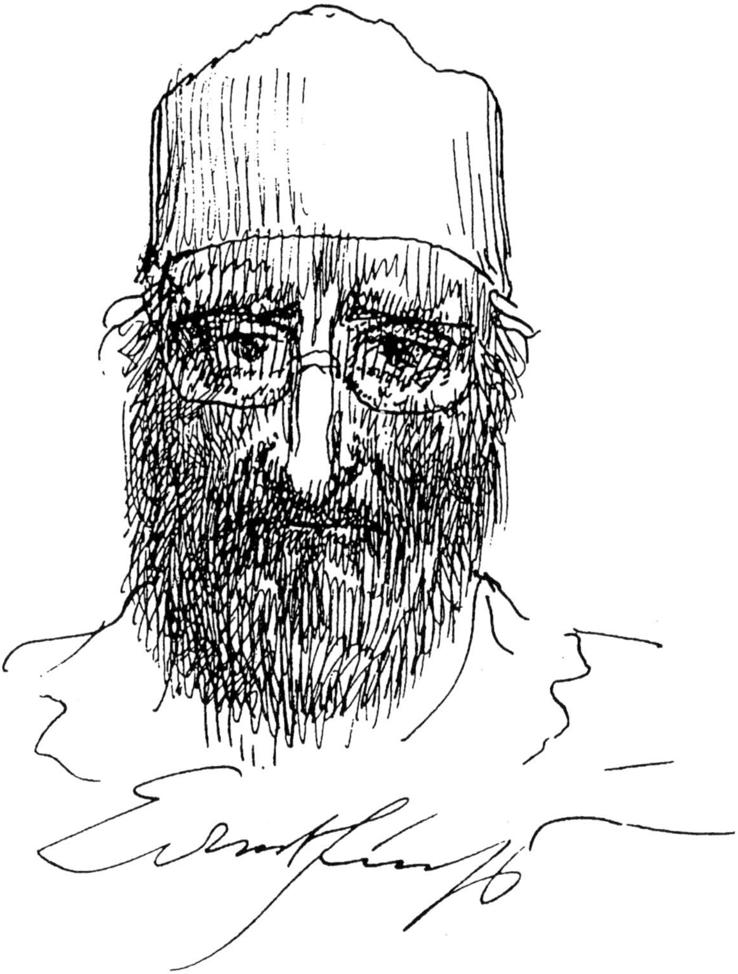

Der goldene Rolls-Royce

Ernst Fuchs der Malerfürst – Eine Lebensgeschichte

Der goldene Rolls-Royce schiebt sich langsam vor bis zum Tor der Residenz des französischen Botschafters. Der Mann, der ihm entsteigt, ist groß, schlank, mit geschmeidigen, ja fast tänzerischen Bewegungen. Er ist unauffällig auffallend, vor allem durch die Kopfbedeckung: eine schirmlose, randlose Mütze, weiß mit feinem, blauen linearem Muster bezeichnet. Das Gesicht ist eingerahmt von einem dichten, unter dem Kinn nach Art der Sikhs zusammengeknoteten Bart. Die kleine Brille mit dünnem Stahlrahmen sitzt auf einer langen, das Gesicht bestimmenden Nase. Er wirkt elegant. Das klassisch geschnittene schwarze Sakko, die klassisch gebundene Krawatte zu den Jeans signalisieren zwar Feierlichkeit, aber lassen nie vergessen, dass es die Arbeitskleidung eines Malers und Dichters, Graphikers und Bühnenbildners sowie Architekten ist, von einem, der immer am Gesamtkunstwerk von Himmel und Erde arbeitet. Der jetzt mehr als 70-jährige Ernst Fuchs eilt, man hat den Eindruck, schneller als seine Begleitung und die anderen Gäste, die breite Marmortreppe in die Empfangsräume der Botschaft hinauf. Diese elastische Beweglichkeit, eilend, aber nie gehetzt, zeichnet ihn aus. Wo immer er ist, er ist schon wieder in Bewegung zum nächsten Ort des Geschehens, das oft er bestimmt.

Der Botschafter begrüßt ihn wie einen Freund – der er ist – und dekoriert den Künstler mit den Insignien eines „Officier dans l'Ordre des Arts et des Lettres". Ernst Fuchs hat noch nicht viele Orden bekommen, vor allem keine österreichischen, was ihm auch nicht wichtig ist. Aber diese Ehrung freut ihn ganz offensichtlich, denn um ihn ist nur ein ganz kleiner Kreis alter Freunde.

Eine grauhaarige Dame freut sich, Ernst Fuchs wieder zu sehen. Ihr

Vater hatte die ersten Bilder des damals jungen Malers gekauft. Ein Theatermacher wird in der Rede von Ernst Fuchs als alter Freund bedankt: Er hat für Fuchs vor gut 50 Jahren in Paris ein Loch von einem Quartier gefunden, das aber immer noch besser war, als im Eingang der Metro zu nächtigen. Die Tochter einer Kaffeehausbesitzerin ist ebenfalls anwesend. Wie eine Botschafterin der vielen rauchigen, fast immer geöffneten Zufluchten, seiner Residenzen, in Wien und Paris, in denen Fuchs mehr lebt als in seiner prunkvollen Museumsvilla oder dem „Castell Caramel" in der Provence. Die jungen Damen, die sich in verschiedene Gruppen locker arrangieren, sind entweder seine Töchter oder deren Mütter. Ein Kind ist da, blass, mit wachen Augen, einer der letzten Söhne des Ernst Fuchs. Eine lächelnde Gräfin, Zierde jeder Society-Party, ist quasi die Botschafterin einer Gruppe der Gesellschaft, die Fuchs als standesgemäße Unterhaltung akzeptierte.
Der brüderliche Malerfreund seit den Kindertagen mit seiner schönen Frau. Er ist auch schon 70, aber gerade auf dem Weg nach Feuerland zum Bergsteigen. Etwas, was Fuchs sicher nie machen würde. Sie hatten erst kurz zuvor das jüdische Neujahrsfest zusammen verbracht. Fuchs allein zu Gast bei der großen singenden Familie aus Kindern und Enkelkindern. Über 60 Jahre spannt sich ihre Beziehung. Künstlerisch, familiär und verbunden in ihrer Sehnsucht nach Israel und der Bewältigung aller künstlerischen Ausdrucksformen. Sie malen und schreiben, gestalten plastisch, bauen und singen, jeder in seiner ihm eigenen Art.
Zwischen den Anwesenden, die ihren Champagner trinken und die Brötchen essen, bewegen sich unsichtbar die Erinnerungsgestalten unzähliger Menschen, mit denen Ernst Fuchs sein Leben teilte. Nie verlässt ihn der Gedanke an seine Eltern und das gemeinsame Leben, das durch die Nazis zerrissen und zerbrochen wurde. Die Frauen, die er geliebt hatte, mit denen er Kinder hatte, die in seinen Bildern als Sphinx oder Venus Kallipygos leben. Die Lehrer, die dem 14-jährigen Wunderkind mit Respekt begegneten, die Geistesverwandten, die Weggefährten, mit denen er ungeachtet aller Anfeindungen seine Lebensziele verfolgte und die erst die Erfolge trennte. Aber das ist eine lange, vielschichtige und mehrdimensionale Geschichte. Die Geschichte des Ernst Fuchs.

Ernst Fuchs 1948. (Privat).

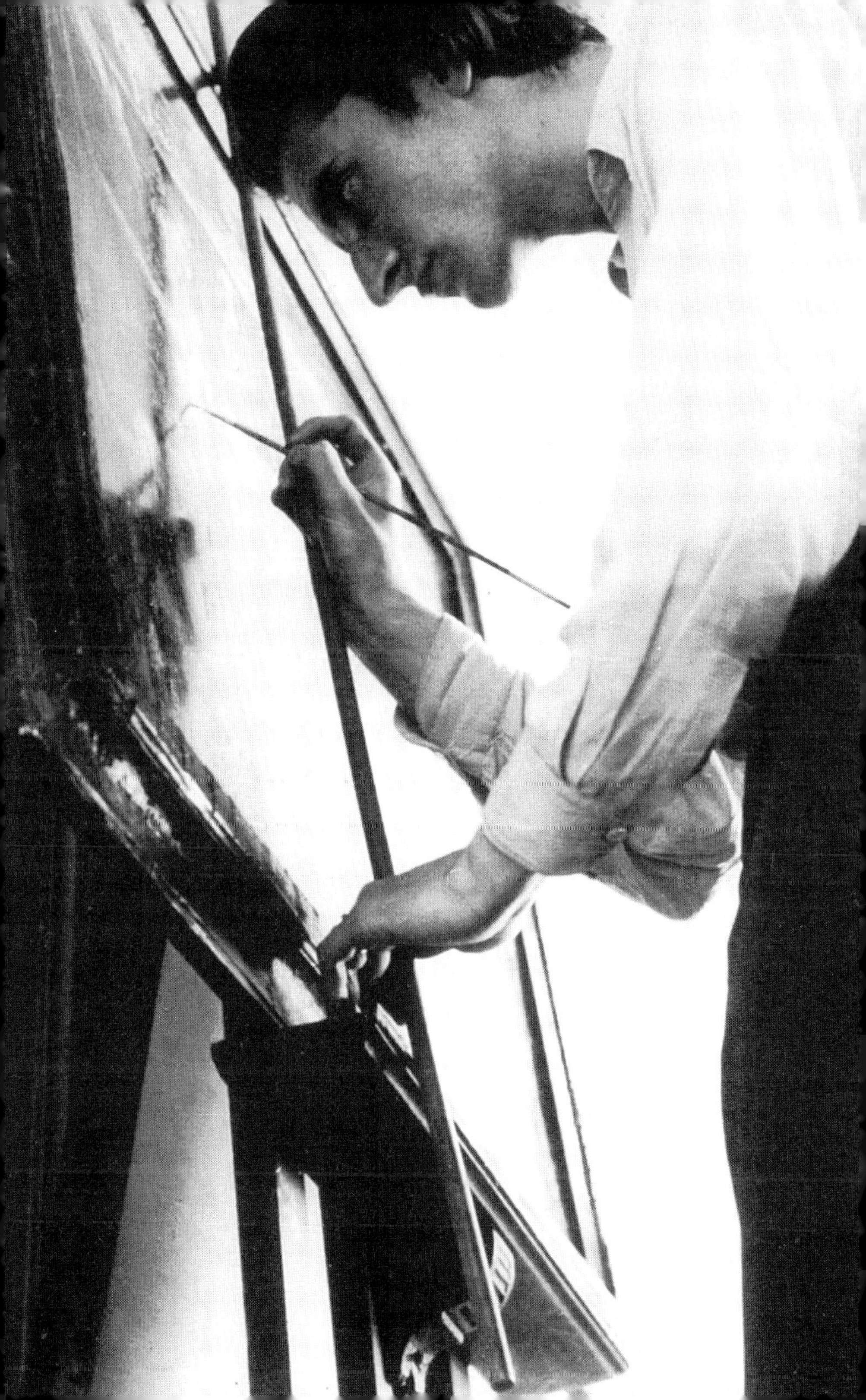

1. Der Anfang – Alles war Experiment

Ein Wunderkind unter Wunderkindern, die den Krieg überlebten

Ein Krieg ist zu Ende. Ein Regime, das alles beherrschte und kontrollierte, ist plötzlich nicht mehr existent. Es ist im Inferno von Bomben und Sprengungen durch sich zurückziehende Truppen untergegangen. Seine Führer haben sich in Sicherheit gebracht, einige haben sich selbst das angetan, was sie vorher Millionen Unschuldiger antaten: Sie haben sich umgebracht. Die Überlebenden aus den Konzentrationslagern versuchten, ins Leben zurückzufinden, und die Nationalsozialisten versuchten, entnazifiziert zu werden. Die Städte waren zerstört, die Menschen bemühten sich, zu überleben.

1945, das war das Ende einer Zeit des Schreckens und der Anfang einer Zeit, von der man nichts wusste, einiges erhoffte und vieles befürchtete. Es war ein Leben zwischen Ruinen.

Eine dieser Ruinen ehemaliger Prachtbauten war die Akademie für bildende Kunst in Wien. Wie die zerbombte Oper und der ausgebrannte Stephansdom war sie eines der überflüssigsten und unnotwendigsten Gebäude in einer Stadt, wo die Wohnungen keine Fensterscheiben hatten, die Bahnhöfe zerstört waren, die Strom- und Gasversorgung nicht funktionierte, es nichts zu essen gab und man die Toten in den Parkanlagen bestattete.

Aber das Überflüssige war gerade das Notwendigste. Deshalb begann die Arbeit an der Akademie sofort. Neue Schüler kamen und auch neue Professoren:

Ernst Fuchs war 15 Jahre alt, als er inskribierte, und wusste: *„Ich bin Maler.“*

Anton „Tonko“ Lehmden kam als 17-jähriger aus der Tschechoslowakei mit einer Mappe voller Zeichnungen für die Aufnahmeprüfung. Er war, wie andere, auf dem Waggondach eines Zuges aus Preßburg bis Wien-Floridsdorf gefahren. In Preßburg hatte es nur drei Straßenbahnlinien gegeben. In Wien stieg er in die Straßenbahnlinie 332 und wusste: *„Ich bin in einer Weltstadt.“* Die Straßenbahn fuhr nur wenige Stationen bis zur eingestürzten Brücke über die Donau. Und auf den wenig mehr als einen Meter breiten, sonst hoch aufragenden und jetzt im Wasser liegenden Brückenbogen überquerte man den Strom. Am anderen Ufer standen ausgeglühte Panzer.
Als Arik (Erich) Brauer an die Akademie kam und Fuchs den Namen hörte, sagte er: *„Brauer Erich, der mit dem ‚Buffalo Bill‘? Brauers Kinderzeichnung, die aus der ‚Judenschule‘ zu uns in die ‚Umerziehungsschule‘ kam, wurde als Beispiel einer besonders guten Arbeit präsentiert.“*
Einer der neuen Professoren war Albert Paris von Gütersloh, damals 58 Jahre alt, der für die Entwicklung der jungen Kunst in Wien noch sehr wichtig werden sollte. Er war Dichter und Maler und 1938 durch einen erfolglosen Künstler und illegalen Nazi bei der Gestapo denunziert worden. Der Denunziant hoffte, die nach dem Berufsverbot Paris von Güterslohs frei werdende Klasse an der Akademie zu bekommen. Gütersloh sollte in einem Arbeitslager interniert werden, konnte aber durch Freunde in einem Betrieb als Buchhalter untergebracht werden, wo er den Krieg als verdächtiger Linker und entarteter Künstler überlebte. Am 13. Juni 1946 schrieb er in sein Tagebuch: *„Heute bezog ich meine Arbeitsräume in der Akademie. Ich beginne mit der Vollendung eines alten Stilllebens.“*
Der Kärntner Maler Herbert Boeckl wurde in den ersten Tagen nach Kriegsende zum Rektor der Akademie ernannt. Er war 51 Jahre alt, nicht vertrieben und nicht vom KZ geschwächt worden. Er stand am Fenster der Akademie und sah zufällig Gütersloh, der, wie er schrieb, *„eines Aprilvormittags des Jahres '45 eine Stunde lang den kleinen, viereckigen Platz, mit dem verschmutzten Luftschutzwasser gefüllten Tümpel, in dessen Mitte damals das Schiller-Denkmal stand, umwandelte“*.
Boeckl übergab Gütersloh die Klasse für Gobelintechnik und Land-

schaftsmalerei. Ernst Fuchs: *„Hier versammelte sich eine Elite von Träumern, die von ähnlichen Zielen schwärmten wie ich. Hier traf ich auch Anton Lehmden, Erich Brauer, Wolfgang Hutter, Kurt Steinwendner und Fritz Janschka. Das für mich faszinierendste Wesen aber war Inge Pace, eine außerordentlich begabte Malerin."*

Wolfgang Hutter: *„Wer waren die Leute, die zu Gütersloh an die Schule gingen? Das ist heute nicht anders als damals. Ein junger Mensch geht an die Akademie und kommt durch Zufall an seinen ersten Lehrer. Wenn er ihn sich aussucht, so geht er zu jener Persönlichkeit, deren Bilder eine Welt sind, in der er glaubt, sich wohl zu fühlen. Und die Bilderwelt des Albert Paris von Gütersloh war durchaus bekannt."*

Ernst Fuchs war, wie Arik Brauer und auch Hundertwasser, zuerst in der Klasse des 55-jährigen Dänen Robin C. Andersen gewesen. *„Das erste Semester bei Andersen war eher eine Katastrophe. Er war ein Professor, für den war auch Raffael Kitsch, Klimt war für ihn ein Tapezierer und Schiele ein Pornograph. Wir verstanden einander nicht. Das Wintersemester hingegen bei Albert Paris von Gütersloh geriet zum elysischen Aufschwung."* Arik Brauer: *„Andersen war ein sehr guter Lehrer und Maler. Aber er hat etwas gelehrt, was mir wesensfremd war und geblieben ist. Ich hatte nichts davon und bin weg. Er war kein Lehrer, der seine Schüler sehr frei hielt. Er hatte an der Tür eine Liste angeschlagen, mit den Farbwerten, die zu verwenden waren."* Und Hundertwasser verließ nach drei Monaten 1948 die Klasse. *„Bei Professor Andersen musste man alle Gelenke mit schnittmusterartigen Linien verbinden."*

Gütersloh sammelte rasch Schüler um sich. Meist waren es solche, die ihn als Literaten und Maler kannten und die speziell am Surrealismus interessiert waren.

Ernst Fuchs war der Jüngste. *„Aber es gab nie einen jungen Ernst Fuchs. Er hat gezeichnet wie der Michelangelo oder wie der Rubens oder wie sonstwer der Kunstgeschichte"* (Wolfgang Hutter).

Rudolf Hausner: *„1945 und danach hat Fuchs unerhört starke Bleistiftzeichnungen gemacht. Ohne Vorbilder, ohne Vorläufer. ‚Behälter des Weltalls' oder ‚Die Beweinung von Zwiespältigem' und Ähnliches. Eine außerordentliche Leistung."*

Fuchs: *„Meine Tendenz zur phantastischen Kunst kommt eigentlich von Gustav Meyrink her und aus dieser seltsamen Literatur des deutschen Expressionismus. ‚Der Golem‘, das ‚Grüne Gesicht‘ und ‚Des deutschen Spießers Wunderhorn‘. Bei den Malern waren meine Lieblinge Campendonk, Archipenko und Klee natürlich. Sowie die Shelter-Zeichnungen von Henry Moore. Solche Abbildungen in Zeitschriften habe ich ganz genau studiert und versucht, mit Deckfarbe über fettigem Untergrund die gleichen technischen Effekte zu erzielen. Kennen gelernt habe ich das alles durch die Buchreihe ‚Junge Kunst‘, die ich mir in der Akademiebibliothek ausgeliehen hatte. Viel stärker als all die blassen Schemen der Theorie bewegten und geleiteten mich die konkreten handwerklichen Grundlagen der wirklichen Malerei. Geradezu magisch lockte und fesselte mich der unberührte, makellose, weiße, geschliffene Malgrund unserer Bilder. Er war für mich schon damals viel mehr als ein zu bemalendes Stück Holz oder Karton. Er wurde zum Fetisch, zum Symbol. Er war, wenn gut vorbereitet, in unseren Augen schon ein Kunstwerk, der Anfang einer neuen Kunst, die dort wieder anknüpfen wollte, wo Malerei nur auf solchen Gründen entstehen durfte, weil Kunst und kunstvolles Handwerk mehr galten als theoretisches, amateurhaftes Geschreibe irgendwelcher Kunstkritiker.*

Mein Interesse an Material und Technik der Alten Meister wurde geradezu manisch, und dieses hat sich bis heute gehalten. Seit meinen ersten Versuchen in dieser Richtung bin ich auch immer als Lehrer tätig gewesen. Was ich entdecken konnte, habe ich unter den Kollegen verbreitet, jedes Buch zu diesem Thema studiert und unzählige Experimente durchgeführt, um das zu ergründen, was heute die handwerkliche Grundlage einer ziemlich umfangreichen Kunstrichtung geworden ist. Die Zahl jener, die, von diesem Handwerk ausgehend, dem Kunstgeschehen neue Impulse gaben, war beachtlich. Jedenfalls wurde jener glatte, weiße Malgrund und der spitze Marderhaarpinsel zum Symbol jener Gruppe (im Gegensatz zu den Spachtlern und Klecksern, die ihre Farbe zentimeterdick auf grober Leinwand auftrugen), aus der alle jene hervorgingen, die unter der Bezeichnung ‚Wiener Schule des Phantastischen Realismus‘ bekannt geworden sind. Von den Größen jener vierziger Jahre hat wohl keiner geglaubt, dass diese Handvoll junger ‚Alt-Meister‘ sich mit Erfolg behaupten würde.“

Aber auch eine gegenseitige Beeinflussung der 16- bis 18-Jährigen fand statt. Dazu erzählt der ältere Rudolf Hausner: *„Zum Unterschied von Fuchs malt Lehmden byzantinisch-christlich mit rotvioletter Tusche."* Ernst Fuchs: *„Die violette Tusche war Stempelfarbe. Es gab nichts anderes, also verwendeten wir alle diese blauen, roten und violetten Stempelfarben zum Zeichnen."*

Der wie ein Asket der Ostkirche anmutende Anton Lehmden wurde von Ernst Fuchs aus der Klasse Andersen in das Turmatelier zu Gütersloh hinaufgezogen. Fritz Janschka, einer der frühesten Surrealisten, wurde durch Professor Pauser selbst sehr rasch in die Klasse Gütersloh entlassen: *„Für Sie ist Gütersloh wohl besser"*, sagte er, *„ich kann Ihnen sowieso nichts mehr beibringen."*

Ernst Fuchs wird beschrieben als *„ein 16-Jähriger mit dem Auftreten eines Patriarchen"*. Schon von Beginn an zeigte Fuchs auf der Akademie ein großes organisatorisches Talent, wirkte „gruppenbildend", konnte Ausstellungen vorbereiten, Veranstalter mobilisieren und Diskussionen in Schwung bringen.

Dass der 16-jährige Fuchs als der Patriarch unter den 19-Jährigen galt, lag daran, dass er schon eine umfangreiche Ausbildung hinter sich hatte. Die Mutter von Ernst Fuchs fand für den talentierten 13-Jährigen eine Dame, die ihn in Bildhauerei, vor allem im Modellieren, unterrichten sollte. *„Diese Begegnung 1943 war für mich von größter Bedeutung. Durch Emy Steinböck wurde ich mit den objektiveren Kriterien des klassischen Kunstverstandes vertraut. Sie ließ mich nach den klassischen Vorbildern des Phidias und Praxiteles die Kunst der Hellenen mit dem Maßzirkel kopieren und schärfte mein Auge für die feinsten Übergänge von Form zu Form. Nebenher machte ich Federzeichnungen, die stark den Einfluss altdeutscher Holzschnitte zeigten. Im letzten Kriegsjahr zerstörte ein Bombentreffer das Atelier meiner lieben Lehrerin, und so fand der Unterricht, den ich zweimal wöchentlich besuchte, ein Ende. Trotzdem sah ich Emy Steinböck des öfteren und zeigte ihr meine Arbeiten. Das alles geschah in den Jahren 1943/44 inmitten täglicher Bombardements und des Hungers, den wir alle litten. Irgendwie hatte jeder ein Arrangement getroffen, um diesen Alptraum der Existenzbedrohung zu überleben. Diese Jahre waren keiner Kindheit mehr zuzuordnen, sie waren der Anfang meines Weges als Künstler, und im Wesentlichen* *bin ich von dieser Grundhaltung, die mir damals aufgezwungen worden war, nicht mehr abgegangen. Bald darauf lernte ich andere Helfer kennen. Den Bruder meiner Taufpatin, Alois Schiman, der damals schon über 50 Jahre alt gewesen sein mochte und der mich in der Freskotechnik unterrichtete. Ich besuchte nachmittags die Malschule St. Anna, um nach der Natur zu zeichnen. Professor Fröhlich unterrichtete dort auch Komposition."*

Ernst Fuchs hatte demnach noch während der Schulzeit – er war damals 13 und 14 Jahre alt – im Krieg mit den akademischen Studien begonnen und bei seinem Eintritt in die Akademie der bildenden Künste in Wien, im Jahr 1945, beträchtliche Kenntnisse mitgebracht.

„Aus dieser Gruppe, die sich in der Malschule St. Anna und um Herbert Boeckl an der Akademie am Schillerplatz sammelte, rekrutierte sich die erste Phalanx der modernen Kunst in Wien. Zunächst hielt ich für modern, was ausschließlich das Werk der Symbolisten war: Klimt, Beardsley, Meštrović. Der Anachronismus dieser Perspektive wurde mir erst später durch die völlig andersartige Einschätzung dieser Künstler durch meine Zeitgenossen klar, was mich aber nicht hinderte, die nun einmal angeborene Vorliebe für den Symbolismus zu vertiefen. Dazu kam meine Vorliebe für Mystiker und Poeten der Romantik."

Die Akademie war vor allem ein Ort der Gerüchte, ein Markt des Erfahrungsaustausches. Ein Unterricht, wie er eigentlich von den Gründern der Akademie vor Jahrhunderten geübt wurde, fand längst nicht mehr statt. Alles, was man „Technik" nennt, mussten die Studenten sich selber beibringen. Denn einerseits wollten sie alles wissen und lernen, andererseits aber misstrauten sie den Lehrern. Sie vermuteten, dass es sehr viel mehr geben müsse, als das, was man ihnen zeigte.

Wieland Schmied, der Lyriker und aufmerksame Beobachter der Wiener Szene und Rezensent, später Direktor der Kestner-Gesellschaft in Hannover und wichtiger europäischer Kulturmanager, fasste es 1960 in der „Volkszeitung Klagenfurt" folgend zusammen: *„In den Jahren nach 1945 trat eine neue Malergeneration auf den Plan. Sie kam aus dem Krieg oder von der Schulbank und bezog nun für einige Jahre die Akademie der bildenden Künste am Schillerplatz. Für diese Malergeneration, die bis dahin von den Tendenzen und Kräften der modernen Kunst nur wenig mitbekom-*

men hatte, galt es zunächst, sozusagen im ‚Nachholverfahren', die wichtigsten Stilphasen und Ismen der Kunst unseres Jahrhunderts zu durchlaufen, die geistigen Revolutionen der Jahre 1905 (Fauvismus), 1907 und 1912 (erste und zweite Phase des Kubismus), 1907 bis 1910 (Expressionismus), 1910 (Abstraktion), 1915 (Dadaismus) und 1924 (Surrealismus) nachzuvollziehen und zu bewältigen. Diese Jahre galten ihrer ersten Orientierung in einer aufs erste fremdartig anmutenden Umwelt und dann der Findung des eigenen Standpunkts in ihr."

Ernst Fuchs: *„Damals haben wir uns einen Überblick über das errungen, was durch die Jahre des Krieges von uns getrennt und ohne unser Wissen entstanden war. Und zugleich begannen sich mein Weltbild und mein Stil in mir zu prägen. Mein Beitrag zu den Gesprächen jener Tage, das, was ich vertrat, war die Macht des Außer-sich-Geratens, der Traum als poetisches Diktat. Paradoxie und Anarchie waren meine absolutistischen Philosopheme. In der Hitze der Diskussion erhellte sich mir zum ersten Mal die Hybris der Paradoxie, und ich kostete von ihrer Macht und Überlegenheit, ja von der erdrückenden Gewalt des Unbewussten, dem Reichtum der Seele."*

Natürlich kamen Einflüsse von der Akademie, von Professoren, Assistenten und Studenten gleichermaßen. Die Interessen waren unterschiedlich, die frisch gewonnenen Erkenntnisse und Fertigkeiten ebenso.

Da war Herbert Tasquil, der durch seine Begeisterung für den Existenzialismus von Jasper und Heidegger beeindruckte. Oder Claus Pack als Vertreter kubistischer Tendenzen, der, abgesehen von den berühmten Pariser Kubisten, auch von El Greco inspiriert war. Er machte auf moderne Tendenzen bei den alten Meistern aufmerksam, bei Grünewald und El Greco sah er manches, was erst durch ihn für Fuchs bewusst wurde.

Fuchs war immer an kunsthistorischen Erkenntnissen interessiert, im Gegensatz etwa zu Arik Brauer, für den andere Werte galten.

Fuchs fand sich in einem Kreis von Fanatikern, wie er es nennt. Es gab ja, abgesehen von der Akademie, kaum einen Zusammenkunftsort. Lebensmittel waren rationiert, in den Cafés herrschte noch kein rechter Betrieb, halbverhungert und mittellos waren alle gezwungen, sich in der Akademie zu versammeln. Ein richtiges Atelier hatte keiner.

Die private Unterkunft von Ernst Fuchs zu dieser Zeit war ein kleines Zimmer mit holzgetäfelter Decke im Haus Johann-Strauß-Gasse 7. Hier trafen sich der Dichter Anton Fuchs, der Chemiker und Philosoph Werner Leinfellner, der auch selbstdestillierte Getränke mitbrachte, der Schauspieler Rudolf Wessely, die Maler Kurt Steinwendner und Anton Lehmden sowie viele andere.

„Solche Zusammenkünfte, die am späten Nachmittag begannen und sich oft bis in die frühen Morgenstunden hinzogen, waren der Umschlagplatz von allem Erdachten, Gemalten, Gesehenen, Gelesenen. Sie waren eine Art Marktplatz, dessen Geheimnisse uns alle anzogen und fesselten. So ungezwungen sich unsere Zusammenkünfte auch vollzogen, so war dieser Freundeskreis doch eher mit einer geheimen Loge zu vergleichen. In ihr vollzog sich die Stillung eines ungeheuren Nachholbedürfnisses, das sich durch die Informationslosigkeit der Kriegsjahre aufgestaut hatte. Jeder von uns brachte einen Fund, eine Neuigkeit, eine Information, ein Bruchstück, ein Fragment oder ein Erlebnis mit.

Um diese Zeit verband mich eine enge Freundschaft mit der etwa zehn Jahre älteren Malerin Inge Pace, die mich oft zu Predigten mitnahm. Sie beschäftigte sich damals nur mit religiösen Themen. Dazu kam die wirklich herzliche Freundschaft mit den gleichaltrigen Anton Lehmden, Erich Brauer, Wolfgang Hutter und dem fast doppelt so alten Rudolf Hausner, und es scheint mir heute eine bessere Konstellation für den Anfang meiner künstlerischen Tätigkeit kaum denkbar.

Diese kleine Welt hatte den Vorteil, dass alles Geschehen in ihr durch intensive persönliche Begegnung zustande kam. Eine ungeheure Ernsthaftigkeit, wie sie sich später nur selten zeigte, lag in allem, was wir taten. Sicher ist die völlige Ungestörtheit der ersten Jahre ein Vorteil für meine spätere Entwicklung gewesen. Denn ihr verdanke ich meine Immunität gegenüber den später von allen Seiten auf mich eindringenden modischen Einflüssen.

Außer den Freundschaften, dem Bekanntenkreis und den wenigen beruflich-praktischen Kontakten hatte die Akademie uns wenig anzubieten. Nichts hätte dort erworben werden können, was zur Bewältigung der prosaischen Existenz vonnöten war. Neben meinen Aufgaben als Künstler sah ich mich, kaum 18-jährig, einer Fülle von Problemen gegenüber, zu deren Lösung ich keinen wie immer gearteten Unterricht erhalten hatte. Noch half meine Mutter, doch im Großen und Ganzen musste ich vom Verkauf meiner Bilder leben. Die Schwierigkeit dieser Situation wurde durch den Umstand, dass ich mich in so jungen Jahren verheiratet hatte und Vater eines Kindes war, wesentlich verschärft.“

Fuchs fasst die im Jahr 1945 entstandenen Arbeiten unter dem Sammeltitel „Giganten“ zusammen. Es sind riesenhafte Zeichnungen, in einer Art von Freskotechnik auf Karton gezeichnete und gemalte Arbeiten, die eine Farbskala von Siena, Ocker, grüner Erde bis etwas Bordeaux-Rot umfassten. Michelangelo und der jugoslawische Bildhauer Ivan Meštrović waren die Meister und Vorbilder des 15-Jährigen.

Für etwa 30 im Jahr 1946 mit Kohle auf Packpapier gezeichnete große Arbeiten verwendet Fuchs den Begriff „Monstrum“. Für diese Arbeiten waren Picassos Bilder der Anstoß, die damals als „Monstren“ bezeichnet wurden. Diese in den Kriegsjahren entstandenen vielsichtigen Porträts vor allem von Dora Maar und die Arbeiten um „Guernica“ wurden von den Kritikern und Kunsthistorikern immer wieder als „Ungeheuer“ bezeichnet. Natürlich wollte Picasso Dora Maar nicht als ein Ungeheuer darstellen. Was geschah in Wahrheit? Picasso erzählte Kahnweiler: *„Als die Deutschen nach Frankreich kamen, war ich in Royan. Eines Tages malte ich ein Frauenporträt (Dora Maar) und, als die Deutschen ein paar Tage später in Royan einmarschierten, sah ich, dass der Kopf einem deutschen Stahlhelm glich.“*

Ernst Fuchs sieht die Abbildungen dieser Arbeiten Picassos ganz anders: *„Seine aberwitzigen Ungeheuer waren für mich die metaphysischen Wegweiser zur Phantastik, die vehement bei ihrem Anblick aus mir hervorbrach. Wenn man bedenkt, in welch kurzer Zeit die vielen Bilder entstanden sind, die meiner Periode der ‚Giganten und Monstren‘ angehören, so kann man auch die Bezeichnung gigantisch und monströs auf die Vitalität dieser Leistung, die in so kurzer Zeitspanne bewältigt wurde, anwenden.“*

Am 12. August 1945 zeichnet Ernst Fuchs ein „Selbstporträt“ mit schwarzgrauer Sepiakreide als Geburtstagsgeschenk für seine Mutter. Frontal in den Spiegel schauend, mit suggestivem Blick und kühn geschwungenem, gewelltem Haar.

Nur vier Monate später, am 12. Dezember 1945, zeichnet der 15-Jährige sich selbst, *„wie ich denke, dass ich als alter Mann aussehen werde“*. Das Gesicht frontal, mit der langen schmalen Nase, bärtig, die suggestiven Augen fragend, den Mund lautlos sprechend, die Haare verhüllt mit einer Kappe, wie er ohne sie ab den siebziger Jahren nie wieder auftrat: „Der Prophet“.

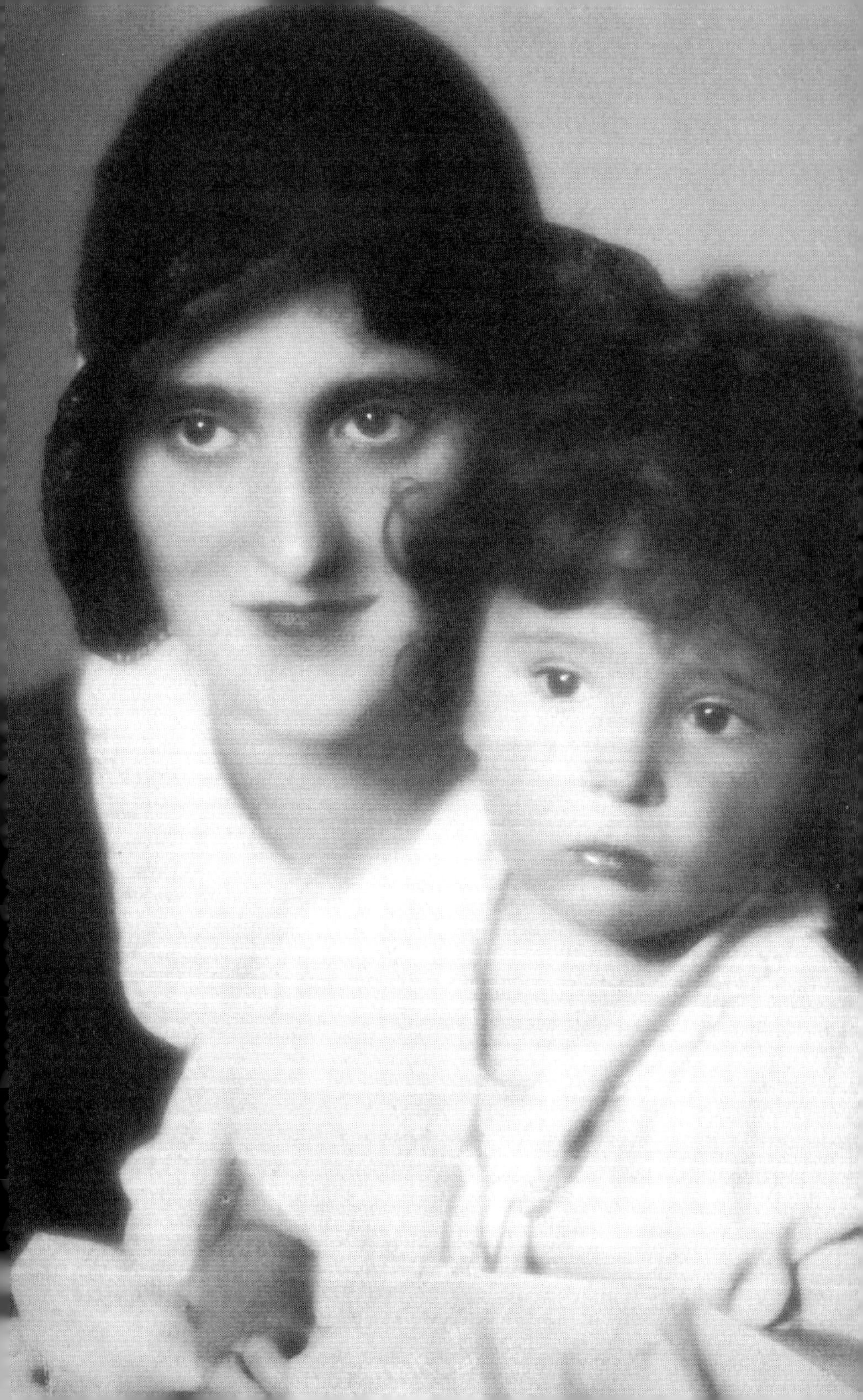

2. Was vorher geschah – Schrottplatz der Phantasie

Die Kindheit – Zwischen Wirtschaftskrise und Faschismus

Ernst Fuchs: *„Wir waren Wunderkinder: Mitten im Krieg, nicht seiner tödlichen Gefahren achtend, waren wir in unserer Kinderwelt berühmt.“* Ernst Fuchs wurde am 13. Februar 1930, mitten hinein in die Wirtschaftsdepression, geboren. Als er vier Jahre alt war, wurde die Erste Republik durch die Austrofaschisten zerschlagen. Österreich wurde zum diktatorischen klerikalen Ständestaat der Regierungen Dollfuß und Schuschnigg. 1938 erfolgte der Anschluss Österreichs an das Deutsche Reich mit all seinen Folgen für das Land und seine Menschen.

Ernst Fuchs war das einzige Kind von Max und Leopoldine Fuchs. Seine Mutter war eine schöne Frau, verheiratet mit einem Rohstoffhändler oder Wertstoffmakler, wie man heute sagen würde, damals hieß es Altwarenhändler. Der Vater war eines von neun Kindern einer jüdischen Familie, dessen jüngster Bruder Ernst zu Beginn des Ersten Weltkrieges bei einem Spähtruppunternehmen, zu dem er sich freiwillig gemeldet hatte, fiel. Nach ihm wurde Ernst Fuchs benannt. *„So wollte es der Brauch. Ich wurde als Ersatz für einen verloren gegangenen Liebling, als ein Geschenk des Himmels betrachtet, obwohl ich auf Wunsch meines Vaters, der sich als Freigeist bezeichnete, nicht beschnitten wurde. Da meine Mutter keine Jüdin war, konnte ich auch aus diesem Grunde nicht als Jude gelten.*

Betrachte ich die Liebe meines Vaters zu mir, seinem einzigen Sohn – wobei mir der Umstand, dass ich weder Schwester noch Bruder habe, als ein Ver-

Ernst Fuchs mit Mutter 1931. (Privat)

hängnis erscheint –, dann ist mir für alle Zeit gewiss, dass mein Vater eine messianische Berufung, die er in sich, wie so mancher andere Jude vor ihm, fühlte, auf mich übertragen hat, um dann in mir die Verkörperung all seiner und seines Volkes Sehnsüchte zu sehen, und zwar von Anfang an, von jenem ersten Blick an, den er in die Augen jener Frau tat, mit der er mich gezeugt hat.“

Ernst Fuchs verbrachte seine Kindertage in Liesing, dem südlichen Randbezirk Wiens. Der Lagerplatz des Vaters für das Altmetall, für die Ballen mit Hadern und alten Kleidern und dem Schuppen mit Altpapier wurde für Fuchs zu einem Schrottplatz der Phantasie. Hier wurde er in seinen Qualitäten geprägt: Der Liebe zur inhaltsdichten bildhaften Erzählung, der fein ausgeführten graphischen Technik, der kostbaren Gestaltung. Hier wurde er zum ersten Mal berühmt. Berühmt in seiner Familie als Wunderkind, schön, rotlockig und von verblüffender zeichnerischer Begabung.

„Ort dieser entzückten Verehrung aller möglichen Dinge war der Lagerschuppen. Ich war damals etwa vier bis fünf Jahre alt und spielte den ganzen Tag lang auf diesem von rostrotem Staub, gestreuter Schlacke, Disteln und ‚Krätzenblumen‘ übersäten Lagerplatz, wo hohe Stapel Traversen von Unkraut umwuchert, Betteinsätze, Zahnräder aller Art und Maschinenteile geschichtet waren. Der Geruch von Rost und Maschinenöl lag, vom heißen Sommertag niedergedrückt, über all dem. Zwei Schuppen standen auf dem Platz. Ein größerer, mit Teerpappe dicht umspannt, an die Bahnseite der Umzäunung gelehnt, der andere weiß getüncht. In ihm wurde das Altpapier gelagert. Im Innern konnte man die rohen, ungehobelten Balken und Bretter sehen, braun und von tausenden Spinnweben verhängt.

Ein schwerer Geruch von Kupfer, Zink, Messingoxyd und Dieselöl lag in der Luft. Da standen auch die Waagen und Gewichte herum. Hier wurde alles, was meist Arbeitslose auf kleinen Handwagen brachten, von meinem Vater oder meiner Mutter gewogen und sortiert. Damals wurde mein Verhältnis zum Metall und zu bedrucktem Papier zu einem ausgeprägten Fetischismus. Ich war süchtig nach diesem Lagerplatz. Hier lagen wohlsortiert die schönsten Bücher und Kunstdrucke, meist Heliogravüren, Bild- und Jubiläumsbände des 19. Jahrhunderts in herrlichen goldgeprägten Einbänden. Zu hohen Stö-

ßen war diese phantastische Bilderwelt in einem Magazin aufgestapelt. Viele Stunden meiner Kindheit habe ich mit diesen Büchern und Blättern verbracht. Diese Bücher mit kunstvoll ausgeführten Xylographien und Heliogravüren gefielen mir über alle Maßen. Besonders aber wurde mir eine in meergrüner Farbe gedruckte Gravur des an den Fels geschmiedeten Prometheus zum Inbegriff des Kunstdruckes.

Auf den leeren Seiten der Bücher, die im Altpapierschuppen lagen, zeichnete ich mit Hingabe stundenlang labyrinthische Treppengebäude und bezeichnete in gewissen Abständen Gipfel- oder Talstufen mit einem Kreuz. Zeichnen war schon in diesem Alter meine Lieblingsbeschäftigung. Ich hatte bereits damals gelegentlich Halluzinationen, die in meine Zeichnungen einflossen.

Meine Zeichnungen erregten bei Erwachsenen und Kindern immer große Bewunderung, aber auch Neid. Wenn mein Vater seinen Geschäftsfreunden meine Zeichnungen zeigte, wollten sie es oft nicht glauben, dass ein vier- oder fünfjähriger Knirps sie gemacht hatte. Und so musste ich mich oft rasch hinsetzen und coram publico mein Lieblingsmotiv, den Doppeladler, zeichnen. Ich erfand so manches phantastische Wappen und setzte das von schwungvollen Linien umrahmte Gebilde als mächtigen Schild zwischen die gespreizten, wie aus leckenden Zungen gebildeten Flügel des ‚kühnen' Adlers. Seine Köpfe zierte ich mit den Kronen, auf den Kronen prangten Reichsäpfel und Kreuze, und zwischen den Hälsen seiner beiden Köpfe schwebte die große kuppelartige Reichskrone. Das Ganze dauerte etwa 20 Minuten. Alle spendeten Beifall, und mein Vater lachte stolz.

Meine Welt wurde von meinen Eltern beschützt, und meine Phantasie blieb ungehindert. Mag sein, dass meine Eltern mich als ihr einziges Kind sehr verwöhnten und in meiner Isolation ihre eigene wieder erkannten und mich darum besonders in Schutz nahmen.

Jedenfalls haben sie immer alle meine Wesenszüge, die zur Kunst führten, bewusst oder unbewusst nach Kräften gefördert. Die Jahre auf den Lagerplätzen meines Vaters waren gewiss die entscheidende Phase meines Lebens. Meine Vorliebe für Heraldik, für Metall und Papier, für Gravüren und Holzschnitte wurde damals geweckt.

Meiner Phantasie wurden nie irgendwelche Grenzen gesteckt, weder mein Vater noch meine Mutter versuchten, meine totale Bindung an die Welt, die nur ich sehen konnte, zu schwächen oder zu lösen. Kam ich gerade von einer großen Ritterschlacht (mein Vater musste mir immer Ritterabenteuer erzählen), war blutbeschmiert und fieberheiss, redete wild aufgebracht von meinen Wunden und meiner Tapferkeit, dann wurde von meinen Eltern alles so wahr genommen, wie ich es erlebte. Als wir 1935 nach Ottakring übersiedeln mussten, in eine große Zinskaserne mit vielen Familien und Kindern, hielt man mich für einen Idioten; später für einen Lügner und schließlich, als ich mit etwa acht Jahren ein Gassenbub wie alle anderen geworden war, für einen unerträglichen Besserwisser und Außenseiter. Die Frau Brezina sagte zu meiner Mutter: ‚Da stimmt was net, wiaso kummt Ihna Bua aus Indien? Sie, gwenans Ihnen Buam 's Liagn o. Dea glaubt jo, i bin bleed. Sagt a net, wia i eam frag, wo a heakummt, er kummt vom Flugplotz, ea woa in Indien.'"

Mit dem Einmarsch Hitlers in Österreich wurde Fuchs ganz plötzlich der rote Judas von Ottakring. Die Familie wurde auseinander gerissen. Der Vater musste 1940, als letzten Ausweg vor dem Transport in ein Konzentrationslager, über Genua nach Shanghai fliehen und kam erst nach neunjähriger Emigration wieder zurück. Bis zum Kriegsausbruch in der Sowjetunion konnte er gelegentlich seiner Frau und dem Sohn schreiben, danach kam für Jahre keine Nachricht mehr. *„Die Trennung von meinem Vater verursachte in mir ein Leid, das ich nicht bewältigen konnte. Meine Auflehnung gegen dieses Schicksal und den brutalen Antisemitismus, den ich täglich, vor allem in der Schule, zu fühlen bekam, wusste ich nicht anders zu manifestieren, als große hebräische Buchstaben auf das Kopfsteinpflaster des Gehsteiges vor unserem Haus zu schreiben."*

Frau Fuchs, die früher als Weißnäherin gearbeitet hatte, arbeitete nun wieder als Näherin und Hausmannequin im Modehaus Stone & Blythe, dem späteren Adlmüller.

Die Kriegsjahre verbrachte Fuchs, *„das Schicksal Unzähliger teilend, in großer Not"*. Die Nürnberger Gesetze hatten der Mutter das Erziehungsrecht über den Zehnjährigen entzogen, da sie sich weigerte, sich von ihrem Mann, dem „Juden", scheiden zu lassen. Ernst Fuchs kam in eine Art Durchgangslager für Halbjuden und Geltungsjuden, deren gesetzlicher Status zunächst unklar war. Dieses Auffanglager, von dessen wahrer Funktion sich selbst die dort beschäftigten Nonnen kein klares Bild

machen konnten, war im Kinderheim „Zum heiligen Joseph" in der Rückertgasse in Wien-Ottakring untergebracht. Die Kinder wurden von zwei alten Sozialdemokraten unterrichtet, die vor Angst zitternd – und das ist nicht im übertragenen Sinn zu verstehen – sich ständig vor den Gestapokontrollen fürchteten. Aus dem ehemaligen Kinderheim verschwanden von Woche zu Woche Zöglinge, um in die Konzentrationslager von Theresienstadt und Auschwitz gebracht zu werden. Die Zöglinge wussten von diesen Deportationen so gut wie nichts, nur dass an gewissen Tagen welche am Morgen fehlten, die in der Nacht per Lastwagen in ein „anderes Heim" gebracht worden waren.
In diesem Heim lernte Fuchs die Zöglinge Conny Hannes Meyer, später Dichter und Theatermacher in der Tradition Bert Brechts, und Rudi Wein, später prominenter Szene-Wirt in Wien, kennen. Gemeinsam mussten sie im Hof altes Rosshaar zupfen, für die Rüstungsindustrie alten verknoteten und verdreckten, mit Staub und Milben verseuchten Matratzeninhalt entwirren. Es gab für die anfänglich etwa 50, später bis zu 150 Kinder nur eine Toilette, in der sie sich auch waschen mussten. Hier hörte Fuchs das erste Mal den Namen Erich Brauer, der in der „Judenschule" in der Abelegasse interniert war, und sah dessen erste Aquarelle, die auf dem Pferde kämpfende Indianer zeigten.
„Wir waren Wunderkinder: Mitten im Krieg, nicht seiner tödlichen Gefahren achtend, waren wir in unserer Kinderwelt berühmt. Jede Kindheit bewahrt auch in den schlimmsten Umständen einen Rest des ihr eigenen Paradieses, auch in der Hölle des Krieges."
Zu dieser Zeit war Fuchs von Rubens begeistert. Er hatte in der Zeitschrift „Kunst dem Volk" einen Artikel über „Entartete Kunst" gelesen. Die darin abgebildeten Gemälde und Plastiken haben ihn sehr beeindruckt, besonders das Selbstporträt von Marc Chagall mit der schiefen Nase. Noch nie hatte er so etwas gesehen. An den Bildern, die damals überall hingen, Reproduktionen von Carl Spitzwegs „Bücherwurm" und ähnliches, war er nie wirklich interessiert gewesen. Doch was in diesem Artikel „Entartete Kunst" abgebildet war, zwar als Nichtskönnen verhöhnt, begeisterte ihn, ähnlich den Bildern aus dem Mittelalter, die in derselben Zeitschrift abgebildet waren.

„Entgegen allen Anfeindungen antisemitischer Art hielt ich meine Bindungen an das Judentum, so wie ich es damals verstand, heilig und zeichnete so manchen Prophetenkopf, malte auch einen Ahasver. Damals geschahen die entscheidenden thematischen Fixierungen."

Frau Fuchs erreichte durch eine Pro-forma-Scheidung von ihrem Mann die Zuerkennung der Erziehungsgewalt, und Ernst Fuchs durfte wieder nach Hause. 1942 wurde er als Zwölfjähriger getauft.

„Beim Taufunterricht in der Pfarre St. Thekla verstand ich Jesu Wesen und Leben als eminent jüdisch und war sehr begeistert von allem, was ich über ihn hörte und lernte. So empfing ich andächtig und gläubig die Taufe. Soweit mein kindliches Gemüt alle Diskrepanzen von Christentum und Antisemitismus bewältigen konnte, versuchte ich, das Leiden der Juden und das Leid Christi als ein Leid um den besseren zukünftigen Menschen zu verstehen. Doch geschah dies gewiss nur in seltenen Momenten. Aus dieser Zeit habe ich noch die Zeichnung eines Christuskopfes bewahrt, die diese Taufe veranschaulichte. Es war ein Weihnachtsgeschenk für meine Mutter.

Die Themen meiner Zeichnungen waren sonst Helden und Propheten. Diese in die Zukunft weisende Fixierung an die erwähnten Themen fand schon 1942 und 1943 statt. Damals begann ich auch, die ersten Akte, weibliche und männliche, zu zeichnen und erlangte eine große, alle in Erstaunen versetzende Beherrschung darin. Niemand, der meine Bilder sah, wollte glauben, dass ein 12- und 13-Jähriger sie gemacht haben konnte. Ich arbeitete immer ohne Vorlage, abzeichnen konnte und mochte ich nicht."

Mutter und Sohn gingen nach Düsseldorf, wo sie Geschäftsführerin eines Modesalons in der Königsallee wurde. Sie erlebten die Bombenangriffe, wurden mehrere Male ausgebombt und verschüttet. Es war aber eine schöne Zeit für ihn. Im Gegensatz zu Wien hatte er im „Altreich" nicht unter schikanösen antisemitischen Angriffen zu leiden. Als er in die Schule kam, sagte der Lehrer nur zur Klasse: *„Wir haben einen Neuen, seid nett zu ihm."* Aus Wien war er gewöhnt: *„Judenbub, steh auf, nimm die Judenkreide, geh an die Judentafel und schreib den Judentext."* Nach zehn Monaten verließen sie die völlig zerstörte Stadt und fuhren zurück nach Wien, in noch schrecklichere Bombardements.

Aber Fuchs wusste jetzt: Er ist Maler.

Nach neunjähriger Emigration kehrte schließlich sein Vater nach Wien zurück. Aber es wurde nie wieder wie vorher. Die Trennung hatte seine Eltern einander entfremdet, und obwohl es sich Fuchs sehr wünschte, kam es nicht mehr zu einem gemeinsamen Familienleben. Noch den 70-Jährigen beschäftigt die Trennung seiner Eltern, und er erlebt in Träumen ihre Vereinigung in einem phantastischen Jenseits.
In dieser Zeit war Fuchs als „Panitzer Ferdl" auch ein gefragter 14-jähriger Schleichhändler. Standesgemäß gekleidet, mit einem Hut mit breiter Krempe, mit langem Sakko mit breitem Dragoner und den heruntergelassenen Knickerbocker-Hosen, einer Mode, die, wie er und die Schlurfs seiner Umgebung glaubten, der Herzog von Windsor begründet hatte. Er beherrschte den Markt bei Zigaretten, vor allem aber bei Hüten der Sorte Borsalino der Firma Panitzer. Aber er war nicht der „Panitzer Ernstl", sondern der „Ferdl". Ferdl war eine Art von Rangbezeichnung, und zwar einer der oberen Ränge. „Panitzer" war abgeleitet von den von Fuchs selbst fabrizierten Hüten nach Art der Panitzer-Borsalinos. Er verwendete dazu alte Homburgs, steife Herrenhüte aus Filz mit hochgebogener und eingefasster Krempe und Mitteldelle. Fuchs trennte die Krempeneinfassungen auf und formte die Stumpen über dampfenden Teekesseln neu. Dann wurde ein grünes Hutband befestigt und eine kleine Kanarifeder eingesteckt. Ein gefragtes und beliebtes Kleidungsstück bei den Schlurfs von der Wieden bis zum Prater. Hier fanden auch die direkten Konfrontationen zwischen jugendlichen „Widerstandsgruppen" und der regimetreuen HJ statt. Fuchs selbst war kein Raufer, in der Gruppe mit dem schwerfäustigen Fleischhackersohn und den anderen war er aber immer wieder in Scharmützel verwickelt. Der *„kleine Bub, der doch niemandem etwas tun kann"*, wurde aber immer wieder von der Mutter aus den Anhaltungen der Schutzpolizei herausgeredet.
Seine zweite Einnahmequelle zum Kriegsende war das Billardspiel im Café Wortner und im Margarethen-Hof.
Sein Vater eröffnete wieder einen Lagerplatz, der jenem aus Fuchs' Kindheit ganz ähnlich war, und dort fand er auch jedes nur denkbare Material. So wurden Kupfer- und Zinkplatten aus alten Schank-

beschlägen von zerbombten Wirtshäusern oder den Beschlägen von Kutschen geschnitten und als Radierplatten verwendet. *„Mein Vater nahm, wie schon in der frühen Kindheit, großen Anteil an meinen Arbeiten, obwohl er nun manches zunächst nicht verstehen konnte. Er half mir auch beim Verkauf meiner ersten Radierungen. Wie er damals seine Geschäftsfreunde eingeladen hatte, mir beim Zeichnen zuzusehen, so forderte er sie nun auf, meine Radierungen zu kaufen. Er tat das mit der Überzeugungskraft des Vaterstolzes. So waren es auch vorwiegend Menschen aus seinem Bekanntenkreis, die meine ersten Abzüge kauften."* Das Geschäftslokal des Altwarenhandels am Naschmarkt, in einer Seitengasse gegenüber dem alten Haupteingang des „Theaters an der Wien", überließ der Vater später seinem Sohn. Ernst Fuchs machte es zum Zentrum des phantastischen Wien, zur „Galerie Fuchs".

Die Meisterklasse der Akademie der bildenden Künste:
Albert Paris von Gütersloh (Mitte). (Privat).

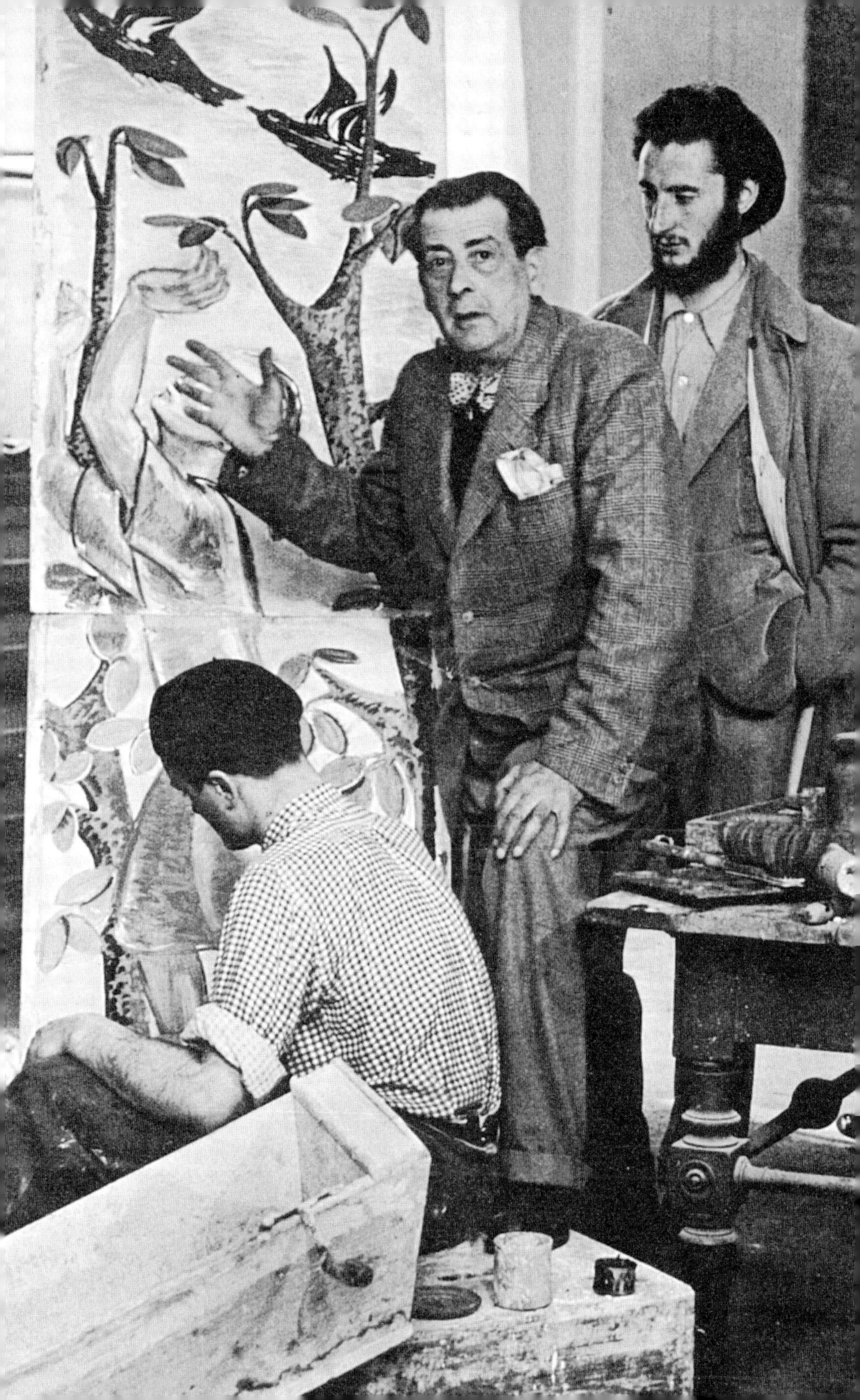

3. Zeichnen nach der Apokalypse

Das Treibhaus Akademie – Als Fuchs fast ein Auge verliert und dadurch sehend wird – Die biblischen Themen

1946 wurde an der Akademie für die Studenten wieder der „Füger-Preis" ausgeschrieben. Ein nach dem deutschen Miniaturenmaler Heinrich Friedrich Füger, der ab 1795 Direktor der Akademie gewesen war, benannter schulinterner Wettbewerb. Der Zeichner Kurt Moldovan regte an, in einer Zeit der erlebten Apokalypse dieses Thema aus der Bibel zu nehmen. Moldovan, Jahrgang 1918, nannte sich selbst mit seinen 27 Jahren einen „jugendlichen Kriegsveteranen". *„Ich habe aus dem Krieg nichts heimgebracht. Ich habe nichts gezeichnet. Es gab faszinierende Bilder von Tod, Zerstörung und Chaos. Aber ich griff das nie an. Um pathetisch zu werden: Das war Eigentum des Todes. Es waren ungeheure Bilder, wenn die toten Pferde im Fluss geschwommen sind oder die Beschießung von Kiew. Aber das war nichts zum Zeichnen und so habe ich den ganzen Krieg über nichts gemacht. Ich kam zurück nach Wien. Es klingt so simpel, aber ich sagte mir: Der Krieg ist aus, Gott sei Dank, ich fang an zu zeichnen."*

Das Thema von Schuld und Sühne und die Visionen der künftigen Gottesstadt des letzten großen Propheten Hesekiel (Ezechiel) wurden zum Thema. Und so malte und zeichnete ein Dutzend Studenten der Akademie in vom Surrealismus beeinflusster Manier die surrealen Themen des Ezechiel, der Apokalypse und Darstellungen der Engel. Man könnte diesen Zeitpunkt auch als die Geburtsstunde des Phantastischen Realismus ansehen.

„Gütersloh, mein Lehrer, der die Übermacht des Phantastischen in mir er-

kannte, lenkte meine Aufmerksamkeit auf die Schriften der Propheten, besonders auf Ezechiel, und er bestand darauf, dass ich das, was ich für meine Fehler hielt – besonders das fehlende Auge in den Kopfstudien, welches ich nicht zeichnen konnte (ein unerklärlicher Zwang hinderte mich daran) –, als bedeutende Mitteilung hinnehmen sollte. Sein immer wieder vorgebrachter Rat lautete: ‚Lassen Sie sich treiben, fragen Sie nichts!' Er wusste sicher längst, dass ich Surrealist war, obwohl er selbst für diesen Typus des Künstlers die Bezeichnung ‚Phantasmagoriker' bevorzugte."

Mit dem „fehlenden Auge" hat es eine eigene Bewandtnis. Ernst Fuchs erinnert sich an ein Erlebnis seiner Kindheit: *„Im Dachstuhl des Traktes vis-a-vis von der Kutschenremise auf unserem Lagerplatz war ein Taubenschlag mit vielen Tauben. Diese wurden von Herrn Prager betreut. Jede Woche wurden einige Tauben geschlachtet und das Fleisch an die wenigen Hausparteien verkauft. Ich erinnere mich, damals nur ungern und nur, weil ich von meiner Mutter gezwungen wurde, Fleisch gegessen zu haben. Einmal sah ich beim Schlachten der Tauben zu, es erregte in mir Abscheu, Angst und Mitleid. Herr Prager war ein grobschlächtiger Mensch, sehr gutmütig, in meiner Erinnerung sehe ich ihn nur Tauben füttern, schlachten oder Holz spalten. Er hatte einen Schuppen, in dem ein Hackstock stand. Wenn er Holz spaltete, sah ich gerne zu. Er beherrschte das Holzspalten perfekt wie eine Kunst. Als ich eines Tages als Indianer aus Amerika vor ihm stand, meinte er, die Indianer ‚san ja in Indien'. Er hatte einen Sohn, den Hansi. Ihn sah ich nicht so oft, denn er spielte meist auf der Straße. Der Prager-Hansi war ein strohblonder Bub mit Hängebacken wie ein Hamster; ungefähr zwei Jahre älter als ich. Es kam nur selten vor, dass er mit mir spielte. Während einer dieser seltenen Gelegenheiten stach er mir mit einem spitzen Holzpfahl ins rechte Auge, in mein ‚Schau-Auge'. Es war das grässlichste Erlebnis, das ich je hatte. Damals habe ich unter den schlimmsten Schmerzen, die ich je empfand, gelitten. Oh, mein Gott, damals war der Tag X – des Samson – in meinem Leben. Der vergebliche Anschlag auf das Licht, das ‚Schau-Auge'. Der hölzerne Spieß drang neben dem Sehloch in die Pupille und bis in den Augapfel ein. Ich fuhr zurück, und ein Span blieb in der Wunde. Ich schrie aus der schmerzenden Nacht meines Auges; plötzlich war meine Mutter da, rannte mit mir zum Arzt. Ich saß auf*

einem Sessel wie beim Zahnarzt – Salben, Tropfen, Pinzetten, Spiegel und grelles Licht. Beruhigende Stimmen.
Mein Auge, mein großes ‚Spiegel-Auge', mein ‚sehendes' Auge, um dieses drehte sich der Zaun, durch den ich schauen sollte. ‚Schau durch das Loch da unten', hatte der Prager-Hansi von jenseits der Planke gerufen, und als ich durchschaute, stieß er mit seinem Spieß zu. ‚Alles wird wieder gut', ich hörte die Stimme meiner Mutter. Sie erzählte mir Märchen und hüllte mich in eine graue Wolldecke. Ich liege auf dem Diwan und habe einen großen weißen Verband um die Stirn. Der Schmerz kommt wieder, lässt nach, kommt wieder. Die Heilung hat damals lange gedauert. Als der Verband abgenommen wurde, war der Lichtstrahl zittrig und ein neugeborenes rechtes Auge füllte sich mit ihm, ich war wieder sehend. Ein kleiner grauer Fleck, der stets vor meinem rechten Auge schwimmt, besonders wenn ich müde bin, erinnert mich an diesen Tag."
Noch war Fuchs einer eher dem deutschen Expressionismus nahe stehenden Ausdrucksform verpflichtet. Das, was bis vor kurzem noch als „Entartete Kunst" verboten war, erschien ihm in seiner schweren, zur Spontaneität verführenden Handschrift geeigneter, seine Gedanken zur Welt um ihn herum zu klären.
„In diesen Bildern wurde das, was ich in der Zeitung las, zum Weltuntergang. Was gestern noch als Macht der Alliierten meine Befreiung bewirkt hatte, war in den Fronten des Kalten Krieges erstarrt. Stalin und Truman waren Gegner. Gandhi wurde ermordet. Ein Mensch, den ich sehr verehrte und dessen Ideale mich heute noch bewegen. Hiroshima und Nagasaki fanden ihr Nachspiel in den Atombombenversuchen am Bikini-Atoll. Diese Nachrichten haben sich in mir als augenfällige Merkmale eines weltumfassenden Kataklysmus zu Bildzyklen geformt."
Aber der Themenkreis des Kataklysmen-Zyklus ist schon „phantastisch" religiös. Der Titel ist abgeleitet von Kataklase, der Zertrümmerung von Gesteinen bei tektonischem Druck und ihrer Neubildung, der Dynamometamorphose, unter Erhaltung der beteiligten Mineralien und wurde übertragen auf die Situation des Menschen in diesem vom Menschen verursachten tektonischen Druck des Krieges und seines Endes.
Im Winter 1945/46 sind mehrere Kreuzigungen, Märtyrer und Liebes-

paare entstanden, die alle schon phantastische, mystische und surreale Merkmale aufwiesen. Mit Vehemenz brach diese Bilderwelt in Fuchs auf, ruhelos arbeitete der 15-Jährige Tag und Nacht, schlief wenig und schrieb auch Gedichte und Gedanken über die Kunst nieder. *„Ich war alles in allem ein zerrissener, unglücklich verliebter ‚Gammler', wie man heute sagen würde. 15 Jahre alt und doch auch wieder älter.*
Ich las viel in der Bibel, Nietzsches ‚Zarathustra' und die Reden Buddhas. An der Akademie stritt ich für die moderne Kunst und war in der kleinen Schar, die das ‚Neue' suchte und sein Kommen erhoffte, der Geist des Aufruhrs. Die Mittel, mich auszudrücken, verfeinerten sich rasch. Als ich nach einer graphischen Technik suchte, die meinen nun sehr fein gewordenen Zeichnungen entsprach, dachte ich nicht mehr an Holz- oder Linolschnitt, ich wollte in Kupfer stechen oder radieren. Schließlich brachte mir eine Kollegin, Eva Weißmann, an einem Nachmittag das Radieren bei." Fuchs erblickte in den wenigen Reproduktionen der Bilder der Surrealisten, die er fand, ein ihm adäquateres Mittel sich auszudrücken, das dem „inneren Bild" entsprechende Abbild durch eine eher altmeisterliche Technik wiederzugeben.
„Aber es waren nicht nur die Bilder dieser Surrealisten, in denen ich die gebotenen Ausdrucksmittel angewandt sah, sondern, was die Mittel betrifft, es waren besonders die Bilder der alten Meister, Grünewald, Altdorfer, Dürer, Schongauer und Hugo van der Goes, die das ‚Handwerk' zur Schau trugen und in denen mit einer Präzision der Darstellung ans Werk gegangen worden war, die mir allein als das geeignetste Mittel erschien, die Welt der inneren Bilder abzubilden. Das Bild, das keiner sehen konnte, es sei denn, ich schüfe es, wollte ich malen, und es sollte, musste so scharf und überzeugend ausführlich gemalt oder gezeichnet werden, als handle es sich um den bekanntesten Dom am Platz."
Die Akademie der bildenden Künste wie das nahe Kunsthistorische Museum waren die geeigneten Orte für solche Erkenntnisse. Im Haus selbst konnte Fuchs, wenn er aus dem Turmatelier des Gütersloh heruntersteig, den langen Gang um den Innenhof der Akademie herumging, durch eine der hohen Türen, die wie jede der Ateliertüren hier aussah, direkt zu einem Triptychon des Hieronymus Bosch gelangen und zu den Kupferstichen der alten Meister.

„In diesem Winter bemerkte ich auch, wie zum ersten Mal mein medial-zwanghafter Schaffensdrang von mir Besitz ergriff. Meine Hand schuf, in Trance geführt, mir Unerklärliches. Wie unter einem Zwang stehend, brachte ich in wenigen Tagen eine große Anzahl zarter, linearer Zeichnungen hervor. Als typisch für dieses erste Auftreten medial-phantastischen Zeichnens kann das Blatt ‚Engel über dem Satan' gelten. Obwohl ich vieles aus dieser Zeit vernichtet habe, zeigt die Fülle des bewahrten Materials die Heftigkeit dieses ersten Ausbruchs meiner ‚phantastischen Ader'. Durch diese Zeichnungen entfernte ich mich rasch von meinen ersten Vorbildern und tauchte ein in die mir noch unbekannten Gründe meiner Phantasie.

Dort fand ich zu meiner ersten Ahnung von der Phantastik des ‚verschollenen Stils'. Noch ehe ich ein feines, der Verdeutlichung phantastischer Inhalte gemäßes Ausdrucksvermögen erworben hatte, stand der spontan assoziierte, unbewusste Bildinhalt als treibende Kraft im Zentrum meiner Bildnerei.

Gleichzeitig begann ich auch an der Akribie meiner Ausdrucksmittel zu arbeiten. Der Einfluss der spätgotischen Meister, besonders des Matthias Grünewald, wurde stärker und verhalf mir im Verein mit dem Eindruck, den Picassos ‚Monstren' auf mich machten, zu einem Blickpunkt auf das Surreale, das ich noch im Verlauf des Jahres 1946 kennen lernen sollte. Mit Anfang des Jahres 1946 kamen die ersten Nachrichten von der internationalen Kunstszene nach Österreich.

In Paris, damals noch Metropole des Kunstgeschehens, regierte der Surrealismus; André Breton und der eben erwachende Existenzialismus mit Sartre und Camus; André Gide, Jean Anouilh und Jean Cocteau bewegten unseren kleinen Künstlerkreis gewaltig. Informationszentrum unserer spärlichen Nachrichten war das Atelier des in Wien lebenden saarländischen Malers Edgar Jené."

Das Zeichnen in der Zeit nach der realen Apokalypse und zu den von Gütersloh gestellten Themen der biblischen Apokalypse, die Informationen über den Surrealismus und das, was Fuchs in diesen ersten Jahren nach dem Krieg am meisten beeindruckt hat, der Freiheitskampf der palästinensischen Juden, der 1948 zur Gründung des Staates Israel führte, formten Fuchs. *„Täglich las ich vor allem jene Nachrichten, die diese Entwicklung betrafen, und sah in diesem Geschehen ein biblisches Element*

aufleben: geschichtliche Vorgänge mit prophetischem Charakter. Durch diese Nachrichten wurde mein Interesse für die Schriften der Propheten vertieft, historische Aspekte kamen hinzu, und meine mythomane Weltschau wurde gewaltig belebt. Es wurde mir langsam deutlich, dass mein Interesse für Prophetie und Mythos von Anfang an eine aktuelle Bewandtnis hatte. Ich habe in den Mythen nie das Vergangene gesehen, sondern die Herkunft des Jetzt.
Fast alles, was ich in den Jahren 1946 bis 1954 geschaffen habe, steht unter dem Eindruck, ja unter dem Diktat personifizierter Angst, dieser Zerstörerin und Verwandlerin. Alles Verwesende übte auf mich eine ungeheure Faszination aus. Alles wurde mir zur heroischen Apotheose des unwiderruflichen Endes: das Skelett als fein ziselierter, kostbarer Schlussstein, im Zenit des Lebensgewölbes.
Er, der Knochenmann, das unzerstörbare Monument in uns, das unser Fleisch wie einen Mantel trägt, als die einzige Gestalt, die von unserer Existenz unwandelbar zurückgelassen wird. Das war die Gestalt, die mein Schaffen begleitete. Diese beinerne Gestalt nahm nicht zu, nahm nicht ab, zeigte unveränderbare Züge, war unfähig, sich zu wandeln. Es ist darum sicher richtig, wenn ich sage, dass alle Bilder, die nach den ‚Giganten' entstanden sind, Tod und Verwesung wie einen Zeremonienmeister in sich bergen: er trägt vor, er bestimmt das Bild. Um diese Zeit taucht in meinen Bildern das Einhorn auf, um zum Gegenspieler des Todes zu werden. Das Einhorn ist das phallische Wesen und wird mir sofort zum Synonym für die Überwindung des Todes.
So wurde ich immer tiefer in den obskuren Raum unerforschter Psyche hineingezogen. So lebte ich zehn Jahre in wahnsinnsähnlichen Zuständen, hatte unbeschreibliche Angstträume, und oftmals ergriff mich der Wunsch, im Abgrund des Unbegreiflichen, das ich fürchtete, zu vergehen. Erst heute verstehe ich, dass es mir damals nie gelungen ist, auch nur eines dieser Bilder zu verkaufen. Bewundern konnte man diese Dinge vielleicht, manchmal traf ich ja auch auf meinesgleichen, auf Menschen, die das Schreckliche verehrten, aber sie waren so mittellos wie ich und konnten keine Bilder kaufen. So kam es, dass alle diese frühen Arbeiten in irgendwelchen Schränken verwahrt, vergessen und dadurch auch erhalten sind. Sie sind allesamt in meinem Besitz geblieben."

Es war ausgemacht, daß man über die letzten Fragen der modernen Kunst diskutieren und über These und Antithese zur „Synthese" gelangen wollte. Da man mit derlei Veranstaltungen aber kaum noch einen Hund hinter dem Ofen hervor- und geschweige denn den Mann von der Straße anlockt, engagierte man zwei der zugkräftigsten Auchspaßmacher unter den Wiener Malern: Arnulf Rainer und Ernst Fuchs. Vor allem auf Rainer setzte man große Stücke, da dieser junge Mann in letzter Zeit durch exzentrische Einfälle sogar im benachbarten Deutschland polizeibekannt geworden war.

Ernst Fuchs, der mit seiner bewährten Barttracht und jenem markanten grünen Hütchen (das sich genauerer Definition zu entziehen scheint) erschienen war, sprach zunächst über die Aufgaben und Sorgen des verantwortungsbewußten modernen Künstlers, der kein Scharlatan sei — wobei er seinen Ausführungen durch geschickte Dialektfärbung eine treuherzige Note zu geben verstand.

Die Malerkombattanten dieses Propheten der Wiener Avantgarde umstanden gläubig ihren gekonnt gestikulierenden Fürsprecher in eigener Sache und nickten bei besonders bedeutungsvollen Stellen zufrieden und wissend vor sich hin. Die Gegenpartei aber, jenes sozusagen von der Straße herbei- und herein-

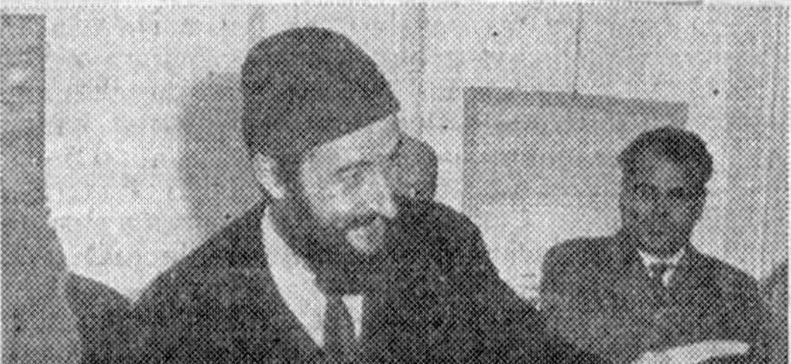

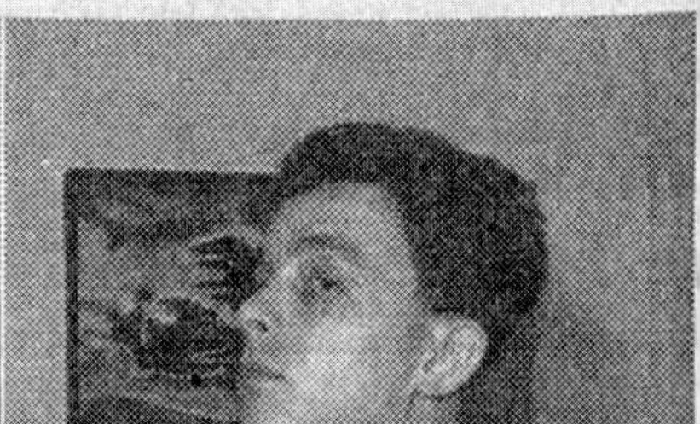

MIT GEKONNTEN GESTEN versuchte Ernst Fuchs seine Zuhörer zu überzeugen: Arnulf Rainer hingegen zog es vor, mit seinem Kopf das Bild eines Konkurrenten halb zu verdecken. Wie lange wird es dauern, und er wird es — im Affekt oder aus Effekthascherei, das ist nicht ganz so sicher — kurzerhand übermalen ...?

4. Das lemurische Wien

Gegnerschaft – Desinteresse und Kritik – Fernab von der Öffentlichkeit

„*Wien war ein Alptraum. Das lemurische Wesen seines Zerfalls hatte hinter der Maske des wirtschaftlichen Aufbaus zugenommen.*“ Das waren Ernst Fuchs' Worte, als er in den fünfziger Jahren aus Paris zurückkam. 1947 bei der „Ersten Großen Österreichischen Kunstausstellung“ prallten die alten „Künstlermenschen“ und die Jungen aufeinander. Es war die erste und letzte gemeinsame Überblicksausstellung aller Künstlerorganisationen bis hin zum Kunsthandwerk mit Sonderräumen „Gedeckter Tisch“ und „Religiöse Kunst“. Der Art Club hatte einen eigenen Raum, zeigte aber weder die abstrakte Fraktion mit Gustav K. Beck noch Fritz Wotruba.

Die Bilder „Die Beweinung von Zwiespältigem“ von Ernst Fuchs und eines von Rudolf Hausner waren der Kulminationspunkt des Schreckens für die, die bisher im Windschatten des Hauses der deutschen Kunst nazikonform gearbeitet hatten und jetzt „Entartetes“ ins Künstlerhaus, den Ausstellungsort, eindringen sahen. Die Bilder mussten nach Besucher- und Künstlerprotesten entfernt werden, wurden abgenommen und wurden wieder aufgehängt, um beim nächsten Protest wieder abgenommen zu werden.

Im Dezember 1951 veranstaltete der Bund der Wirtschaftstreibenden einen Vortrag mit dem Schulbuchautor Ministerialrat Romanik. Es war

Bericht über eine Ausstellung:
Ernst Fuchs und Arnulf Rainer. (Privat).

eine echte Vereinsversammlung mit vielleicht 50 Kommerzialräten, bei der Romanik einen Hetzvortrag mit Lichtbildern gegen die moderne Kunst, gegen den Surrealismus, gegen Fuchs und Hutter hielt. Er wetterte gegen die Perversion und das Abartige, ganz im alten Stil. Am Schluss zeigte er die Liste des Ehrenkomitees der Art-Club-Ausstellung von 1947. Mit all den Koryphäen des musealen Betriebes von Benesch, dem Direktor der Albertina, bis Stix, dem Generaldirektor der Museen. Das sind Leute, sagte Romanik, die diese Perversitäten fördern und unterstützen, denen das Handwerk gelegt werden muss.

Der Mann, der die Dias schob, war ein Künstlerhaus-Bildhauer, der die ohne Einladung Eingeschlichenen erkannte. Den Maler Carry Hauser, den Kunsthistoriker Heribert Hutter und den Art-Club-Sekretär Schmeller. Dieser wollte eine Diskussion eröffnen. Das wertete Romanik als Angriff. Dem Kritiker Jorg Lampe hat man mit Ohrfeigen gedroht und den schmächtigen Heribert Hutter haben sie mit trainiertem Polizeigriff hinausgeschleppt. Carry Hauser war verschwunden. Während des Handgemenges ist er gerannt und hat die Polizei geholt. Hauser kam mit der Polizei wieder und schilderte die Vorgänge. Insgesamt wurden etwa 15 Leute festgenommen. Am nächsten Tag erschienen zum Teil übertriebene Berichte über die Saalschlacht in den Zeitungen.

Mit Ausnahme dieser Ereignisse ereignete sich die Kunst von Fuchs und seinen Freunden aber fernab jeder Öffentlichkeit.

Ernst Fuchs: *„Die ‚Neue Galerie' in der Grünangergasse war die einzige moderne Galerie in Wien. Der Inhaber Otto Kallir, vor dem Krieg vertrieben, beschickte sie nach 1945 wieder von New York aus. Noch hatte sich kein Schauplatz gebildet; die wenigen Maler, die wie ich zu Beginn ihrer Laufbahn versuchten, ihre Werke der Öffentlichkeit zu präsentieren, wussten nicht, wohin sie sich hätten wenden sollen. Allzu absurd schien der Gedanke, dass sich in dieser brotlosen Zeit des allgemeinen Sich-Erhebens aus den Trümmern ein Publikum für Kunstausstellungen finden würde. So blieb der Verkauf einer Zeichnung an Frau Dr. Künstler für lange Zeit ein Einzelfall. Doch solche Einsichten dämpften nicht meine Träume von Ruhm und Größe."*

Später wurden die Galerieräume zur „Galerie St. Stephan" und, da sich deren Programm zu sehr vom Kunstverständnis der Wiener Katholiken entfernt hatte, zur „Galerie nächst St. Stephan". In deren Anfängen zeigte ihr Leiter Monsignore Otto Mauer auch eine Ausstellung von Ernst Fuchs. 1960 plante er auch ein Buch im Bruckmann-Verlag in München.

„Hätte es damals in Wien eine bedeutende Galerie gegeben, in der ein informativer Querschnitt durch das internationale Kunstschaffen der Zeitgenossen zu sehen gewesen wäre, hätte die Entwicklung der modernen Malerei in diesem Lande vielleicht einen ganz anderen Verlauf genommen. So aber gab es nach dem Vakuum einer völligen Informationslosigkeit über moderne Kunst, verursacht durch das Kunstverbot Hitlers und den Provinzialismus der Ersten Republik, keine Informationsmöglichkeiten. Jede Nachricht war an persönlichen Kontakt gebunden und von der Person des Informanten beeinflusst und verändert.

International war es allerdings nicht viel anders. Als die Biennale in Venedig 1954 vorwiegend Beispiele des Surrealismus zeigte, war der Sturm der Entrüstung groß. Und alle Kirchenblätter gaben die Empfehlung des ‚Osservatore Romano', die Biennale zu meiden, genußvoll weiter: ‚WARNUNG VOR DER BIENNALE. In Venedig findet zur Zeit die zweijährige Ausstellung zeitgenössischer Kunst, die Biennale, in den Giardini publici statt. Soeben hat der Patriarch von Venedig, Kardinal Roncalli (Anm.: der spätere Papst Johannes XXIII.) dem Klerus den Besuch der Ausstellung untersagt. Auch die Gläubigen wurden vor den Gefahren gewarnt, die die Ausstellung für moralisch schwache Besucher enthält.'"

Auch Zeitungen verhängten ein „Jugendverbot" über die phantastische Kunst. Unter dem Titel „Abwegiges um unser Geld" schreibt die „Wiener Wochenausgabe" über Ernst Fuchs: *„Wer sich indes von der Berechtigung unserer Scheu vor einer Abbildung dieses ‚Kunstwerks' überzeugen will, dem steht es in der Redaktion zur Besichtigung frei. Wir machen jedoch ausdrücklich darauf aufmerksam: strengstes Jugendverbot!"*

Weit wirkungsvoller als das Verbot war die Klassifizierung als „Unkunst" durch Publizisten und Kunstwissenschafter.

1963 schreibt ein Herr Wutzel über die Ausstellung Ernst Fuchs in der „Neuen Galerie" der Stadt Linz: *„Mit der Ausstellung von Ölgemälden,*

Aquarellen, Zeichnungen und Radierungen des Wieners Ernst Fuchs hat sie aber einen bedauerlichen Missgriff getan. Ein Vergehen zerstört oft die Bilanz eines Lebens. Die ‚Neue Galerie' wird man nach dieser Ausstellung lange abschreiben müssen. Es sei ihr gesagt: Es gibt absolute Sittengesetze, an die jeder zivilisierte Mensch gebunden ist, auch ein Ausstellungsleiter. Die Diskussion über das Werk von Ernst Fuchs will ich mir ersparen. Für dessen Beurteilung ist der Jugendpsychologe, der Erfahrungen auf dem Gebiete der Pubertätserscheinungen hat, richtiger am Platze. Sollte mich ein eifriger ‚Kunstfreund' wegen dieses Schweigens und Übergehens feige schelten, so sei ihm heute schon geantwortet, dass ein normaler Mensch seine Hände nur dann beschmutzt, wenn ein Menschenleben daraus zu retten ist."

1949–1960 malte Fuchs an einer Tafel zum 69. Psalm Davids. Die lange, immer wieder aufgenommene Arbeit zeigt die ideologische Entwicklung Fuchs' vom aktuell Zeitkritischen und Visionären zum Christentum. Ein dichtes Bild, das vielen Interpretationen und Eigeninterpretationen Raum bietet. Nimmt man aber den Text des Psalms, dann deutet er noch in eine andere Richtung. Und wenn ein Werk wie das von Fuchs schon so selbstspiegelnd ist, warum sollen nicht auch die Zeilen dieses von ihm gewählten Psalms es sein:

> „[5]Die mich ohne Grund hassen, /
> sind mehr als ich Haare auf dem Haupt habe.
> Die mir zu Unrecht Feind sind und mich verderben wollen,
> sind mächtig. /
> Ich soll zurückgeben, was ich nicht geraubt habe.
> [13]Die im Tor sitzen, schwatzen von mir, /
> und beim Zechen singt man von mir."

Und was wurde da über Ernst Fuchs und sein Werk in manchen locker formulierten Kritiken gesagt:

- Total eklektizistisch
- Setzt nicht um, sondern klittert
- Dekorativ-überkandidelt

- Schwül-parfümiert
- Im Hinblick auf den religiösen Gehalt blasphemisch
- Biedermeierbemstler
- Werbegötze
- Modemaler
- Ewigkeitssucher
- Erfinder des phantastischen Materialismus und der Pfennigfuchserei
- Missgriff in die mystische Zauberkiste des finanzrealistischen Phantasten
- Nachfolger des Salzburger Hausmeistersohns Johann Ferdinand Apollonius Makart
- Große Farbschinken
- Geübte Mischung aus Weihrauch und Erotik
- Opo-Art
- Dokumente eines Niedergangs
- Wiener Dekorationsbedürfnis und Kommerz
- Blasphemische Bilder
- Dialektischer Trialismus
- Gnosiologie
- Prophetologie
- Freimaurerisch
- Bewundernswerte Penetranz
- Abstrusitäten
- *Massenmaler*

Ernst Fuchs: „*Ich kannte so manche Kunstkritik aus dem ‚Ver Sacrum' und die darin vorgebrachten Verteidigungsversuche, die sich gegen die damaligen Journalisten der Wiener Presse richteten. Und ich kannte die Wiener Kritiker in ihrer Tradition, da die Werke, die sie verunglimpft hatten, bei mir in hohem Kurs standen. Hermann Bahrs Zusammenstellung von Kritiken über Gustav Klimt waren mir Warnung genug, und so hatte ich trotz aller Erfolgserwartung keine Illusionen, was die Resonanz meiner Bilder betraf. Im Allgemeinen schien die von allen Seiten auf mich einstürmende Belastung eine*

Fortsetzung des Krieges, dessen Todesangriff ich entkommen war. Der Kampf ging weiter, nur die Front lag anderswo. Ich hatte bloß den Kriegsschauplatz gewechselt. Heute scheint es mir rätselhaft, dass wir alle keinerlei Niedergeschlagenheit kannten. Ein gewisser ,Trotzdem-Optimismus' trieb uns an, ja er steigerte unser Vertrauen, und jedes kleinste Zeichen der Anerkennung führte zu ungeheurer Euphorie. Das Bedeutendste für einen jungen Künstler ist die erste Möglichkeit, die Resonanz der öffentlichen Meinung, durch die Reaktion der ,Fachleute' initiiert, zu erleben. Gelingt es nämlich, die ungeheuer dominierend wirkende Infamie jener Clique gleich am Anfang zu überwinden, so stellt sich die Gewissheit und Überzeugung ein, dass Kunst um ihrer selbst willen gemacht wird und dass zunächst niemand, selbst der Künstler nicht, sie ,verstehen' kann.

Eine vehemente und geniale Absage an die Vernunft oder ein Verständnis der Öffentlichkeit sind a priori nicht nötig.

Und wenn jemand sagt, meine Kunst sei Kitsch, da denke ich immer an den von mir hochverehrten Maler Böcklin. Hundert Jahre lang hat man gesagt, das sei Kitsch. Jetzt auf einmal sagt man, das sei der größte Maler des 19. Jahrhunderts. Was sich Menschen für ein Bild machen von der Kunst, das hat sich Gott sei Dank nie als Wahrheit erwiesen.

Oder dass man in einem einigermaßen linken Magazin wie dem ,Profil' vom ,Hausmeistersohn Makart' las, um ihn abzuwerten. Wessen Sohn muss er sein? Mich irritiert, dass im ,Profil' der Makart als Sohn eines Hausmeisters apostrophiert wird. Na, so eine Schande. Ich bin der Enkelsohn einer Häuselfrau, ich bin stolz, ich habe überhaupt keinen Grund, meine Vorfahren zu verheimlichen, weil sie nicht adelig waren oder großbürgerlich oder Künstler, das ist uninteressant. Da kann der Journalist den Kadaver ausweiden, der arme Makart, der jetzt im Musée d'Orsay hängt."

Ein Grund für den Erfolg der Abstrakten bei den Kunstkritikern war sicherlich, dass immer die letzte und neueste Richtung am erfolgreichsten ist. Der Realismus war durch die Nazi und Sowjetrealisten gründlich vermiest worden. Abstrakt galt als Synonym für progressiv. Rudolf Hausner: *„Bei uns war eine Nase eine Nase und ein Auge ein Auge. Da konnte es passieren, dass wir als Nazikunst abqualifiziert wurden."* Und deswegen auch von den falschen Leuten geschätzt wurden.

Auch wurde den Wiener Phantasten *„eine ‚Beziehung zum Eklektizismus' vorgeworfen. So vom späteren Chef des Wiener Kulturamtes, Robert Waissenberger, in dem Buch ‚Wien und die Kunst in unserem Jahrhundert'. Was wie respektvolle Anerkennung von virtuosem Können klingt, ist aber Kritik an einer unzeitgemäßen Malerei: ‚Eine Beziehung zum Eklektizismus ist am offensichtlichsten bei Ernst Fuchs gegeben. Als Maler und Zeichner liefert er schon in jungen Jahren Proben seines großen handwerklichen Könnens und bot damit ein Beispiel einer erstaunlichen frühreifen Begabung, die gleichsam alles aus sich selbst hat. Es ist eine Fülle von Bildern, mit denen Fuchs aufzuwarten hat. Sie sind durchgemalt und durchgezeichnet mit letzter Konsequenz und in dieser Beziehung fast mit flämischer oder französischer Malerei des 15. Jahrhunderts vergleichbar."*
Ernst Fuchs äußert sich zum Vorwurf des Eklektizismus. Die Worterklärung ist auch schon der Vorwurf: Der Eklektiker (griech. „Auswählender") ist jemand, der verschiedene Anschauungen oder Kunststile miteinander verbindet.
Am 28. Mai 1964 schreibt Fuchs in seinem Arbeitstagebuch durchaus hermeneutisch dazu: *„Kunst quasi aus der Luft gegriffen. – Die vom Eklektizismus reden, haben vergessen oder nie gewusst, dass die wahre Kunst eine eigene Welt ist, die sich selber schafft durch den Künstler. Alles Gemeinsame ist Ausdruck dieser Einheit. Kunst wird aus Kunst gemacht, und die Natur folgt der Kunst (nicht umgekehrt); denn Gott ist ja Creator, Künstler, und hat dem Menschen seinen Geist verliehen, zu schaffen künstliche Dinge. Wie ihm die Materie gehorcht, gehorcht das Bild dem Menschen."*
Nun waren die Gegner in den ersten Jahren menschlich mit menschlichen Eigenschaften. Sie waren durch eine langjährige Indoktrinierung auf die Ideale vom „Nazi-Haus" der Kunst eingeschworen. So oder so. Nämlich entweder als Anhänger der Blut-und-Boden-Malerei oder als deren Gegner. Für die alten Nationalsozialisten war das, was Fuchs und seine Freunde machten, Gegenkunst, und für die anderen war es – wie der Surrealismus und Manierismus immer – eine unzeitgemäße Kunst, aus der Vergangenheit geklittert. Nicht Nachkriegskunst, Kunst nach den KZ-Gräueln und Kunst nach der Atombombe.
Man setzte sich damit auseinander, zeigte sie in Ausstellungen, schrieb

darüber, publizierte Bücher, akzeptierte die Anliegen, die hinter den Werken standen. In der staatlichen und kommunalen Förderung wurde sie gleich behandelt wie alle anderen künstlerischen Äußerungen: schlecht, aber doch. Bei offiziellen Ausstellungen als aktuelle Kunst, also jetzt entstandene, gezeigt.

Später wurde es schlimmer. Sie wurden aus den falschen Motiven geschätzt. Alfred Schmeller formulierte diese Anerkennung der Wiener Phantasten so: *„Man hat das, ‚vom Bürgertum honorierte Idyllenmalerei' genannt. Wer so argumentiert, hat sich mitsamt dem Bürgertum geirrt."*

Arik Brauer: *„Die moderne Kunst ist als Revolution angetreten, aber wie alle Revolutionen hat sie sich in ihr Gegenteil verkehrt."*

Ernst Fuchs: *„Die Avantgarde ist schon so lange Avantgarde, dass sie vor lauter Tempo ganz hinten dran ist."*

Arik Brauer: *„Es gibt zwei Kunstwelten. Die offizielle, von Steuergeldern Getragene. Wer nicht da drin ist, ist automatisch ein Außenseiter. Wer da nicht gleichgeschaltet ist, ist ein Widerständler. Und dann gibt es den Kunstmarkt mit der Kunst als ‚Gebrauchsgegenstand'. Das ist ja die Karriere einer ganzen Gattung von Experten, festzustellen, was Kunst ist und was nicht."*

Ernst Fuchs: *„Ich habe das, was Kritiker über meine Kunst geschrieben haben, selten ernst genommen, weil ich das Gefühl hatte, hier ist eine Dissonanz bemerkbar zwischen der Reaktion des Menschen schlechthin zu meiner Kunst und jener speziellen Reaktion, die mir immer so nach Haus der Deutschen Kunst riecht. Die hat so einen konformistischen Ton: Das darf sein, und das darf nicht sein, und so muss sich nun die Kunst entwickeln. Denn gerade diese Facette der Wirksamkeit meiner Bildwelt hat die offiziellen Kunstverweser am meisten gestört, dass sozusagen das Publikum nicht per Schulklasse ins Museum treten muss, sondern die Leute es gerne anschauen, weil es sie interessiert. Die Faszination muss nicht angeheizt werden."*

Die phantastische Kunst wurde in den letzten Jahrzehnten von diesen Experten – den Ausstellungsmachern, Museumsleuten, Kunsthistorikern und Kuratoren – ignoriert. Wobei die Berufsbezeichnung „Kurator" für Ausstellungs- und Museumsverantwortliche bezeichnend ist. Nach österreichischem Recht ist ein Kurator, geregelt in den §§ 187 ff. ABGB, § 102 Ehegesetz, § 3 Religionserziehungsgesetz, für „Handlungs-

unfähige aus anderen Gründen“ zuständig. Das Kuratel ist die bürgerlich-rechtliche Fürsorgetätigkeit für besondere Angelegenheiten einer Person, die diese selbst nicht wahrnehmen kann, durch einen staatlich bestellten Bevollmächtigten (Pfleger, Kurator). Sie schränkt vielfach die Geschäftsfähigkeit der Pflegebefohlenen ein.
Selbst der Kunsthandel schließt die phantastische Kunst weitgehend aus. Sie ist am Beginn des dritten Jahrtausends eine „Undergroundkunst“, die im manchmal blendenden, prächtigen Ambiente existiert.
Es wurde kein Berufs- und Ausstellungsverbot mit Brief und Aktenzahl verhängt, wie durch die Reichskulturkammer der Nationalsozialisten, die Phantasten wurden offiziell und öffentlich unsichtbar gemacht.

5. Geduldeter Bettler, vergrabener Außenseiter

Die Lebensumstände in den fünfziger Jahren – Vagabundieren in Paris – Leben mit Künstlern und Frauen – Die Chance auf ein bürgerliches Leben – Warum Fuchs das Essen verlernte

„Ich glaube, mein Blick verwandelte mir meine Umwelt und schuf sich Paradiese, wo andere vielleicht nichts als ein dürftiges Existenzminimum wahrgenommen hätten. Die Bleistiftstummel, die ich in alten Konservendosen aufbewahrte, Schachteln und Schalen, in denen Farbreste kunterbunt herumlagen, Zeitungsausschnitte, Berichte über kuriose Begebenheiten, an die Wand geheftet neben Reproduktionen der Bilder meiner Lieblingsmeister, eine zerlumpte Decke, wenige Möbel, von den Bomben und sonstigen Kriegsereignissen beschädigt. Das umgab mich in meiner Malstube und war doch wieder verklärt von jenem Schleier, gewoben aus der Vielzahl der Zeichnungen, die ich da schuf. Überall lagen sie herum und waren zu Hunderten aufgeschichtet in Stößen. Schönheit, wie ich sie immer suchte, umgab mich da in Form einer Wohnung nicht. Ja, ich erinnere mich, dass ich das auch gar nicht suchte. Schönheit kam mich besuchen, lag auf dem Bett, nackt, und ich zeichnete sie."

Es war Fuchs schon damals bewusst, dass er sehr bald Wien verlassen müsse, denn die Nachkriegsstadt besaß für ihn nicht die geringsten Voraussetzungen, die nötig gewesen wären, Künstler auch wirtschaftlich zu erhalten. Paris war sein Ziel.

Er wollte aber Wien nicht verlassen, weil es ihm hier schlecht ging. Es

Ernst Fuchs im Café in Paris 1952. (Privat).

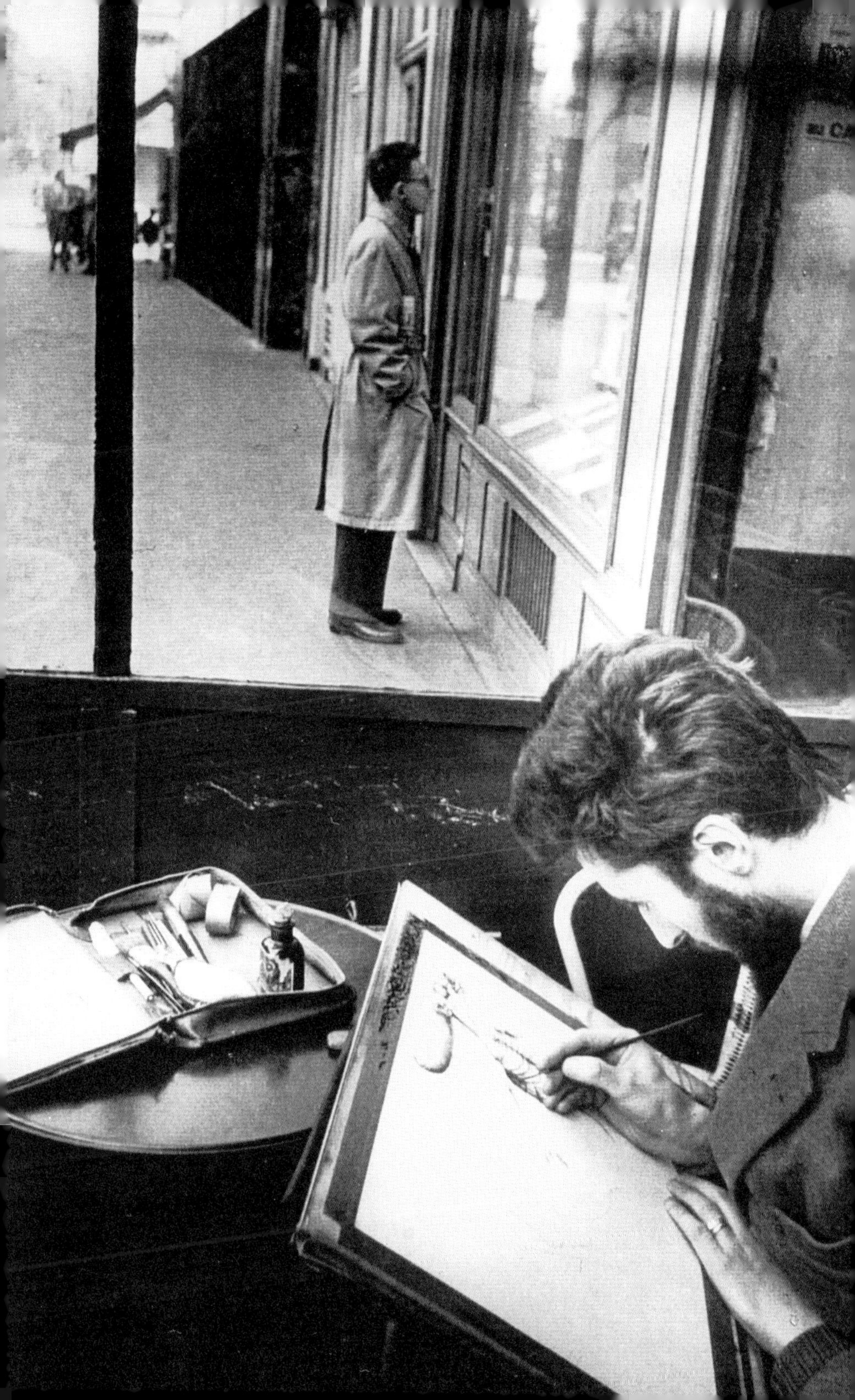

ging Fuchs, den allgemeinen Umständen entsprechend und denen von Künstlern im Besonderen, gar nicht schlecht. Er lebte zwar in einer schlechten Ehe, verdiente nicht viel, hatte aber mit seinen 19 Jahren einigen Erfolg in Wien. 1948 hat der 18-jährige Fuchs im Industriellen Mautner-Markhof einen Sammler und Förderer seiner Kunst gefunden. Marian Wotruba, die Frau des großen österreichischen Bildhauers, die sich im Wien der Bombenruinen der allgemeinen Not junger Künstler annahm, hatte Fuchs mit dem Bier- und Senfindustriellen bekannt gemacht. Mit seiner Hilfe konnte Fuchs sein kleines Arbeitszimmer im vierten Bezirk in der Johann-Strauß-Gasse 7 verlassen und ein Atelier im zweiten Wiener Gemeindebezirk, Haasgasse 10, beziehen. *„19 Jahre alt und ein eigenes Atelier haben, in Paris gewesen zu sein, eine Ausstellung, für diese herrliche Stadt bestimmt, zusammenzustellen, das war mehr als ein 19-jähriger Maler in Wien erträumen konnte."* Danach zog er in den neunten Bezirk, in die Porzellangasse. Die Wohnung lag zu ebener Erde, sie war groß, aber düster und muffig. Fuchs war 19 Jahre alt und Vater zweier Söhne, Elias und Daniel Friedemann. Die beiden Kinder stammten aus der ersten Ehe mit Gertrude Baschnegger.

30 Jahre später wird Fuchs in einem Interview von Hermann Hakel auf diese Zeit angesprochen. Dass er sich schon damals bitter beklagt habe, dass die Mäzene nicht scharenweise vor seiner Tür gestanden seien, und er doch, im Gegensatz zu vielen anderen, den Mautner-Markhof gehabt habe.

„Das war zu wenig. Ich hatte ja damals immerhin schon drei Kinder. Ein Mautner-Markhof und eine Kiste Bier vor der Tür, das war einfach zu wenig."

„Ist das nicht maßlos?" meinte der Interviewer.

„Das ist gar nicht maßlos. Sie sollten einmal zur Strafe für diese Frage drei Monate von dem leben, von dem ich damals lebte. Ich habe damals nicht mehr gehabt als ein Stück Brot und zwei Joghurt am Tag."

Im Sommer 1948 ging Fuchs das erste Mal nach Paris. *„Die Stadt erschien mir als ein einziges Kunstwerk, voll von Galerien, Künstlern, kunstver-*

ständigen Menschen. Das Leben dort hatte sich nicht in düstere Ruinen verkrochen, sondern pulsierte erregend und pausenlos durch diese Stadt."
Bereits im nächsten Jahr hatte er seine erste Ausstellung in Paris, übersiedelte 1950 dorthin und blieb mit Unterbrechungen zwölf Jahre.
Fuchs lebte in den ersten Pariser Jahren ein Leben als Vagabund, auf den Boulevards, in Cafés und billigen Hotels, chaotisch, meist traurig und sehr entbehrungsreich. Aber er liebte es trotz all seiner Widerwärtigkeiten.
„Da ich aus Geldmangel kein ständiges Quartier beziehen konnte, schlief oder döste ich, wie es die Gnade des Garçons gerade leiden wollte, in einem der wenigen Nachtcafés des Quartier Latin, die bis zum Morgengrauen geöffnet waren. Die Sperrstunde dieser Cafés war zugleich die Öffnungszeit der Metro, in deren Aus- oder Eingangsschächten ich bis zur Öffnungszeit meiner Stammcafés weiterdöste. Nur selten hatte ich ein Hotelzimmer, und wenn dieses seltene Glück – meist durch den Verkauf einer Radierung bewirkt – mich heimsuchte, wurde das Zimmer, entgegen den strengen Vorhaltungen des Hauswirtes, zum Asyl sämtlicher Freunde, die das gleiche Los seltener Unterkunft zu tragen hatten. Nicht selten lagen wir zu sechst auf Bett, Sessel und Fußboden verteilt."
Die Künstlercafés der fünfziger Jahre in Paris, wie das Café Old Navy, das Café du Dôme oder das Bonaparte in St. Germain des Prés, in denen Fuchs lebte, arbeitete und schlief, waren keineswegs so elegante Touristenlokale, wie sie es heute sind. Dass damals keine großformatigen Werke entstanden, ergab sich aus dem Umstand des ständigen Umherziehens. Fuchs lebte aus seiner Reisetasche. Darin befand sich ein Reisenecessaire, das statt der Toilettenartikel alles enthielt, was man zum Malen, Zeichnen und für die Arbeit auf der Kupferplatte benötigte.

Herbert Wochinz, Theatermann aus Kärnten, lebte ebenfalls in Paris. Er brachte später aktuelle Theaterproduktionen von Paris nach Wien in sein „Theater am Fleischmarkt". Hier spielte er Jean Genet, Ionesco und Samuel Beckett in der Ausstattung der Wiener Künstler Josef Mikl, Wolfgang Hollegha, des Bildhauers Wander Bertoni und Wolfgang Hutters. Als er sah, dass Fuchs keine Behausung hatte, brachte er ihn

für einige Zeit bei der Familie, wo er wohnte, unter. Dann zog Fuchs ins Atelier des Bildhauers Prinner. *„Prinners Atelier war schrecklich feucht, aber voll von seinen oder ihren wunderbaren Gipsskulpturen. Prinner war ganz sicher eine Frau, gab sich aber ganz besonders männlich.*
Meine Situation in Paris sollte aber noch schwieriger werden. Ich erhielt im Mai 1951 einen Brief, der die Ankunft von Mia Williams ankündigte. Sie war im dritten Monat schwanger und wollte unsere Tochter Lukretia in Paris gebären. Bald bewohnten wir zu zweit das feuchte Atelier, in dem der Dunst von nassem Gips alles durchdrang und Brot binnen weniger Stunden sich mit Schimmel überzog“.
Der Verleger Godet, den Fuchs durch Dalí kennengelernt hatte, finanzierte eine Reise nach St. Tropez. Dort nächtigten er und Mia im Haus von Michael Via auf einer Matratze. Beide hatten Rheumatismus in Prinners Atelier bekommen, doch Sonne und Meer heilten sie bald. Eine kleine Gesellschaft, meist Künstler, bevölkerte dieses Fischerdorf, das später, nachdem Brigitte Bardot und die Reichen und Schönen es entdeckt hatten, ein berühmter Badeort der Côte d'Azur werden sollte.
„Das Leben war leicht, ein toller Übermut erfasste mich, und, als wollte ich eine drückende Last abwerfen, machte ich mich von allen Bindungen frei. Ich kaufte ein kleines Zelt und kampierte außerhalb des Ortes am Ufer des Meeres. Völlig frei wollte ich sein, unbelastet wollte ich in meinen Träumen aufgehen.“
Fuchs flüchtete nicht nur vor der Verantwortung gegenüber seiner Frau und ihres gemeinsamen Kindes, sondern auch zu einer anderen. Unter seinen neuen Freunden, die sich allabendlich um den Magier Jean Charterte versammelten, befanden sich zwei wunderschöne Mädchen: die rothaarige Tänzerin Vall Mayers, die sehr schöne Zeichnungen machte, und die kindlich wirkende Amerikanerin Geraldine ‚Geri' Krongold. Fuchs zog aus dem Zelt am Meeresstrand aus und trampte mit Geri, die nach Italien wollte, Richtung Turin, wo er einige Sammler kannte, um Geld zu beschaffen. Die Galleria Nuova Bussola war sehr an den Wiener Phantasten interessiert, und Fuchs hatte dort seit 1948 ein Standbein. Dann zog Geri wieder mit ihm über Wien nach Paris. Mia Williams, die Mutter seiner Tochter Lukretia, wohnte, nachdem Fuchs sie in

St. Tropez zurückgelassen hatte, inzwischen im Pariser Atelier eines Schweizer Malers in der Avenue Lamark, hoch oben am Montmartre. Wiederum nahm Herbert Wochinz Fuchs in Paris auf. *„Er hatte von den Ferreaus die Erlaubnis erhalten, uns in einem Chambre du Bonne, dem Dienstbotenzimmer, welches sonst von einem Dichter bewohnt wurde, der aber gerade verreist war, einzuquartieren. Zum Dank malte ich den alten und den jungen Ferreau. Dieses Zimmerchen, kaum zwei mal zwei Meter groß, war mit Büchern vollgestopft, dass man das Bett, welches an der Wand stand, nur auf einem fußbreiten Pfad balancierend erreichen konnte. Vor dem Fußende des Bettes stand ein winziger Tisch, eine Art Schreibtisch. Auch dieser war mit Büchern bedeckt. Wir hatten strengen Auftrag, nichts zu berühren, also ließ ich alles, wie es war, nur ein kleines Plätzchen im Format meiner Kupferplatte machte ich frei. Hier saß ich einige Wochen Nacht für Nacht, in sämtliche Kleidungsstücke, die ich hatte, gehüllt, und arbeitete im Schein einer Nachttischlampe."* Damals entstand ein wichtiges Blatt aus dem Einhorn-Zyklus: „Die Versuchung des Einhorns". Das Einhorn mit der Physiognomie des Künstlers und einem gewaltigen Horn versucht mit seinem ebenso gewaltigen Phallus in die üppigen Formen der Versucherin einzudringen.

Eines Tages wollte Geri Fuchs verlassen. Sie stritten sich lautstark, erinnert sich Fuchs. Am nächsten Morgen mussten sie die Kammer räumen. Herr Ferreau hatte einer nächtlichen „Vergewaltigung" zugehört. Das arme Mädchen täte ihm leid, das Fuchs so brutal vergewaltigt hatte. Übrigens, als Fuchs 1956 in Wien die Auflage druckte, musste er den Phallus des Einhorns und die Rundung der Verführerin mit einer unbestimmten textilen Struktur überdecken.

Unter den Künstlern in Paris war es wie zwischen Emigranten. Jeder Einzelne von ihnen lebte ein Leben der allergrößten Bescheidenheit, wenn nicht in Armut und Not. *„Spät nachts hatten wir oft großen Hunger, dann verließen wir unsere ‚Höhle' und suchten in den Hallen oder an den Hintertüren der Restaurants nach Abfällen."* Aber jeder half jedem. Nach mehrmaligem Hotelwechsel und dazwischenliegenden Caféübernachtungen traf Fuchs den Wiener Zeichner Kurt Moldovan, der mit einem Paris-Stipendium in der Stadt war. Moldovan hatte die Zeit genutzt, um

in der Werkstätte des später mit Chagall und Picasso berühmt gewordenen Lithografen Mourlot zu arbeiten. Er hatte durch den Wiener Komponisten Paul Kont ein Dienstbotenzimmer gefunden und wollte es, wenn er nach Wien zurück musste, an Fuchs weitergeben. Der Winter war jedoch eisig, und Fuchs ging, bis zur Zimmerübergabe, für einige Wochen nach Madrid. Wo immer Fuchs hinkam, zeigte er seine Mappe mit Aquarellen und Radierungen und bot sich an, kleine Miniaturporträts auf Pergament zu malen. Er hatte Glück. Im März 1952 stellte die „Galerie Buchholz" seine Arbeiten zwei Wochen aus und vermittelte einige Porträtaufträge. Fuchs zeichnete für die Ausstellungseinladung eine Lithographie, den „Erbauer der Gefäße und Erleuchter". Das löwenartige Einhorn stand mit einer seiner Adlerklauen auf einem Totenschädel, in der anderen hielt es das Welten-Ei. Fuchs verdiente in Madrid ganz gut und konnte es sich leisten, in einer Pension zu wohnen. Ende März kehrte er nach Paris zurück und konnte wirklich Moldovans Zimmer beziehen. *„Es war sehr klein, etwa wie die Dichterkammer bei Ferreau, und hatte weder elektrisches Licht noch Wasser. Aber durch die Dachluke fiel ein zauberhaftes Licht. Nie wieder habe ich in einem Raum Licht und Schatten so geheimnisvoll um Gegenstände spielen sehen. Mein erstes großes Bild, ‚Die Verwandlung der Lucretia', entstand dort."*
Im Mai/Juni 1952 zeigte Fuchs eine Ausstellung in der „Galerie 55" in Paris. Das Ergebnis waren einige Kritiken in der Pariser Presse, viele neue Künstlerfreunde, aber nur wenige Verkäufe.
Kurz nach der Geburt seines und Geris Sohnes verloren sie die Dachkammer. Den neugeborenen Sohn mussten sie in ein Säuglingsheim bei Êpernay in der Champagne geben. Sie konnten ihn aber nur selten besuchen, es fehlte meist nicht nur das Pflegegeld, auch das Fahrgeld konnten sie sich nicht leisten.

Hundertwasser, der zu dieser Zeit auch in Paris weilte, hatte mit René Brô einen Schuppen nahe der Port Charenton bezogen. René Brault, der sich Brô nannte, war ein Malerfreund, mit dem Hundertwasser gemeinsam Bilder gemalt hatte und der die für Hundertwasser typische spitzovale, mandelförmige Augenform erfunden hatte. Brô, der später zur

Antikunstbewegung des „Nouveau Réalisme“ mit Arman, Christo, Jean Tinguely, Niki de Saint Phalle und Yves Klein gehörte, starb 1987 auf tragische Weise. Er brach nach einem Herzanfall in einem Pissoir zusammen und konnte erst Wochen später identifiziert werden.
Hundertwasser nahm Ernst Fuchs und Geri bei sich auf. *„Hier, nahe dem Irrenhaus von Paris, lebten und arbeiteten wir in teils trister, teils lustiger Kommune. Die ‚Hungersnot‘, von gelegentlichen Einladungen angenehm unterbrochen, hielt an. Dazu kam noch, dass die Baracke, in der wir auf Matratzen liegend schlafen mussten (wir konnten den Transport von Bettgestellen nicht bezahlen), sehr feucht war. Im Winter lief das Wasser in kleinen Bächen die Wände herab, es war kaum auszuhalten. Am Zaun, der diese Baracke, die von einem breiten Streifen hochwuchernden Unkrauts an drei Seiten umgeben war, vom Hinterhof eines vorgebauten einstöckigen Hauses trennte, wuchsen Weingirlanden. Als der Herbst kam, betrachteten Hundertwasser und ich täglich den Fortschritt der Reife einer einzigen Traube, die genau über dem ‚Garten‘-Tor hing. Eines Tages, als wir meinten, dass sie reif sei, aßen wir sie gierig auf. Sie schmeckte süß, hatte aber einen Beigeschmack von Ruß.*
Hundertwasser empfing zuweilen Kuchenpakete und Damenbesuch. Beides kam aus Wien. Die Kuchenpakete seiner Mutter mussten von einem weit entfernten Zollamt abgeholt werden. Der Zollbeamte schepperte verheißungsvoll mit den steinharten Bröseln in der Schachtel und staunte nicht wenig, als er prüfend den ausgetrockneten Kuchen, der das Symbol unserer Beziehung zu Wien war, durchwühlte. Wir aßen die gerecht verteilten Brocken und Brösel, unserem Hunger entsprechend, mit großem Genuss. Das Hauptnahrungsmittel war aber etwas ganz anderes, nämlich der von Hundertwasser immer wieder gepriesene Weizen. René Brô hatte ihm ein Säckchen Weizen geschenkt. Täglich mussten wir unsere ‚Mahlzeiten‘ auf einer Kaffeemühle geduldig zermahlen. Das Endprodukt war ein grob gemahlenes Mehl samt seiner Kleie, das wir mit Wasser vermengt zu kleinen Fladen kneteten, die wir dann in einer eisernen Pfanne rösteten. Unseren verschiedenen Weltanschauungen gemäß beurteilten wir den Geschmack dieser Fladen sehr unterschiedlich. Fritz fand die Fladen köstlich, ich aß sie nur, wenn ich großen Hunger hatte, aber ohne Genuss. Geri aß nie auch nur einen Bissen davon. Ich habe mir das Essen in Paris abgewöhnt, da ich es mir nicht leisten konnte.

Hundertwasser sprach schon ein nahezu fehlerfreies Französisch und hatte genug Freunde in Paris, die ihm Herberge gaben. Ihm verdanke ich meine besten französischen Freundschaften und so manches warme Essen. Das Gefühl, mich im Zentrum der Welt zu befinden, berauschte mich wie auch ihn, nie hatten wir das Gefühl der Armut, des Ausgestoßen- oder Unverstandenseins.“

In den fünfziger Jahren brachte die Clique um seine Frau Geri Fuchs in Kontakt mit Drogen. Das setzte sich dann in den USA fort, als Fuchs mit ihr und Sohn Michael dahin reist, um sie aus genau diesem Milieu herauszubringen. Fuchs: *„Schon in Paris konnte man im Café bei den arabischen Händlern mit dem Bauchladen alle möglichen Drogen kaufen wie Zigaretten oder das Glasl Bier. Das war auch gar nicht verboten und auch nicht teuer. Das hat mich nie berührt. Mein Spitzname war ‚natural-high Dr. Fuchs‘. Ich war ein Phänomen insofern, da ich an meinem Tischerl gesessen bin, gemalt und gezeichnet habe, und die andern sind dort gesessen, eingeraucht und haben nichts gearbeitet. In diesem Sinn hat ja auch mein ganzes Frühwerk, bevor ich noch in Paris war und Drogen nicht einmal vom Hörensagen kannte, gezeigt, dass ein Einfluss von Drogen in keiner Weise notwendig war, um mein Phantasma zu wecken. Es ist ja auch ein großer Irrtum, dass junge Menschen glauben, wenn sie Drogen nehmen, werden sie zu Künstlern. Das hat überhaupt nichts damit zu tun. In den seltensten Fällen kommt wie bei Joseph Roth, der, wie wir wissen, unter dem Einfluss von massivem Alkoholgenuss toll geschrieben hat, ein guter Roman heraus. Aber viele Leute sind daran zugrunde gegangen.“*
Ernst Fuchs‘ Kontakt mit Drogen geschah zu einer Zeit, als er die Ausstellung bei Allard vorbereitete. Fuchs: *„Ich zeichnete und malte an meinen Bildern, selbst dann, wenn ich im Kreise der Freunde im Café du Dôme oder im Old Navy saß. Ich träumte vom großen Erfolg und von einem Sommer auf Ibiza, das damals das billige Mekka der armen Künstler war.*
Da geschah es eines Tages – es mochte etwa zehn Uhr abends gewesen sein, und wir saßen alle im Dôme –, dass ein Mädchen aus unserer Runde, das einige Zeit als technische Zeichnerin in Algier gearbeitet hatte, ins Café kam. Das Wiedersehen wurde stürmisch gefeiert. Sie war sehr froh, die alte Runde voll versammelt zu sehen, und begann, kleine Geschenke zu vertei-

len: ‚Haschisch-Candy', eine Pastete aus Dattelsaft, Feigen und Haschisch. Ich aß wie alle anderen auch ein paar Stückchen, und der Effekt war unglaublich!
Zuerst merkte ich bereits wenige Minuten, nachdem ich die kleinen, süß schmeckenden Blöckchen gegessen hatte, dass, wenn ich die Augen schloss, sich leuchtende, farbige Muster, wie Leuchtschriften in bizarrer, reicher Ornamentierung, vor meinen Augen drehten, gleich einem riesigen Mandala, in ständiger Verwandlung begriffen, auf mich zukamen oder in einen unendlichen Raum von mir wegströmten. Ein starkes körperliches und seelisches Wohlsein überkam mich, und ich wollte sofort nach Hause fahren und malen: Farbe, Farbe, Farbe! Rot, Blau (dunkles, leuchtendes Blau!), helles Gelb und Weiß – alle Farben wollte ich vermalen, all die herrlichen Farben, die in mir und um mich in den herrlichsten Ornamenten kreisten.
Einer Sache aber war ich nach diesem Erlebnis gewiss: Zwischen den beiden Erlebnissen (Sphären) – dem visionären Traum und der Droge – bestand ein starker Zusammenhang, Traum und Haschischrausch hatten miteinander zu tun. Von da an habe ich zirka zwei Jahre lang diese Rauschzustände ‚mit allen Mitteln' gesucht und mit fast allen halluzinogenen Drogen experimentiert. Die Erfahrungen, die ich machte, waren vielfältig und sehr verschiedener Natur. Da ich, durch häusliche Zerwürfnisse bedingt, oft unter großen Depressionen litt und von Eifersucht oder Angst geplagt war, hatte ich weder die Muße noch den inneren Frieden zu einer ständigen Kontemplation dieser Eindrücke. Erst 1956 sollte ich (unfreiwillig) Gelegenheit dazu haben, über alle diese Erlebnisse nachzudenken.
Ich umgab mich in Kalifornien mit Westcoast-Jazzmusikern, darunter Größen wie Lee Konitz. Bei Dave Brubeck hab ich eine Zeit lang gewohnt. Da hab ich auch Marihuana geraucht. Und ich habe an den Leuten, die das geraucht haben, gesehen, dass das nichts bringt. Wenn ich zwei Gläser Wein trinke, dann bin ich arbeitsunfähig. Alkohol ist aus meiner Sicht das Allerschlimmste. Ich verstehe, dass Rockgrößen nicht vier Stunden lang auf der Bühne herumhüpfen und sich verausgaben können. Oder Leistungssportler, dass die sich dopen. Da geht es um körperliche Schwerstarbeit. Aber zum Malen braucht man einen klaren Verstand und keine Kraft.
Damals, 1955, habe ich das Rauchen samt allen Drogen aufgegeben und ver-

sucht, die Ereignisse mit dem Verstand zu durchdringen. Vor allem wollte ich das lästige Gefühl der Abhängigkeit loswerden.
Ich habe auch an der Versuchsreihe der Drogenexperimente in den sechziger Jahren mit Hrdlicka und Rainer nicht teilgenommen. Ich mag das nicht. Ich halte das alles – wie zum Beispiel LSD – für höchst gefährlich. Gegen das alles habe ich ein tiefes Misstrauen. Da ist die Bildwelt der Schizophrenen viel interessanter, aber ich wünsche mir deswegen nicht, dass ich schizophren werde."

Den Wechsel in ein anderes Leben erhoffte sich Fuchs nach vier Jahren der Enthaltsamkeit und Kontemplation durch eine neue Beziehung. 1961 heiratete Fuchs die Wiener Anwaltstochter Eva-Christina Postl. Paris hatte für das, was eine bürgerliche Familie als notwendige Voraussetzungen ihres Bestandes ansieht, wenig zu bieten. Zu sehr waren in dieser Stadt bürgerliches Leben und Künstlertum auseinandergedriftet. Es kamen die Jahre des Erfolgs, des gesellschaftlichen Erfolgs. *„Meine Ehe mit Eva wirkte ordnend auf alles, was ich unternahm. Ich intensivierte die Regelmäßigkeit meiner Arbeitszeit und steigerte meine Produktivität."* Fuchs wurde bei Partys herumgereicht und inszenierte Dinners mit vergoldetem Geflügel im Münchner ‚Hotel Vier Jahreszeiten'. Er bezog bürgerliche Wohnungen und imperiale Villen.
Die bürgerliche Wohnung in der Marokkanergasse, die Fuchs und Eva-Christina bezogen, war im 3. Wiener Gemeindebezirk, in einem großbürgerlichen Miethaus in einer Umgebung von Botschaften, nahe dem Schloß Belvedere mit seinen Gärten. Das Messingschild an der Tür des Hausbesorgers war Programm: Karajanopolis. Der antike hölzerne Aufzug mit geschliffenen, geätzten Glastüren und einem samtbezogenen Sitzbänkchen für die lange Reise in den achten Stock, war nur mit der Kombination aus einer selten vorhandenen Einschillingmünze und zwei noch weniger auffindbaren Zehngroschenstücken in Bewegung zu setzen. Die Wohnung im deklarierten vierten Stockwerk, das, durch Mezzanin, Halbstock und Zwischengeschosse aufgestockt, tatsächlich das Achte war, lag gegenüber der Waschküche. Die Wohnung, die eher ein Atelier war, war wie ein orientalisches Serail des 19. Jahrhunderts

ausgestattet. Stofftapeten und dicht geraffte Vorhänge mit reichlich Posamentrieware geschnürt und gequastet, brokatene Pölster auf weichen Sofas. Auf dem kleinen antiken Schreibtischchen lag eine Kupferplatte für eine Samson-Radierung, auf dem Eßtisch standen Schalen mit Säuren, um diese Platten zu ätzen. An den mit schwarzgrundigen Stofftapeten bespannten Wänden hingen Bilder und Graphiken von Ernst Fuchs und Bilder von seiner Frau Eva-Christina. Im Zentrum des Raumes ein von Fuchs designtes Sofa, mehr Skulptur als bequemes Sitzmöbel. In einem zweiten Raum malten Eva-Christina und Michael, der dritte Sohn der zweiten Frau, der aus Amerika zum Vater gekommen war. Die Mutter von Ernst Fuchs kümmerte sich um den Haushalt und auch um die, je nach Ehejahr, zwei oder drei oder vier Kinder von Eva mit Fuchs. Ein Zimmer war angefüllt mit Bildern von Ernst Fuchs, an denen er arbeitete. Er arbeitete immer an mehreren gleichzeitig. Johannes Laun, Bruder des konservativen Bischofs von Salzburg, versuchte, das Sekretariat, die Telefone, Verabredungen, Pressetermine und Sammlerbesuche zu managen.

Die ersten Homestory-Reportagen über den Künstler entstanden hier. Die sanftfarbige Lifestile-Illustrierte der siebziger Jahre, „Jasmin", beschrieb es: *„So ‚phantastisch' wie sein Malstil ist auch sein Wohnzimmer. Ein buntes Durcheinander von Möbeln, Bildern und Nippes. Wertvolles und Wertloses steht scheinbar zufällig nebeneinander: ein Biedermeiertisch, ein Schaukelstuhl, fünf Strohsessel vom Pariser Flohmarkt, ein venezianischer Spiegel, ein Strohblumenarrangement und zwei silberne Leuchter. Das Sammelsurium von Gegenständen hat sich unter seiner Hand zu einer skurrilen Ordnung gefügt."*

Die Frauenzeitschrift „Brigitte" widmete dem 30-jährigen „liebenswürdigen Patriarchen" eine fünfseitige Homestory. *„Seit vielen Jahren hat Fuchs keine finanziellen Sorgen mehr, obwohl jetzt, wie Frau Fuchs mir vorrechnet, etwa zwanzig Personen von ihm leben.*

Wohnungsveränderungen und -einrichtungen, Sonderanfertigung von Möbeln und Badewannen, Kleider und Schmuck für seine Frau – das Blütendiadem, dass er bei der Goldschmiedin Sideris für sie entwarf, besteht aus 800 Gramm Gold –, das alles sind Ausgaben, über die Fuchs überhaupt nicht nachzudenken scheint. Und wenn ein Journalist bösartig sein will, vermutet er (Profil, 32/1974), dass Fuchs seiner Frau Eva, deren Formen nicht seinem üppigerem Idealbild entsprechen, für jedes Kilo, das sie zunimmt, einen Diamanten schenkt. Die Hauptsache ist, es wird alles so, wie er es sich vorgestellt hat. Ausgaben für alltägliche Dinge findet er dagegen ziemlich überflüssig."

Die Möbel, die Fuchs entwirft und die in den engen Räumen des Ateliers in der Marokkanergasse stehen, gehörten eigentlich in einen größeren Rahmen, in ein fürstliches Palais, eine großzügige Villa. Sie wurden vorausschauend entworfen.

Denn die wahrscheinlich größte Investition und Versenkung von finanziellen Mitteln in einer Ruine im Wienerwald – und deren Auferstehung – war der Erwerb der verfallenden Otto-Wagner-Villa und deren Revitalisierung. Wiederbelebt aus dem Geist von Otto Wagner (1841 bis 1918), dem genialen Stadtplaner und Architekten Wiens und einem der einflussreichsten Vertreter der Jugendstilästhetik, und ebenso aus dem Geist von Ernst Fuchs.

Sie war ein Stück Jugenderinnerung von Ernst Fuchs und ein Wunschtraum des zu realisierenden Gesamtkunstwerkes. Seit Jahren kreisten seine Gedanken um das Stück Architektur, welchem er sich immer mehr näherte. 1968 mit einer demonstrativen Aktion des Pintorariums, mit Gesprächen mit dem Eigentümer. Es war auch die wirtschaftliche Erfolgszeit des Künstlers.

„Noch erinnere ich mich der seltsamen Unruhe, die mich befiel, als ich im Sommer 1972 auf der Insel Patmos an dem Aquarell ‚Perseus und die Nymphe' arbeitete. Tag und Nacht dachte ich an die Wagner-Villa. Sie war in Gefahr, und ich fühlte es. Ein mühsam, erst nach Tagen erreichtes Ferngespräch mit dem Eigentümer klärte mich auf. Er stand, obwohl er mir das Vorkaufsrecht zugesagt hatte, in Verhandlung mit einem anderen. Ich musste also die Villa sofort, auf der Stelle, bedingungslos, kaufen.

So erwarb ich die Villa per Telefon. Meine aufgeregten Worte: ‚In zwei Tagen bin ich in Wien und kaufe das Ganze.' Wie von selbst lief alles glatt. Die Bank gab den Kredit, und ich setzte alles ins Werk, um den Zauber, der im Gemäuer dieses poetischen Bauwerks schlummerte, wieder ins Leben zu rufen.

Binnen zweier Jahre wurde alles nach meinem Wunsch restauriert und gestaltet. Wie an einem Bilde war ich tätig, und mein ‚Werk' entwickelte sich aus der Substanz des Vorhandenen mit Hilfe seines ‚genius loci', der mit mächtiger Zauberhand alles verwandelte. Schon bald begann ich in meinem neuen ‚Zentrum' zu malen und schuf einen Bilderzyklus, der die Ergründung von Liebe und Tod, von Irdischem und Himmlischem zum Thema hat. Noch heute beherrschen diese Werke, aus dem Geiste des Hauses geschaffen, Raum und Atmosphäre der Wagner-Villa. Die schönsten Stücke meiner Kunstsammlung fanden hier ihren adäquaten Platz."

Fuchs drang tief in die Geheimnisse des Ortes und des Gebäudes ein. Zwischen verwilderten Sträuchern entdeckte Fuchs ein Brunnenhaus, das Otto Wagner gebaut hatte. Fuchs erweiterte es zu einem prächtigen, spirituellen, tief aus dem Wissen um die Mystik des Urchristentums kommenden Nymphæum.

Hilde Spiel wies Fuchs darauf hin, dass in den Notizen Heimito von Doderers zu „Der Grenzwald" genau dieser Platz als das Zentrum der Erde bezeichnet wird.

Kann sein, dass es da ist. Vieles kann sein. Auch, dass sich im Inneren des Hügels, der sich hinter der Wagner-Fuchs-Villa erhebt, eine unterirdische Grotte ist. Mit einer Böcklinschen Insel in der Mitte, wie Fuchs sie in Traumbildern gesehen hatte.

Trotz der „Privaträume" mit Himmelbett und römischem Bad wohnte Fuchs nicht in der Villa. Sie ist ein Museum, in dem das Fuchssche Gesamtkunstwerk besichtigt werden kann. Er malte hier bis 1986 und nutzte die Küche im Keller als fliegendes Büro und Konferenzraum. Er lebt und wohnt immer irgendwo, da hat sich seit den frühesten Tagen nichts geändert. Zuletzt endgültig in Monaco. Er fliegt nur in Wien ein, um irgendeine Aktivität vorzubereiten, abzuschließen oder zu retten. Oder um die Weiterentwicklung des Kunst-Wunder-Parks rund um die Wagner-Villa voranzutreiben. In Monaco arbeitet er an vielen Bildern gleichzeitig, wie eh und je, in einem Atelier, dessen Nachbar der Maler-Bildhauer Botero ist. Fuchs ist immer in Bewegung von irgendwoher nach hier und gleich wieder irgendwohin. Die Zeit fehlt ihm beim Malen, er hasst das Reisen eigentlich.

Fuchs lebt sparsam, isst wenig. Wenn er über ein Millionenprojekt verhandelt, ein Museum oder eine Großausstellung, sind die Beträge, um die es geht, kalkulierbare Zukunft. Wenn es um die Lichtrechnung in der Wagner-Villa geht, ist er von alttestamentarischer Strenge und mönchischer Sparsamkeit. Stromverbrauch schafft nichts für die Ewigkeit.
Beim Essen ist Fuchs bescheiden. Ein Joghurt aus dem fast leeren Kühlschrank in der künstlichen Pracht des Palais. Oder ein das Servierpersonal zur Verzweiflung treibender Wunsch im Café, wenn er, nach einem schon um drei Uhr Nachmittag langen Arbeitstag, als erste Mahlzeit „zwei Eier im Glas" bestellt. Nahezu unmöglich, weil die Computerkasse Frühstücksgerichte nur bis elf Uhr annimmt. Ein logistisches Problem, wo der Hausverstand von Fuchs mit der Technologiegläubigkeit der Gastronomie auf Konfrontationskurs geht.
„In den schlechten Zeiten habe ich mir das Essen abgewöhnt, ich war und bin ein schwacher Esser. Ich habe keine Zeit dafür. Während des Essens lese ich prinzipiell Zeitung." Zum Frühstück trinkt Fuchs Tee mit Honig und isst Müsli mit Haferflocken, Nüssen und weiteren gesunden Zutaten. Am liebsten isst er Germknödel. *„Beim Germknödel"*, erklärte Fuchs seinem Sohn Moritz, *„beim Germknödel wird der Mensch zum Löwen. Er zerreißt sie."* Lieblingsgerichte sind auch Mohr im Hemd, Tafelspitz und die Rindsuppe davon, mit festen, selbstgemachten Grießnockerln. Gemüse ist ihm ein Gräuel, und am liebsten hat er ein Scherzel vom Roggenbrot oder einen grünen, sauren Apfel.
„Ich war durch viele Jahre in der glücklichen Lage, dass immer noch meine Mutter, bis sie als 86-Jährige starb, für mich kochte. Und ich immer noch das bekam, was ich als Kind bekommen habe."

6. Im Zeichen des Einhorns

Vater und Ehemann mit 16 – Flucht vor der Verantwortung und Suche nach Geborgenheit – Die wilden fünfziger Jahre – Die Frauen und Kinder des Ernst Fuchs

Das Geflecht aus Frauen, Beziehungen und Kindern ist bei Ernst Fuchs von höchster und lang andauernder Vitalität und einigermaßen verwirrend. Das ist auch in seinen autobiographischen Äußerungen nicht einfacher zu entwirren. Der Künstler, vertreten durch das Symbol des Einhorns, unterwirft sich da der Frau in den verschiedensten Erscheinungsformen: der Salome, der Lilith, der Eva, der Judith, der Esther, der Lolita, der Sphinx und anderen, wie immer die Vergleichsbilder aus Mythos und Bibel heißen mögen.

Alles ist für Fuchs Suche nach Wahrheit. Auch die körperliche Liebe, auch die Zeugung von Kindern. Ernst Fuchs: *„Die Wahrheit ist immer eine Sache, der man sich nicht in Gruppen nähert, sondern allein, höchstens zu zweit, in meinem Leben öfter zu zweit als allein, nämlich dann, wenn ich mit einer Frau im Bett liege. Plötzlich spürt man: Das ist die Wahrheit. Man findet oft gar keine Worte dafür. Ich stehe beim Beischlaf überhaupt nicht neben mir. Die Wahrheit ist keine Frage der Erkenntnis. Man wird von ihr plötzlich getroffen, wie von einem Blitz.“*

Die sexuelle Begierde, die Erregung sind von der frühesten Jugend, ja Kindheit, bis ins hohe Alter seine Antriebskraft.

Fuchs erinnert sich an seine Kindheit, an die heißen Sommertage als Sechsjähriger auf dem Altwaren-Lagerplatz seines Vaters: *„Unter dem Dach standen einige alte Fiakerkutschen, sehr schön ausgeführt mit weichen Polstersitzen, geschliffenen Spiegeln und Laternengläsern. In der Sommerhitze ging ein erregender Geruch von Lack, Staub, Pferdemist und Urin von*

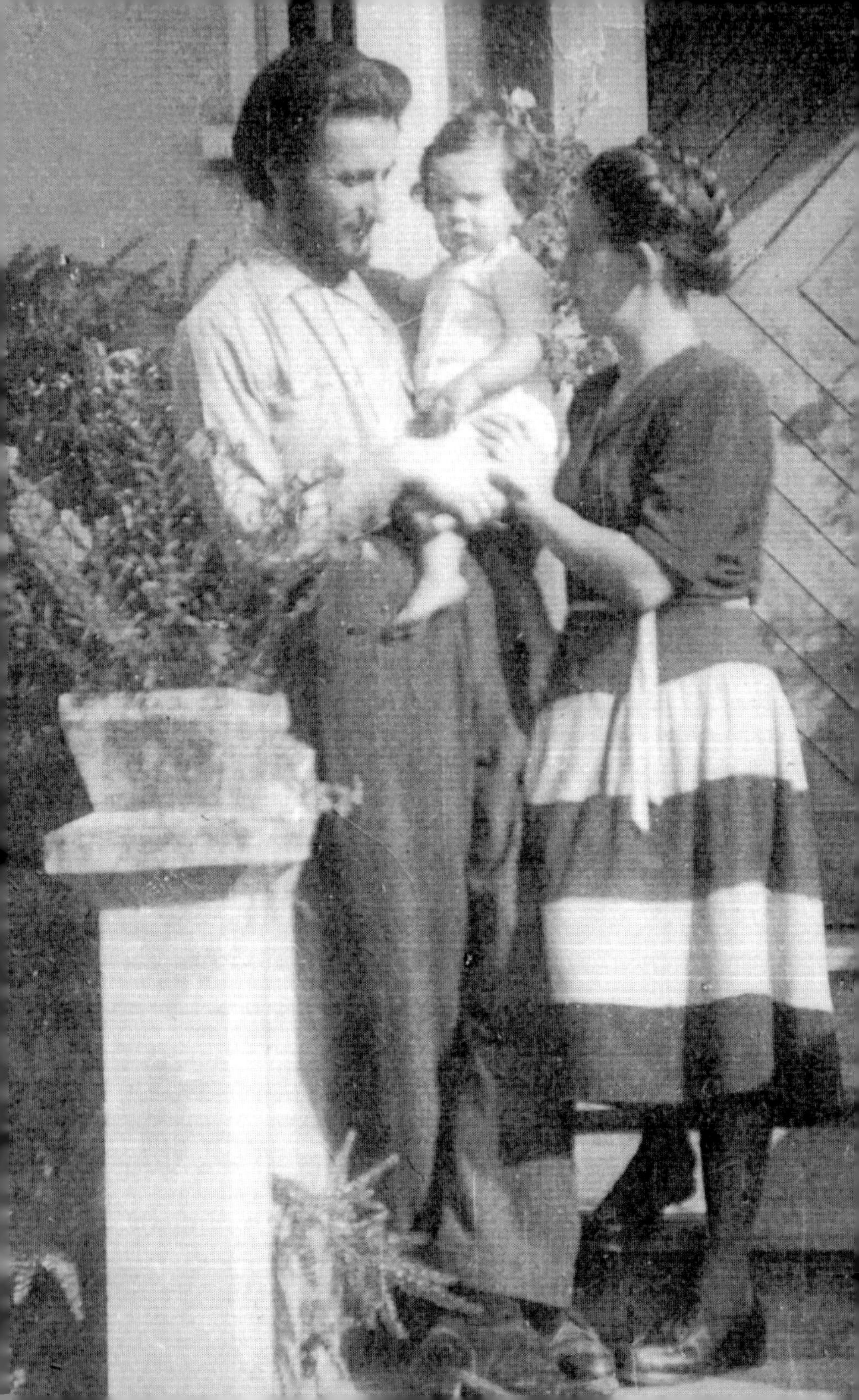

ihnen aus. Im selben Haus wohnte ein Bettlerehepaar, das Lehner hieß. Sie hatten zwei Töchter, etwa in meinem Alter, die ‚Lehnakinda'. Ich sah sie selten, wahrscheinlich mussten sie mit ihren Eltern betteln gehen. Ich liebte diese beiden Mädchen, besonders die ältere, die vielleicht ein Jahr älter als ich gewesen sein mag. Sie hatte einen schönen runden ‚Popsch' und spielte manchmal mit mir in den Kutschen."

1936, während der Wirtschaftskrise, verlor der Vater den Lagerplatz, und die Familie zog in ein Miethaus in Ottakring. Eine völlig fremde Umgebung für Ernst Fuchs, das Einzelkind. Nach der Idylle des Robinson-Spielplatzes erlebt er die Härte der Stadt. Das rotgelockte Bürgerkind fühlte sich ausgesetzt den Repressionen von Gassenkindern und Kinderbanden. Zuflucht war für ihn der Kindergarten. *„Im Kindergarten wurde ich sehr bald froh, es gab viele schöne Mädchen dort. Ich erinnere mich an die Freude, die ihr schön gekämmtes Haar mir bereitete. Der Kindergarten war von ganz anderen Kindern bevölkert als die Straße."*

Das schön gekämmte Haar ist für Fuchs ein sehr wichtiger Auslöser für Gefühle und Begierden. Immer wieder findet man in seinem Werk dieses Attribut, dieses Symbol, diesen Topos der Weiblichkeit. Und in natura bei seinen Frauen und den Müttern seiner Kinder, bis zur letzten, Uta Saabel, mit der der damals 60-jährige Fuchs zwei Söhne hat.

Als der 30-jährige Fuchs die 16-jährige Eva-Christina kennen lernte, 1960, malte er sie in der leuchtenden Farbigkeit, in der gleichzeitig die Pergament-Fahnen des „Rosenkranzes" entstanden, mit lockig wallendem, schulterlangem Blondhaar, erinnernd an das Selbstporträt Dürers. In dem Ausmaß, in dem die Beziehung zwischen Eva-Christina und Ernst Fuchs loser wurde, in dem sich Eva-Christina emanzipierte und verselbstständigte, kürzte sie ihre Haare bis zu einer nur mehr Zentimeter langen Kurzhaarfrisur.

Lockiges oder lang schwingendes Haar, ein ausgeprägtes, kallipygisches Gesäß und geschmeidige, tänzerische Bewegungen sind es, die Fuchs erregen und sich in seinem Werk wiederfinden.

Ernst Fuchs mit seiner ersten Frau Gertrude Baschnegger
und seinem ersten Kind Elias, 1948. (Privat).

Ernst Fuchs: *„Die Schönheit einer Frau liegt in der Bewegung. Die Bewegung zwischen Fußspitze und Scheitel bewirkt in der Hüfte ein Pendeln, das haut mich um. Frauen mit dem bewegten Wesen haben merkwürdigerweise immer ein ausgeprägtes Gesäß."*

Aphrodite, die griechische Göttin der Liebe und der Schönheit, wird auch Kallipygos genannt, „die mit dem schönen Gesäß". Es ist ein wichtiges Element in den Bildern und Plastiken des Ernst Fuchs. Und ein wichtiger Reiz auf die von dem Verhaltensforscher und Humanethologen Konrad Lorenz so bezeichneten „angeborenen Auslösemechanismen" des Menschen. Fuchs schuf die „Venus Kallipygos", die „Sphinx Kallipygos" und die breitgesäßige „Königin Esther". Und das Attribut ist für ihn so wichtig, dass er es auch in porträtähnlichen Bildern verwendet, wo das Modell keinerlei realen Ansatz dafür bietet. Etwa in dem bewegten Porträt „Pomolly" (dem molligen Po) der schlanken, ranken Cornelia. Ein Drittel des Bildes wird davon ausgefüllt, so bildbestimmend wie das lange, schwingende Blondhaar.

Der ausgelebten Sexualität steht die sublimierte gegenüber. In seinem Tagebuch schreibt Fuchs 1964: *„Das Einhorn = Tier der überwundenen Sexualität. Sein Horn ist ja, weil es aus der Stirne wächst, sublime Natur, ja mehr, ist Geist. Also ist es eigentlich nicht phallisch, sondern die Verwandlung und Überwindung des Phallischen, das Tier der Kunst in reinster Form. Das Verwandeln der Triebkräfte in Geist – ein chymischer Vorgang, ein Kunstvorgang. In einer der frühesten Phasen der symbolischen Deformation habe ich (1945) Köpfe gezeichnet, die den ‚Zustand des Einhorns' vor dem Horn zeigen. Die Stirne ‚springt' vor, als wollte sie zum Horne werden."*

Diese Sublimierung wird von Fuchs aber auch als der Verlust eines urtümlichen Eros empfunden.

„Das Liebesempfinden – ich weiß genau, wie ich damals ein Mädchen verehrt und geliebt habe, ohne jede Sexualität dabei. Das ist ein anderer Eros, das habe ich auch beschrieben in einem Text, in einer Oper. Das geht verloren, das nennt man die erste Liebe. In der Apokalypse steht als ganz große Ermahnung: ‚Aber ich habe eines wider dich. Du hast die erste Liebe verlassen' (Offenbarung 2,4). Die erste Liebe ist etwas wie ein urtümlicher Eros, der über alle Sinne reicht und alle Sinne überragt, das ist mir ehrlich gesagt schweren

Herzens nicht mehr möglich. Ich habe mich derart in das Fleisch verstrickt durch zahlreiche Nachkommen. Ich glaube, ich bin auf diesem Gebiet wie Siegfried, bis auf einen Fleck auf der Schulter, mit einer Hornhaut überzogen. Denn ich musste den Drachen töten."

Es waren die unterschiedlichsten und verschiedenartigsten Beziehungen zu Frauen, die Fuchs hatte. Zu gleichaltrigen und zu älteren Frauen. So zu der schönen, wilden Plastikerin und Keramikerin Maria Bilger, die um 18 Jahre älter war als der 16-jährige Fuchs. Oder die Malerin Inge Pace, mit der sich der 15-jährige in seiner expressionistischen „Kreuzigung" im Doppelporträt verewigte. Sie gesichtslos, der Gekreuzigte mit blutendem Geschlecht.
Oder die zur Studienkollegin des 16-Jährigen, zu Eva Weißmann. *„Sie brachte mir an einem Nachmittag das Radieren bei. Besonders die Kupferstiche Dürers und Schongauers sowie einige ganz frühe Radierungen von Paul Klee erregten meine Bewunderung und weckten das Verlangen, mit ähnlicher Akribie meine Phantastik auszudrücken. Dies war die Situation, in der mich Eva Weißmann traf. Sie war ein junges, sehr begabtes, aber auch sehr zurückhaltendes, scheues Mädchen. Sie zeigte mir einige sehr schöne, auch vorzüglich auf Bütten gedruckte Radierungen, die sie gemacht hatte. Einige Erklärungen genügten, und einen Nachmittag lang sah ich zu, wie sie selbst eine ihrer Platten ätzte. Sie schenkte mir auch zwei schon grundierte Kupferplatten und eine Radiernadel. Die Arbeit konnte beginnen.*
Es scheint mir schon seltsam, wenn ich es jetzt bedenke, dass ich allen ‚praktischen' Unterricht oder Impuls zur Arbeit von Frauen erhalten habe."
Es waren aber nicht nur künstlerische Impulse und Unterricht in praktischen künstlerischen Techniken. *„Die Gesellschaft, in der ich verkehrte, der Kreis um Edgar Jené, unsere Gruppe an der Akademie, waren der Schauplatz, auf dem eine Menge äußerst exzentrischer Wesen erschien. Verhältnisse bahnten sich an, die oft schon nach kürzester Zeit katastrophale Formen annahmen. Mit meinen 18 Jahren war ich diesen Menschen nicht gewachsen, war ich doch meist um zehn Jahre jünger, was besonders die Frauen anzog. Fast jede Begegnung wurde zum Verhängnis. Ich war verstrickt in ein unentwirrbares Netz von unbegreiflichen Beziehungen.*

Hemmungen aller Art und exzessive Triebhaftigkeit rangen in mir. ‚Du wirst mit dem Leben nicht fertig', dieser Vorwurf wurde mir von allen Seiten gemacht. Viele Fußangeln habe ich damals gar nicht wahrgenommen, denn neben der Kunst waren sie so schrecklich klein, so unbedeutend. Nur als ein für das Licht der Kunst Erblindeter hätte ich das, was man allgemein Wirklichkeit nennt, um mich herum begriffen."

Fuchs heiratet zum ersten Mal mit 17 Jahren, als Gertrude Baschnegger mit seinem Sohn Elias schwanger war. Mit ihr hatte Fuchs drei Kinder, von denen zwei überlebten – Elias und Daniel Friedemann. Trude, fünf Jahre älter als Fuchs, kam aus Vorarlberg. Die Heirat war für Fuchs verpflichtend, weil das erste Kind unterwegs war. Es war diese seine, das ganze Leben durchziehende Sehnsucht nach intakter Familie. Seine eigene Familie war durch die politischen Verhältnisse auseinandergerissen und zerstört worden.

„Das Familienleben, nach dem ich mich gesehnt hatte, blieb mir unerreichbar. Die alltägliche Problematik des Überlebens wurde komplizierter. Als Vater zweier Söhne, war ich trotz meiner 19, 20 Jahre in eine Situation geraten, deren Meisterung auch einem normalen bürgerlichen Menschen, der einem bürgerlichen Berufe nachging, große Schwierigkeiten bereitet hätte."

Er lebte mit seiner Familie im 9. Wiener Bezirk, in der Porzellangasse in einer ebenerdigen, düsteren, muffigen Wohnung. Mit Hilfe des Industriellen Mautner-Markhof zog Fuchs in ein Atelier im Haus Haasgasse 10 im 2. Bezirk. *„Die Jahre 1949 und 1950 habe ich dort verbracht. Jahre im Totenreich."*

Letztlich war er 19 Jahre alt, verheiratet, und es hielt ihn nicht in Wien. Er ging nach Paris und fand dort neue Frauen, die seine familiären Verhältnisse auch nicht leichter machten. Fuchs verarbeitete diese Zeit in einem graphischen Zyklus, der „Passion des Einhorns". Ernst Fuchs: *„Im Zeichen des Einhorns war ich ‚wild' geworden und trieb einer entscheidenden Veränderung meines Lebens zu."* Und *„das Einhorn gewann große Macht über mich, und ich sah es in seiner ersten Gestalt, seiner phallischen Urkraft"*.

Während die erste Frau von Fuchs mit den Söhnen Elias und Daniel Friedemann in Wien lebte, lernte Fuchs Mia Williams kennen, die mit seiner Tochter Lukretia schwanger wurde. Es war eine Beziehung, die zwischen der ersten und der zweiten Ehe lag. Mit Mia zog Fuchs, vor allem aus gesundheitlichen Gründen, aus einem ungesunden, feuchten Quartier an die Côte d'Azur. 1951 lernte er dort in einer Clique von Ausgeflippten und Frühhippies *„die zwergenhaft kindliche Amerikanerin Geri Krongold, die von säuglingshafter Kindlichkeit war und wie eine persische Puppe aussah"*, kennen. Eine folgenschwere Begegnung.

Fuchs trampte mit seiner neuen Liebe Geri über Italien und Wien zurück nach Paris. In Wien sah er kurz seine beiden Söhne Elias und Daniel wieder. *„Besonders Elias, der Ältere, der damals etwa vier Jahre alt war, hing sehr an mir und wollte seinen Vater behalten. Ich wusste es noch nicht. Ich war verwirrt, wollte bei den Kindern bleiben, litt deren Mutter aber kaum. Wir stritten, so oft wir einander sahen. Trotzdem redete ich mir zu, in Wien zu bleiben. Also suchte ich in Wien nach Möglichkeiten, Geld zu verdienen, fand aber, dass alles noch schwieriger geworden war. Die Situation der Künstler hatte sich, soweit sie keine öffentlichen Aufträge suchten, verschlechtert. Zumindest bildete ich mir das ein. Etwa sechs Monate war ich nicht in Wien gewesen, die Tempi der Jugend aber und mein immerwährendes Arbeiten machten dieses halbe Jahr zu einem Zeitalter."*

Der Streit mit der verlassenen Ehefrau Trude ging lang. Noch 1963, seit Jahren geschieden und in dritter Ehe längst mit Eva-Christina verheiratet, beschuldigte die eifersüchtige Exfrau Fuchs, eine Zeichnung von Lehmden aus ihrer Wohnung gestohlen zu haben. Das „Wiener Wochenblatt" berichtete unter großem Aufmacher: *„Maler stahl wertvolles Tuschbild und setzte sich in die Türkei ab."* Dorthin aber war Fuchs wirklich nicht gegangen.

Das Ganze war eine Zeitungsente oder missverstandene Verwirrung. Tatsächlich war es Lehmden selbst gewesen, der die ihm gehörende Zeichnung geholt hatte und als Professor an das österreichische „St.-Georgs-College" nach Istanbul gegangen war.

Im Sommer 1951, an der Côte d'Azur, entschied es sich für Fuchs. *„Wir alle waren um die zwanzig Jahre alt, bereit, jetzt oder nie zu leben. Manchmal, wenn ich nicht schlafen konnte, kroch ich aus meinem Zelt, horchte auf*

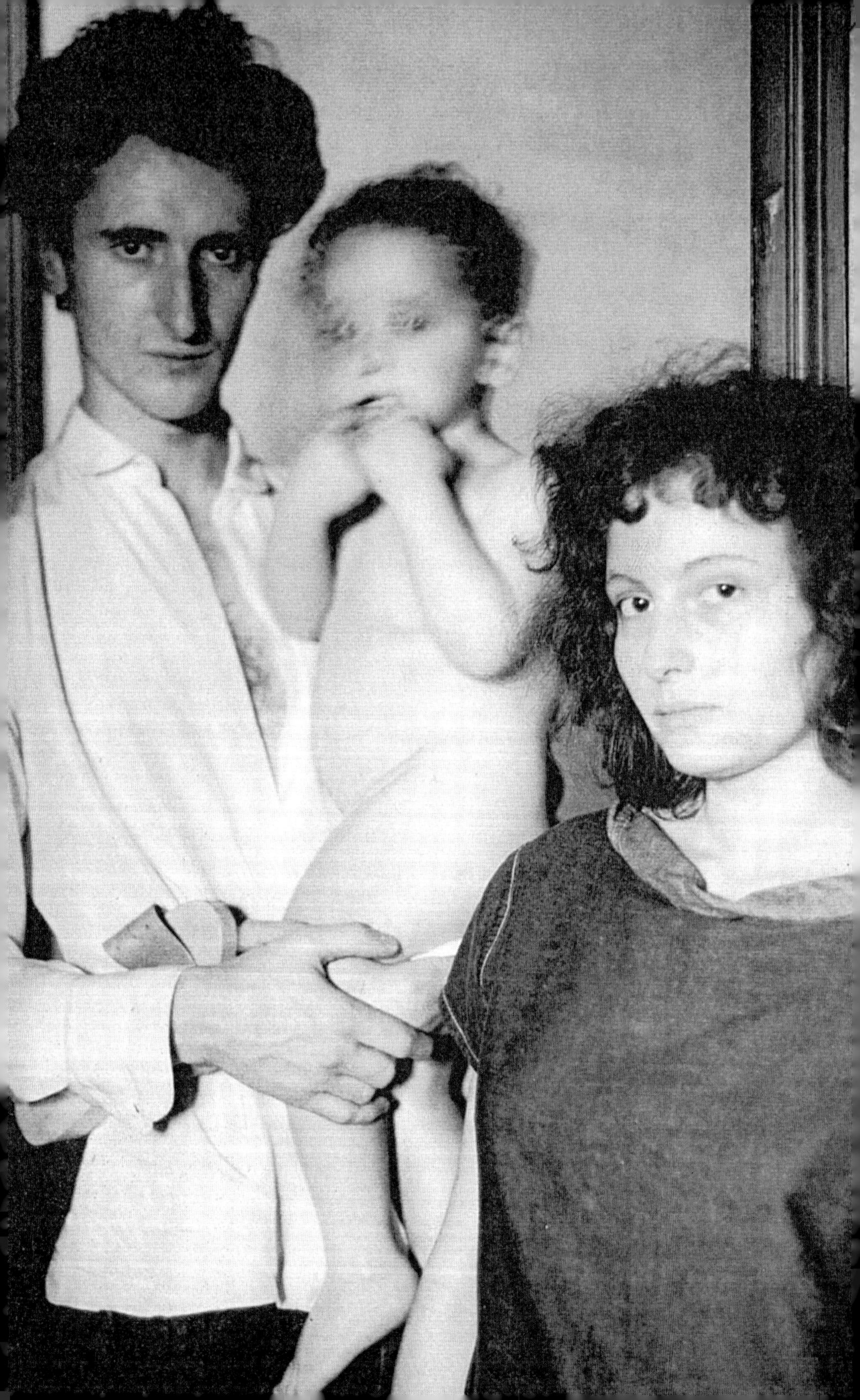

das Rauschen des Meeres, auf den Chor der zirpenden Zikaden und sah in die leuchtende Glocke des Sternenhimmels.

In mir tobte eine schreckliche Sehnsucht, alle Bindungen – menschliche und gesellschaftliche – zu lösen; völlig frei wollte ich sein, unbelastet wollte ich in meinen Träumen aufgehen und nicht mehr an die Familie, die ich unversorgt in Wien zurückgelassen hatte, denken müssen, nicht in Furcht vor der neuen, kommenden Verantwortung, die mich mit der Geburt des dritten Kindes erwartete, leben. Eine Epoche war vergangen und Wien mit ihr."

Die gleichzeitige Beziehung mit Mia Williams und der Amerikanerin Geri Krongold paraphrasierte Fuchs wieder in Einhorn-Gleichnissen. Es klang sehr poetisch, war aber ein höchst strapaziöser Konflikt für alle beteiligten Personen. *„Das Einhorn schrie in großen Schmerzen und wollte sich mit einer Frau vereinigen. Das Einhorn rang in großer Verzweiflung die Hände und wollte die Frau umschlingen. Die Frau aber verlachte das Einhorn. Das Einhorn sollte mit Dornen gekrönt werden, ja war schon gekrönt, während (oder weil?) sein Phallus sich drohend nach dem neuen Weibe reckte.*

Wie konnte ich nur so besessen sein von dem lachenden Weib Geri, das mich nicht liebte, und meine liebe Mia verlassen? Und doch war es so und musste so sein."

Kaum hatte Mia ihr Kind geboren, kam ihre Mutter und holte sie ab. Es gab einen argen Skandal.

„Ich lebte mit Geri, meiner zweiten Frau, in Paris, in einem Haus am Boulevard de Courcelles. Es war ein sehr schwieriges Leben mit einer sehr schwierigen Frau.

1952 hatte Geri mir einen Sohn geboren, ein sehr schönes Kind, das ich sehr liebte. Wir nannten ihn Michael, und ich wollte ihn trotz der äußerst ungünstigen Umstände bei uns haben. Zur Zeit seiner Geburt bewohnten wir nur eine kleine Dachkammer (Boulevard de Montparnasse), zwei mal drei Meter groß, und hatten überhaupt kein Geld, also mussten wir das Kind nach seiner Geburt in ein Säuglingsheim auf dem Lande bringen, wo er sehr lieb aufge-

Ernst Fuchs mit Geri Krongold
und Sohn Michael, 1953. (Privat).

nommen und bald, seines puttohaften Aussehens wegen, Dou-Dou genannt wurde. Ich war verliebt in dieses Kind und träumte davon, es bald zu mir nehmen zu können.

Nachdem wir unsere Wohnungssituation hatten verbessern können, lag ich meiner Frau in den Ohren, dem Plan, das Kind zu uns zu nehmen, endlich zuzustimmen. Anfangs wollte sie nicht, und die Zeit bis zu ihrer Zustimmung war von großen Aufregungen erfüllt. Im Frühjahr 1954 nahmen wir unseren Sohn nach Paris.

Zuvor lebten wir einige Wochen auf dem Lande in der Nähe des Säuglingsheimes, um durch tägliche Besuche das Kind ein wenig an uns zu gewöhnen, dann holten wir unseren Sohn heim. Anschließend stellten wir unser ungebundenes Leben auf ein familiäres Zusammensein um, was uns große Schwierigkeiten bereitete.

Es war nicht einfach, dieses ärmliche ‚vogelfreie' Leben auf die Bedürfnisse des Kindes und auf unsere neuen Pflichten umzustellen. Es blieben mir nur wenige Stunden für meine Arbeit. Unter diesem äußeren Druck bereitete ich mich auf meine Ausstellung bei Allard vor.

Michael war schön wie ein Engel und sanft wie ein Lamm, er hatte dichte blonde Locken und hellbraune Augen. Sein stilles und heiteres Wesen brachte neues Glück in mein Leben. Ich liebte meinen Sohn mit einer neuen Liebe, die mir viel Kraft gab. Damals war ich 24 Jahre alt und hatte den festen Wunsch, in einer festgefügten Familie ein bürgerliches Leben zu führen. Wenn ich auch nicht genau wusste, wie ein solches bürgerliches Leben eigentlich verlief (denn aus näherer Anschauung kannte ich es nicht), ahnte ich doch, dass dazu andere Voraussetzungen charakterlicher und finanzieller Art nötig waren, als ich sie besaß.

Meine Frau hingegen hatte damals den Willen zu einem bürgerlich geordneten Leben nicht, sie fand meine Wünsche einfach verrückt, und so kam es oft zu schrecklichen Auseinandersetzungen."

Ernst Fuchs geriet immer mehr in eine Abhängigkeit zu der kleinen, mädchenhaften Frau. Fuchs war Nichtraucher, trank keinen Alkohol, schon bedingt durch die Erziehung durch seine Mutter, und war dadurch im starken Gegensatz zu seiner Frau. Fuchs galt als „naturalhigh", was soviel wie Ekstatiker oder Verrückter bedeutet, aber auch „natürlich Berauschter". So wie Salvador Dalí von sich sagte: *„Ich brauche keine Drogen, ich bin die Droge."*

Aber Fuchs war da weniger selbstbewusst: *„Ich wurde von meiner Frau oft ausgelacht und als Spaßverderber verachtet. Da sie unter den neuen Umständen litt, das ungebundene Leben nicht missen wollte, sich wie eine Gefangene zu fühlen begann und ich Angst hatte, sie zu verlieren, tat ich vieles, um ihr zu gefallen. Ich begann zu rauchen, obwohl es mir nicht schmeckte, und gelegentlich, wenn es die Runde tat, auch zu trinken. Manchmal rauchte ich Haschisch, gab vor, es hätte eine tolle Wirkung, obwohl ich keine verspürte, und tat in allem so mit, dass ich das Gefühl haben konnte, alles wäre ‚all right'."*

Nach dem Erfolg seiner Ausstellung in der Galerie Allard (1954) konnte es sich Fuchs leisten, mit Geri und Michael nach dem billigen Ibiza zu reisen. Dort mietete er ein Haus. Es war ein Versuch, weg von der Pariser Szene, seine gestörten Lebensumstände etwas zu beruhigen. *„Von dieser Reise erhoffte ich mir ruhiges Denken über alle Erlebnisse, wie auch ruhige Arbeit und eine Konsolidierung des Familienlebens. Aber schon nach wenigen Tagen erwiesen sich alle meine Hoffnungen als Trug. Auch auf Ibiza trafen wir die gleichen Freunde wie in Paris. Die gleichen ‚Freunde', die mich sonst im Café Dôme belagerten, saßen im Café Rasca. Die gleichen Geschichten, Eifersuchtsszenen, Trinkgelage und Parties – nur noch ärger. Da alles billiger war, wurde es auch in rauhen Mengen konsumiert. Meine Frau zog es in die ‚lustigen' Cafés, und ich versuchte, einsam im schönen Haus zu arbeiten – aber der herrschende Zwist plagte mich und ließ mir keine Ruhe. Das ging so weit, dass ich auch begann, mein armes Söhnchen arg zu vernachlässigen. Oft ließ ich es stundenlang allein, um auf der Suche nach meiner Frau Strand und Hafen zu durchstreifen. Ich war von einer krankhaften Eifersucht besessen, obwohl ich eigentlich keinen Grund dazu hatte. Es war wohl das Gefühl der Einsamkeit, verursacht durch das (auch in der Kunst) ‚Gegen-den-Strom-Schwimmen'. Das Familienleben, auf das ich so sehr gehofft hatte, schien ferner denn je."*

Fuchs glaubte, dass, wenn er mit Geri nach New York zu ihrer Familie fährt, er sie und sich aus dem Milieu herausbringen könne. Ein letzter Rettungsversuch sozusagen. Geri hatte ihre Eltern seit mehr als dreieinhalb Jahren nicht gesehen. Es waren liebenswürdige, kleinbürgerliche Menschen, Fuchs fühlte sich geborgen in ihrer bescheidenen Wohnung am oberen Ende Manhattans.

Tatsächlich aber trafen Fuchs und seine Frau im New Yorker Greenwich-Viertel auf das Gegenstück zum Pariser Café Dôme und der ausgeflippten Clique von Ibiza.

Fuchs verließ mit seinem Sohn seine Frau und lebte im Kreise jener Freunde, die an irgendwelchen scheinbar unlösbaren Problemen gescheitert waren. „*Mein Sohn, der immer bei mir war, blieb mein einziger Trost. Doch war ich zu willensschwach, um ein neues Leben aufzubauen. Geri und ich trafen uns auf einer der vielen Parties und hatten einen entsetzlichen Streit. Tags darauf rief ich bei Geri an und wollte eine Aussöhnung versuchen. Ich erfuhr, dass sie nach einem unbekannten Ziel verreist sei.*

Erst jetzt, da ich sie völlig verloren hatte, brach ich ganz zusammen. Eine schreckliche Leere war in mir. Ich suchte meine Frau überall und brachte schließlich in Erfahrung, dass sie nach Los Angeles gefahren war. Die Hoffnung, sie in einer völlig fremden Stadt zu finden, war mehr als gering. Trotzdem nahm ich mein Söhnchen und buchte einen Flug nach Los Angeles. Mit nur einigen Dollars in der Tasche mietete ich in einem kleinen Hotel am Maine Square ein Zimmer und machte mich auf die Suche nach Geri.

Los Angeles hatte kein ‚Künstlerviertel', ich wusste nicht, wo ich mit meiner Suche beginnen sollte. Ich wendete mich an die wenigen Adressen, die Freunde mir aus New York mitgegeben hatten. Da diese Adressen alle irgendwie mit jenen halluzinogenen Drogen zu tun hatten, stieß ich schon nach zwei Wochen auf die Spur meiner Frau – und befand mich somit wieder im Kreis von Süchtigen, wie er in jeder Großstadt nistet und dem ich so gerne entflohen wäre.

Die ersten Monate vergingen, es herrschte der heiße kalifornische Sommer, ich war obdachlos und auf gelegentliche Unterkunft bei Freunden angewiesen. Ich wohnte im Haus eines Freundes in den Hollywood Hills, da überraschte mich meine Frau mit einem angeworbenen ‚Strong-Arm-Man' und raubte mir den Sohn. Die Krise erreichte ihren Höhepunkt. Das Leben hatte für mich keinen Sinn mehr; so trieb ich dahin, willenlos. Ich durchstreifte die Stadt,

hatte aber überhaupt keinen Anhaltspunkt mehr. Meine Frau war völlig untergetaucht. Meine Frau und mein Sohn blieben verschwunden. Damals habe ich das Rauchen samt allen Drogen aufgegeben.“
Fuchs suchte seine Frau und sein Kind und fand statt dessen in Kalifornien *„okkulte Bibliotheken, alles, was es an Mystizismus überhaupt gibt, Religionen und Sekten“*. Er beschloss, Haar und Bart nicht mehr schneiden zu lassen, und wurde damals, 1956 schon, die heute noch Aufsehen erregende Figur: das hüftlange Haar unter der Mütze versteckt, den ebenso langen Bart nach Art der Sikhs zu einem Kissen unter dem Kinn zusammengedreht, so außerordentlich belesen, dass man von „gelehrt“ reden kann, in Gleichnissen und Bildern redend, „monarchisch und katholisch“ denkend, wie Dalí, ein Gegner jeder Gleichmacherei. In Kalifornien hatte Fuchs auch ein lebensentscheidendes religiöses Erlebnis, über das er nie sprach. 1956 kehrte Fuchs nach New York zurück und fuhr von dort nach Europa.
In Wien lebte er bei seiner Mutter, sparte, was nur möglich war, und ging 1957 nach Jerusalem. *„Dort wollte ich leben und Heiligenbilder malen.“* Aber nicht nur das. Fuchs fasste im Dormitio-Kloster auf dem Berg Zion den Entschluss, Mönch zu werden, woran sein Abtvater im Kloster aber beträchtliche Zweifel hegte. *„Die Scheidung von meiner zweiten Frau war, da ich nicht einmal ihren Aufenthaltsort wusste, unmöglich, und die Alimentationsschulden für meine Kinder aus erster Ehe hatten eine Höhe erreicht, die mich auf Jahre an ihre Abzahlung band.*
Die Ordnung meiner äußeren Lebenslage erwies sich zunächst als undurchführbar.“

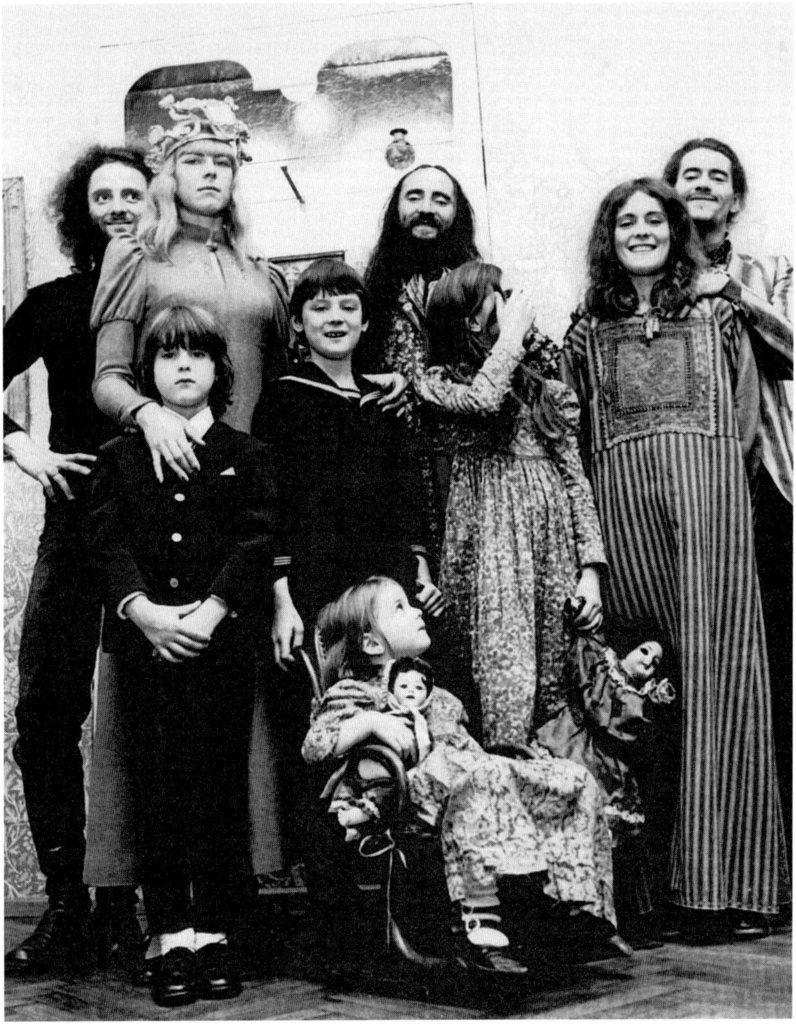

Ernst Fuchs mit Eva-Christina und Kindern. (Michael Horowitz).

7. Ruhe zwischen den Brüsten der Sphinx

1961 und danach – Die vielen Frauen des Ernst Fuchs – Wohlstand und Establishment – Die neue Farbigkeit

Ein noch weniger bürgerliches Leben als es Fuchs führte, ist kaum vorstellbar. Der 30-Jährige war zweimal verheiratet, hatte bis dahin vier Kinder, die bei ihren drei Müttern lebten. Er war ein Sucher und Streuner in Europa und Amerika durch die Kunst und den Underground, der damals wenn schon nicht mehr Boheme, so zumindest Existenzialisten-Szene hieß. Und doch suchte er nicht mehr als das bürgerliche Zuhause, die konventionelle Vater-Mutter-Kind-Beziehung, die geordnete Umgebung, das bürgerliche Heim, die zufriedene Idylle des gemeinsamen sonntäglichen Essens.

Fuchs hatte mehr Lebenserfahrung hinter sich, als andere sich in einem Leben voller Kinobesuche abschauen können.

Und dann kam eine Wendung, von der er hoffte, dass es die hin zum erwünschten geordneten Leben ist. 1960 begegnete der Maler in einem Tanzlokal einem Schulmädchen. Fuchs beschreibt es als Traum: *„Ich war im Tanzlokal von Fatty George. Ich hörte und sah eine Jazztrompete – als spielte Louis Armstrong (ob sein Name ‚starker Arm' hier Bedeutung hat?). Ich hatte ein Horn wie ein Einhorn, es war schwarz und schwebte vor mir, wie aus mehreren lose aneinandergereihten Teilen bestehend – wie Gallensteine sahen sie aus, mir zugehörend und doch nicht zugehörend – so, als hätte man mir das Horn genommen oder wäre im Begriff, es mir zu geben. Warnend war auch irgendwo meine Mutter.*

Ich liebte diese Frau, mit der ich getanzt hatte, dieses helläugige Mädchen. Vier Jahre lang hatte ich keine Frau geliebt oder auch nur berührt. Eine

Freundschaft und Liebe, die mich seit dem Sommer 1961 an ein Mädchen band, bestärkte mich in dieser Richtung. Innerlich war ich ruhig geworden, ein Leben, wie ich es schon in meiner zweiten Ehe führen wollte, schien mir endlich möglich zu sein."

Fuchs arbeitete seit seiner Rückkehr aus den USA und Israel an dem großen Auftrag der Bilder für die Rosenkranzkirche und begann mit dem umfangreichen biblischen „Samson"-Zyklus, dessen weibliche Hauptgestalt Delila ist. Delila entlockte Samson das Geheimnis seiner übermenschlichen Kraft und brachte ihn zu Fall.

Für Fuchs ist das Mädchen, das er da kennen gelernt hatte, Delila. *„Diese junge Delila hieß Eva, sah aus wie ein Gespinst aus Luft und Einbildungskraft, wie eine Nymphe, und hieß mit vollem Namen, wie ich später auf eine eindringliche Frage erfuhr, so, als wüsste ich, dass sie einen zweiten Namen hätte, Eva-Christina. In Eva aber ist der Geist Delilas (Liliths), der Geist der Neugier. Schon im ersten Moment dieser Begegnung wusste ich, dass Eva-Christina eine große Künstlerin war, sagte es auch. Ihrer Verneinung entgegen wusste ich es und blieb dabei, bis sie mir Tage später ihre Zeichnungen und Aquarelle brachte. Unser Glück war von der Art des Himmels und hatte nur einen Stern, die Kunst.*

Ich hatte nicht die geringste Absicht, ein Liebesverhältnis anzubahnen, wie ich es in der Vergangenheit so oft schon getan hatte; dachte an eine rein geistige Verbindung, an einen auf Briefwechsel bauenden Austausch von Gedanken, denn es waren vor allem Schönheit und Geist, der Geist Delilas (Evas), welche mich faszinierten. Stundenlang führten wir seltsame, meist theologische Gespräche. Eva-Christina erzählte mir, dass sie meine Kunst seit langem kenne. Dies war allerdings ein relativer Begriff bei ihren 17 Jahren. Sie hatte ein Altarbild von mir in der Hetzendorfer Kirche gesehen, als es noch in Arbeit war – also 1958, und habe sich damals schon diese Bekanntschaft gewünscht; auch Malerin zu werden, sei immer ihr Wunsch gewesen. Es war ein eigenartig aufregendes Einverständnis zwischen uns, ganz Herrliches wollten wir schaffen, um es einander zeigen zu können. So saßen wir manchen Nachmittag und malten füreinander. Da sie noch zur Schule ging und kurz vor ihrer Matura stand, waren unsere Zusammenkünfte selten. Zumindest schien mir jede Stunde, die ich nicht bei ihr war, eine Stunde peinigenden Wartens. Mein ungestümes Wesen, mein ausschließlich auf Kunst als Religion, also auf das Leben des Olymp gerichtetes Verlangen, erschreckte sie und entzweite uns. Noch war eine große Kluft zwischen uns. Ich ging 1960 nach Paris, da ich meiner Ausstellung wegen dorthin musste, und wollte dieses Mädchen vergessen. Doch ich konnte es nicht, dachte immer an sie und schrieb endlich, da ich meine Hoffnungslosigkeit überwand, den Brief, den sie schon viel eher erwartet hatte. Nun liebten wir einander und wussten es beide, ehe wir uns wiedersahen. Nach Wien zurückgekehrt, nahmen wir, da sie maturiert hatte, das gewohnte Leben wieder auf, unser gegenseitiges Verständnis war nun getragen von dem heimlichen Wissen um unsere Liebe. Nun sollte Eva-Christina mich immer begleiten. Auf meine erste Reise, die mich kurz zum Besuch der Biennale 1960 nach Venedig führte (Hundertwassers Gesamtwerk wurde im Österreich-Pavillon gezeigt), durfte sie mich aber noch nicht begleiten. Ihre Eltern waren entsetzt von meinem Ansinnen."

Aber bald danach durfte Eva-Christina Postl mit Fuchs nach Paris reisen und einen Sommer mit ihm auf Korsika verbringen. Für Fuchs nahm sie die verschiedensten Formen seiner Mythologie an. Nach „Delila" wird sie zur „Daphne" und letztlich zu Frau Eva Fuchs. 1961, wieder in Wien, heiratete Fuchs zum dritten Mal: „Eva, die Begabte, die Wunderschöne", und zeugte vier Kinder mit ihr. Den ersten gemeinsamen Sohn Emanuel, Angelika – die sie während der Schwangerschaft Esther nennen –, Tillmann und Marie.

Der Vater von Eva-Christina, ein bekannter Anwalt, brachte erst einmal die verschiedenen Alimentationsprobleme mit den bisherigen Beziehungen in Ordnung. Fuchs versuchte sich in dem, was er sich immer wieder gewünscht hatte: in bürgerlicher Lebensweise, in bürgerlicher Ehe, bürgerlichen Familiengewohnheiten und bürgerlicher Wohnung. Wien wird das Hauptquartier von Fuchs. Er zog mit Eva-Christina in ein großes Atelier im bürgerlichen 3. Wiener Gemeindebezirk, und er richtete sich ein Atelier in einem Souterrainlokal in der Wiener Innenstadt ein. *„Mir war das so neu und unbegreiflich – zunächst konnte ich es kaum fassen."*

Fuchs gesteht: *„Das Verhältnis zu einer Frau kann mich sehr verändern. Eva hat mein Leben, mein Denken, meine Kunst enorm beeinflusst."*

Und in einem Interview 1977 in der Zeitschrift „Lui" werden Leben und Werk analysiert: *„Als Gegenmotiv zur Szenerie des Todes herrscht in den reiferen Werken der weibliche Körper. ‚Aufragende Gipfel des Lebens in der Wüste der unklaren Wünsche und Verirrungen', nennt Fuchs seine Frauenakte. Entscheidend für diese Wandlung war ein zierlich gebautes Mädchen, in das sich der Künstler 1960 beim Tanzen verliebte. Niemand sonst hat auf sein Schaffen so nachhaltig Einfluss genommen wie seine dritte Ehefrau, die um elf Jahre jüngere Eva-Christina. Er hat sie als Mutter Gottes gemalt, als Sphinx und als anatomisch nicht mehr deutbarer Fleischberg."*
Mit der unterschiedlichen Darstellung Evas spekulierte der Journalist falsch. Aber der Schreiber konnte nicht wissen, dass sich hinter den gleichzeitigen Darstellungen eine andere Frau verbarg.
1989 diagnostizierte dies Antonia Hoerschelmann in einer Ausstellung in der „Graphischen Sammlung Albertina" zum ersten Mal. Während bei Fuchs sonst nur ein stufenweiser künstlerischer Abstieg von früher nicht geschätztem, fein Gestricheltem und mit kleinem Pinsel Gemaltem, zum jetzt nicht geschätzten Starkfarbigen, ja Flüchtigen kritisch gemaßregelt wird, beurteilte sie es am Werk des 60-Jährigen kunstwissenschaftlich: *„Mitte der siebziger Jahre erhält Fuchs den Auftrag, Wagners ‚Parzifal' auszustatten. Während dieser Arbeit wird er nach eigener Auskunft in den Zaubergarten der Flora und damit zur Farbe geführt.*
Seitdem hat sich die Malerei von Ernst Fuchs grundlegend gewandelt. War früher die Linie, der einzelne Pinselstrich, der akribisch genau geführte individuelle Duktus signifikant für die jeweilige Darstellung, so ist es heute der dynamische Farbfleck, der die Bildfläche füllt. Im Gegensatz zu den früheren, in minuziösen Malprozessen gewachsenen Bildkörpern entstehen heute durch ekstatisches Malen die Grundfesten eines Paradieses jenseits von Eden. Mikro- und Makrokosmos der Natur ‚planeta cælistis' werden allein mittels der Zusammenschau von Farbflecken vor Augen geführt und selbst zum dominanten Gestaltungsprinzip.
Die Farbflecken formen in der Zusammenschau, nunmehr als dominantes Gestaltungsprinzip, Mikro- und Makrokosmos, veranschaulichen die symbiotischen Beziehungen innerhalb der Natur, die Kohärenzen innerhalb der Schöpfung. Die Linie wird den Farbstrukturen untergeordnet, wird model-

lierend eingesetzt. Ausdrucksträger ist nunmehr die Farbe allein, die Linie schraffiert als untergeordnetes Gestaltungsmittel die dominanten Farbflächen.
Seine Malerei zeigt in einer eindrucksvollen Metamorphose der stilistischen Ausdrucksmöglichkeiten (von der Linie zum Farbfleck), ‚[...] was ich unter Kunst verstehe. Es ist das ständige Entstehen der Entwürfe möglicher Welten, Kunst ist der Überfluss schlechthin' (Fuchs). Hier präsentiert Fuchs eine neue Konstruktion, eine neue Schöpfung seiner Welt. Eine Bilderwelt, die grundsätzlich aber nie die Idee verlässt, ‚dass letztlich alle Bilder ihren Ursprung dort haben, wo auch Plato ihn gesucht hat. Nur wer Zugang hat zu diesem Bereich, kann bauen, kann erneuern, kann jene Gebilde schaffen, die als tragbare Gefäße der Gemeinschaft taugen' (Fuchs)."
Tatsächlich endete die „farblose" Zeit der großen Grisaille-Bilder in den grauschwarzen Abstufungen von Bleistift, Kohle, Deckweiß und sparsam eingesetztem Aquarell mit der Begegnung mit Eva-Christina. Die einfache Farbigkeit und Flächigkeit ihrer Bilder und die Farbigkeit der zuckenden Lichter der Jugend-Diskotheken, die neue psychedelische optische Welt der endenden Flower-Power-Zeit zeigt Wirkung. Die spätere Theaterarbeit verstärkte diesen Weg in die kräftige Farbe bei Ernst Fuchs.
In die Zeit mit Eva-Christina fiel die Periode der großen öffentlichen und finanziellen Erfolge. Der Wohlstand begann mit den regelmäßigen Einkünften aus der Arbeit an der Graphikserie zum Buch „Samson" und dem rasanten Erfolg nach der „Wiener Schule"-Ausstellung 1965 in Deutschland. Es war die Zeit der bunten Homestorys in Illustrierten, in denen Fuchs umringt von Kindern posierte und seine Frau zeigte, wie sie den Künstlerhaushalt zwischen dem eigenen Ballettunterricht, neuen Strickmustern, gesellschaftlichen Verpflichtungen und Elternabend mit den Halbwüchsigen managte. Im Interview mit Asta Scheib für die Frauenzeitschrift „Freundin" äußerte Eva-Christina Fuchs ihre Ansichten: *„Es ist doch ein Risiko, eine Frau als Angestellte zu beschäftigen. Sie ist doch ständig krank oder schwanger oder eines ihrer Kinder ist krank. Überhaupt: Wenn eine Mutter berufstätig ist, geht das immer auf Kosten der Kinder.*

Ich bin auch gegen Frauenkneipen. Da sitzen doch nur hässliche Tanten und streiten wegen der Männer. Nach meiner Meinung ist eine Frau dazu da, die Familie zu behüten. Außer sie hat eine wirkliche Berufung. Dann bin ich auch dafür, dass ein Mädchen studiert.“

Eva-Christina Fuchs genoß das Gesellschaftsleben der Reichen und Schönen, und die eigene Prominenz zwischen Künstlerehefrau und der Eigenkreativität. Fuchs verwaltete das Geld, das jetzt floss und das sie großzügig ausgaben, in seiner kleinen roten ledernen Herrenhandtasche. Er für künstlerische Projekte, sie als seine einzige legitime Ehefrau.

Im Illustrierteninterview hieß es: *„Inzwischen haben sie eine gemeinsame Basis gefunden, die auch dann tragfähig bleibt, wenn es in Zeitungsberichten heißt, er oder sie sei mal wieder in Begleitung einer anderen Person gesichtet worden. Man sieht sich, wenn's Spaß macht, und dann macht's auch wirklich Spaß. Von jedem verkauften Bild bekommt Frau Fuchs ein Händler-Drittel. Mehr will sie auch gar nicht.“*

Zu seinem Verhältnis zu Frauen früher und jetzt sagte der bald 50-jährige Fuchs 1977 in einem Interview kalmierend: *„Die Fähigkeit der Selbstbeherrschung war sehr gering ausgebildet, noch geringer als heute. Man lernt die Dinge etwas zu lenken. Das Pulverfass des Leibes ist nicht mehr so brisant gefüllt.“*

Es war ausreichend brisant, denn im gleichen Jahr wird Michael Messner geboren, das erste von fünf Kindern mit Stefanie Messner und das neunte von 15 oder 16 Kindern bisher. Während das Magazin „Lui“ noch den Einfluss der dritten Fuchsschen Frau abhandelte, ist Fuchs bereits in eine neue Beziehung eingetreten.

Im Mai 1969 ging eine 19-jährige Angestellte einer Hausverwaltungskanzlei durch die Strohgasse, nicht weit von Fuchs‘ Wohnung. Der 40-jährige Fuchs spricht das Mädchen an, ob er sie malen darf. Stefanie Messner ist brünett, hat als trainierte Tänzerin den Schwung in der Bewegung, den Fuchs liebt, und das in Verbindung mit Hüften und rundlichen Formen. Fuchs malt zwei Porträts von ihr. Zwar ist das erotische Moment der Auslöser für das Interesse von Fuchs an ihr, aber es entsteht eine enge Beziehung, ein Liebesverhältnis das 30 Jahre andauert und eine eher spirituelle Basis hat. Es entsteht später auch ein sexuelles Verhältnis, wie Fuchs manche hat, während seiner aufrechten ständigen Beziehungen und Ehen. Zuerst ist es platonisch, mit vielen geistigen und vor allem religiösen Gemeinsamkeiten. Stefanie Messner hat in dieser Zeit gleichzeitig eine Beziehung zu einem anderen Mann, von dem sie 1972 ihren ersten Sohn Stefan bekommt. Fünf Jahre später wird der erste gemeinsame Sohn Michael geboren. Stefanie hinterlässt ihre Spuren in der Kunst von Fuchs aber schon früher. Im rückblickenden Gesicht mit den hellen Augen einer gebückten weiblichen Figur in einer Kohlezeichnung von 1970, „Die Entzweiung", ist sie erahnbar. Eine großformatige Zeichnung mit einem im Zentrum stehenden ausladenden weißen, fleischigen Gesäß. Ganz anders als die Akte von Eva-Christina, der eher schmalhüftigen.

Es kommt zu einer Entfremdung zwischen Eva-Christina und Ernst Fuchs. Aber es kommt nicht zu einer Scheidung, wohl aber zu einer Trennung. Stefanie Messner bleibt in ihrer Anonymität, Eva-Christina tritt weiterhin als Frau Fuchs auf. Es ist eine Zeit von größeren privaten und finanziellen Schwierigkeiten, und die andere, die ruhige Frau kann hier durchaus klärend und entkrampfend wirken.

Fuchs anerkennt seine außerehelichen Kinder mit Stefanie durch Notariatsakte. In den folgenden Jahren bekommen sie noch vier weitere gemeinsame Kinder: 1979 den Sohn Georg, 1982 den Sohn Baruch, 1988 den Sohn Adam und 1989 die Tochter Deborah. Auf der einen Seite ist das Zusammensein mit dieser Frau ein spirituell ruhiger Ort von fast familiärer Ordnung, auf der anderen Seite wissen die Kinder nie ganz genau, wer der Mann ist, der da zwischen den Auslandsaufenthalten immer wieder auf Besuch kommt: Freund, Onkel oder Vater.

1979, als Stefanie den Sohn Georg zur Welt bringt, beginnt Ernst Fuchs gleichzeitig ein Verhältnis mit der jungen Cornelia Eibl. *„Herzdame und Ungeheuer in einer Person erschien im Herbst meines Lebens. Sie führte mich zur Kehrseite der Jugend. Feurige Flora, bevor die Kälte des Winters mich einholt. Bildnis eines Eros, der aus dem Fleische führt. Ich habe oft versucht, in diesem Bildnis die Spuren nachzuziehen, die zurückführen zu jener Liebe, wie sie nur ein Kind empfinden kann"*, schreibt Fuchs in einem Kommentar zu einem Porträt, an dem er von 1979 bis 1984 malte. Und zu einem Bild „Judith und die Unschuld", dessen rechte Hälfte von einem kindlichen Knaben bestimmt wird und dessen linke Bildhälfte eine Frau mit den Zügen Cornelias darstellt, die ein Schwert und den abgeschlagenen Kopf eines Mannes hält, schrieb Fuchs: *„Der gelockte Knabe ist eine Erinnerung an meine frühe Kindheit. Der abgeschlagene Kopf, diagonal dieses Bild durchkreuzend, steht hier sinnbildlich für den Kastrationskomplex. Das alte Thema des Kampfes von Mann und Weib beschäftigt mich oft. Sexualität führt zur Kopflosigkeit. Der Zusammenhang zwischen Geschlecht und Charakter wird dargestellt durch Cornelia, die Verführerin, Judith, die Unschuldige, und durch das Bild der Medusa. Weibliche Macht zur Entmannung."* Eibls Tochter Maria-Theresia ist eine Ziehtochter von Fuchs, deren Geburt 1983 ihn zu einer Fülle farbiger Pastelle inspirierte. Dr. Eibl ist die Kunsthändlerin des Künstlers.

Während der Zeit, in der Stefanie noch drei weitere Kinder bekam, hatte Fuchs ein Verhältnis mit Uta Saabel, die ihm zwei Kinder gebärt. Stefanie und Uta bringen ungefähr zur selben Zeit eine Tochter (Deborah) bzw. einen Sohn (Moritz) zur Welt. Stefanie will dieses Verhältnis und die daraus resultierenden Kinder nicht wahrhaben. Plötzlich bricht sie mit Fuchs, im scharfen Gegensatz zu der sonstigen Tolerierung, was nicht ohne lokalen Skandal abgeht. Stefanie Messner: *„Ernst Fuchs hat ein sehr orientalisches Verhältnis zu Frauen. Immer umgeben von mehreren, von denen eine die Hauptfrau ist."*

Die Frauen in den Bildern des Ernst Fuchs sind zur Verdeutlichung metaphorisch verkleidet: die Neugierigen Sphinx oder Judith, Lilith, die Verführerin, Daphne, die Nymphe. Fuchs kennt viele Frauen. „Lolita" zum Beispiel, mit Schleifen geschmückt und kleinen nach außen strebenden Brüstchen. Unauffällig geht die feinfingrige Hand in eine phallusförmige Muskelstruktur des Arms über. *„Ich habe viele solcher Mädchen gekannt: sie vereinigen die Naivität, Verderbtheit und Unschuld in sich. Es ist ein Mädchen, gleichzeitig eine Puppe – halb Frau, halb Kind."* Oder die Nymphen, das ewig Weibliche versinnbildlichend. Zur „Nymphe Grammophon", die rothaarig, feingliedrig auf einem Sofa von Rudolf Steinerscher Architektur liegt, sagt Fuchs: *„Das Sofa meiner Nymphe* *ist die Grundform eines alten Lautsprechers – ‚His Master's Voice' – hört sie seine Stimme? Ich finde die Nymphe meines Bildes viel aufregender als das lebende Modell, nach dem ich sie schuf."*

Was reizt Fuchs, den Maler, den Zeichner, den Mann, an einer Frau? *„Ein gewisser Blick ist der Funkenträger. Da, wo der Funke springt, ist das Modell gewählt. Nicht immer ist sie willig, zu ‚sitzen', dann lege ich mich mit aller Jagdkunst ins Zeug, um die Trophäe einer Studie einzuholen. ‚Sie haben ein gewisses Etwas, das mich fasziniert.' Ein Annäherungsversuch auf altmodische Art? ‚Gewiss, Sie irren nicht, gnädiges Fräulein, ganz privat für mich.' Nichts stimmt von all dem. Der Jäger ist immer wach, in allem wittert er Beute. Nicht gleich schießen, erschließen, schön langsam. Mit scharfem Stift langsame Entblößung. ‚Sie fühlen sich schläfrig, gelangweilt, das Geplauder des hurtigen Künstlers lässt Sie gähnen.' Die Kunst ist ein langweiliger Umweg zur Beute."*

Aber vielleicht ist das Bild „Pegasus und Muse" ein Schlüsselbild für das Verhältnis von Fuchs zu den Frauen. In seinem umfassenden Wissen über die Symbole und Mythologien der Antike übersetzt (oder verschlüsselt) er seine Befindlichkeit in ein gegenwärtiges Bild. Darin vereinigt Fuchs das Bild des Pegasus, des geflügelten Pferdes und Symbol der Dichtkunst, das dem Rumpf der Medusa entsprungen ist und zum Reittier des Eros gezähmt wird, mit der Muse. Es ist ein gleichzeitig weibliches und männliches Zwitterwesen. *„Ich wollte mit diesem Werk den Gedanken an eine Frau loswerden. Sie war ständig bei mir, an meiner Schulter. Ich wollte flüchten, aber ich habe es nicht geschafft."*

1978 fragte André Müller Ernst Fuchs: *„Sartre schrieb einmal, für ihn sei die Kunst ein Mittel gewesen, unsterblich zu werden. Aber bei Ihnen ist die Unsterblichkeit ja schon durch die große Anzahl ihrer Kinder gesichert."* Darauf Fuchs: *„Man weiß ja nie, wie viele man hat. In den heutigen Zeiten ist es leider so, dass man jeden unschuldig gezeugten Spross abschreiben muss, denn die Mütter haben sich entpuppt als Hyänen des Hades. Die fressen alles auf, den Mann, die Kinder, einfach alles." – „Sind das die bedrohlichen Frauen auf ihren Bildern?" – „Nein, die Frauen auf meinen Bildern finde ich überhaupt nicht bedrohlich. Die Bedrohlichen schauen ganz anders aus. Die sind um die Schulter herum sehr breit, und unten werden sie immer dünner. Die haben den Bleistift hinter dem Ohr und so komische Ideen von Emanzipation im Kopf."*

8. Der surrealistische Vorposten in Wien

1946 – Begegnung mit dem Surrealismus

„Als Parteiobmann der Wiener Sektion der Surrealistischen Internationale gilt Edgar Jené. Er steuert mit Intelligenz ein Schiff, das sich ständig in einem Korallenmeer gefährlicher Klippen bewegt. Möge der Himmel nicht den Geist der Meuterei unter der Mannschaft hochkommen lassen. Was will diese Gruppe von Malern um Edgar Jené, die jung ist, auch wenn sie greisenhaft erstarrte Formen liebt, manchmal sogar demonstrativ die Ausdrucksweise alter Meister gebraucht?“

Der Beitrag „Surrealistische Vorposten in Wien“ des kenntnisreichen, scharf formulierenden Kritikers Abu Nif in der Kulturzeitschrift „Plan“ vom Dezember 1946 befasste sich mit den phantastischen Künstlern. Arnulf Neuwirth, der das nach Karl-May-Arabisch klingende Pseudonym gewählt hatte, selbst ein Zeichner und Maler am phantastischen Rand des Realismus, geht immer scharf mit ihnen ins Gericht, auch als er später Kritiker einer Boulevardzeitung wird. Vom Anfang an ist man in Wien auf Konfrontationskurs gegen die Phantasten, forciert die Abstrakten als freie Kunst des freien Westens. Die gleichzeitig malenden und bildhauernden jungen Realisten werden überhaupt ignoriert und treten nirgends in Erscheinung. Man will Vorzugsschüler in Sachen Kunst sein, und das heißt antirealistisch sein.

Förderte Albert Paris von Gütersloh als Professor an der Akademie die phantastischen Tendenzen seiner Schüler durch wohlwollende und an-

Ein Porträt von Edgar Jené: Albert Paris von Gütersloh. (Privat).

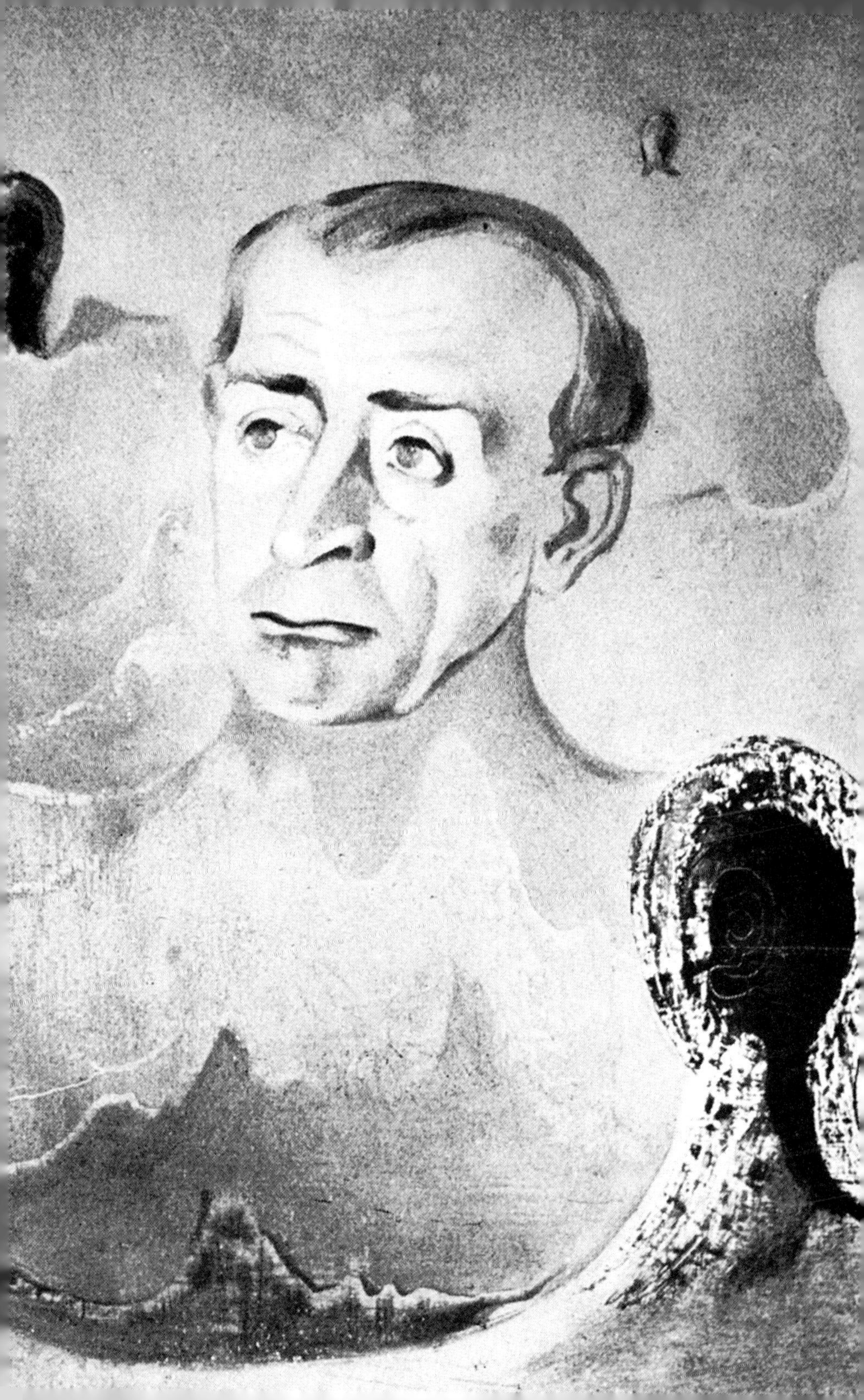

regende Duldung, so war Edgar Jené ein Missionar des Surrealismus. Der Maler und Graphiker Edgar Jené, geboren 1904, war gebürtiger Saarländer. Er lebte seit Jahren in Wien, und es gelang ihm, durch die Eigenart seiner Begabung aufzufallen. Zum ersten Mal trat er 1928 an die Öffentlichkeit, und von da ab waren seine Bilder in sämtlichen repräsentativen Ausstellungen junger deutscher Kunst zu sehen. Nach der Machtergreifung Hitlers wurden sie von den neuen Direktoren sofort abgehängt und wanderten ins Depot oder in die Ausstellung „Entartete Kunst". Er war vor und nach dem Krieg Bildredakteur der Zeitschrift „Plan". Die kleinen roten Hefte – in Form und Farbe nicht ohne Bezug zur kritischen, alle Lebensbereiche umfassenden „Fackel" des Karl Kraus – verstanden sich als Zeitschrift für Literatur, Kunst und Kultur. *„Sie möchte zum Kristallisationspunkt aller jener Kräfte werden, die im Kunst- und Kulturleben unserer Heimat für die Festigung des demokratisch-republikanischen Staatsgedankens und für die Wiederaufrichtung eines geistigen Österreichertums von europäischem Zuschnitt und weltbürgerlicher Fülle eintreten."*
Das „bürgerliche" Gegenstück dazu war die Kulturzeitschrift „Turm". Ihr Herausgeber, Dr. Hans Pernter, war austrofaschistischer Unterrichtsminister der Regierung Schuschnigg vor 1938 gewesen. Das Programm war eine Zusammenfassung der gesicherten und gültigen Werte des österreichischen Kulturbesitzes und ihre Verjüngung aus der geistigen Aktivität der nachfolgenden Generation, auf dem Fundament der christlich-abendländischen Geisteshaltung. Die Zeitschrift „Turm" setzte keine Maßstäbe und hatte keinen wirklichen Einfluss auf die Jungen, anders als das Gegenstück, die roten „Plan"-Hefte, deren Gründer im Vorwort schrieben: *„Wir sind nicht nur materiell arm geworden, wir sind auch geistig verarmt. Die Parole heißt nun: Arbeit, Aktivität, positive Leistung!"*
Den jungen Malern und Literaten waren die „gesicherten und gültigen Werte des österreichischen Kulturbesitzes" herzlich egal, sie wollten „Arbeit, Aktivität und positive Leistung von europäischem Zuschnitt und weltbürgerlicher Fülle". Das Bürgerliche war nicht ihres, die exploralistische Neugierde war es.

Das erste Heft des „Plan" erschien im Oktober 1945, das letzte zum Jahresbeginn 1948. Hier wurden die ersten Reproduktionen von Ernst Fuchs und seinen Freunden, neben den ersten Reproduktionen von Meistern der Moderne, veröffentlicht: Arp, Braque, Dalí, Dufy, Max Ernst, Klee, Klimt, Kokoschka, Masson, Miró, Picasso und Schiele. Fuchs wurde das jüngste Mitglied des Redaktionskomitees.

Fritz Wotruba: *„Jené war ein gar nicht so guter Maler, aber er hatte eine Apostelfunktion, eine Prophetenwirkung, die von ihm ausstrahlte. Auf das kleinste Stichwort, die winzigste Frage, kam Jené in eine Suada, an die er vorher wahrscheinlich selbst nicht gedacht hatte. Er selbst hatte gar nicht jene Qualitäten, die dann seine Jünger haben."*

Wolfgang Hutter: *„Jené hatte alle Bücher über den Surrealismus, die damals greifbar waren. Alles von Max Ernst zum Beispiel. Dieser Mann lieferte den galvanischen Reiz für uns."*

Die eben erst gegründete österreichische Sektion des internationalen Art Club begann international ihre Verbindungen anzuknüpfen; die Möglichkeit, wenigstens ausstellend das Ausland zu erreichen, rückte in greifbare Nähe. Edgar Jené war korrespondierendes Mitglied der Pariser Surrealistengruppe um André Breton und knüpfte geschickt Verbindungen an, die das Bekanntwerden eines jungen Künstlers zu fördern vermochten.

Ernst Fuchs: *„Er war eine Art Merkur, eine Person, der es immer wieder gelang, unmögliche Dinge zu erreichen. Seinem Wirken verdankten wir allesamt sehr viel, vor allem gelegentliche Publikationen in der Wiener Monatszeitschrift ‚Plan' sowie die Teilnahme an vielen Ausstellungen in den Jahren 1946 bis 1949."*

Noch 1950 gründete Jené mit Max Hölzer auch die sehr kurzlebige, aber bedeutende Zeitschrift „Surrealistische Publikationen".

Unter den Jungen war ein Suchen nach dem richtigen Ausdruck für das, was sie bewegte und was sie sagen wollten. Ernst Fuchs: *„Hier muss gesagt werden, dass ein Phänomen wie die gegenstandslose, abstrakte Malerei von uns nicht übersehen wurde. Experimente im Strukturbereich, die Erprobung neuer Materialien, kurz alles, was da in der Küche der abstrakten Rezeptemacher verkostet wurde, fand auch in unserer Gruppe Beachtung.*

Mein Interesse war besonders durch Henry Moore geweckt worden. Seine in Wachskreide und farbiger Tusche ausgeführten Zeichnungen haben meine Serie ‚Bikini-Atoll' angeregt. Ebenso hat Paul Klee dazu beigetragen, dass ich mich mit der handkolorierten Monotypie beschäftigte und die dabei gesammelte Erfahrung in meine ersten Versuche der Mischtechnik einführte. Und so waren die Untermalungen meiner ersten Ölbilder in farbiger Tusche und Tempera ausgeführt und in dieser Phase den aquarellierten Wachskreidezeichnungen, den Shelter-Zeichnungen Henry Moores ähnlich.
Mein Widerstand gegen das, was man abstrakte Kunst nennt. In den Gemälden Gustav Klimts sah ich, dass diese Form des Ausdrucks innerhalb eines Gemäldes als gleichsam ‚musikalische Schrift' aufgenommen war. Die schwarzen und weißen Rechtecke auf dem Umhang des Mannes im Klimtschen ‚Kuss', die violetten und weißen Kreise in der Kleidung des Mädchens waren eine ‚gegenstandslose' Sprache, die innerhalb einer ‚figuralen' Komposition ihre musikalische Aussage leistete. Mir schien die Klimtsche Lösung, noch vor der Geburtsstunde der abstrakten Malerei die gegenstandslose Malerei zu integrieren, als die beste. Aber noch donnerte Boeckls Stimme durch den Aktsaal: ‚Der Klimt, des is ka Malerei, hüten Sie sich vor dieser erotischen Vernebelung!' Hier war schon ein Herold Cézannes am Werk, der uns zur ‚reinen' Malerei führen wollte.“
Fritz Wotruba, der aus der Schweiz zurückgekehrte Bildhauer und Lehrer an der Akademie, sah dies anders. Er hatte alles, was sich in der Kunst des 20. Jahrhunderts tat, gesehen. Er hatte seinen eigenen Weg gefunden, und für ihn waren Surrealismus und Abstraktion nichts Neues: *„Jené hatte deshalb so großen Erfolg mit seinem Beispiel des Surrealismus, weil er der ursprünglichen, angeborenen Geschicklichkeitsbegabung der Österreicher und da vor allem der Wiener am ehesten entgegenkommt. Der Stil ist aus Überlegungen entstanden und sicher ganz bewusst eine Veränderung des ursprünglichen Surrealismus. Er hat nicht seine poetische Kraft und konzentriert sich vor allem auf die Machart, das Handwerkliche. Die Wiener Surrealisten unter Jené waren Technik-Fetischisten.“*
Die Jungen, Fuchs war 16 Jahre alt, die anderen höchstens 18, aber sahen gerade in dieser altmeisterlichen Genauigkeit der malerischen Technik die beste Möglichkeit, ihre Schreckensbilder, die ja aus dem

eigenen Erleben des Krieges kamen, zu formulieren und den Drang in den Drüsen los zu werden. Diese Jungen waren durchwegs antifaschistisch und voller Misstrauen jenen gegenüber, die Nazis waren oder mit ihnen kollaboriert hatten. Für Fuchs, Brauer, Hutter, Lehmden, Rainer und andere war der Surrealismus die adäquate Ausdrucksform in einer bizarren Zeit außerhalb menschlicher Normen. Für die anderen war es die Abstraktion.
Gab es im „Plan" einen größeren Hang zum Surrealismus, schon durch die Mitarbeit von Jené als Bildredakteur und von Johann Muschik, dem „Erfinder" des Begriffes der „Wiener Schule des Phantastischen Realismus", so war der Art Club ein Miteinander von zwei Fraktionen: den Surrealisten und den Abstrakten.

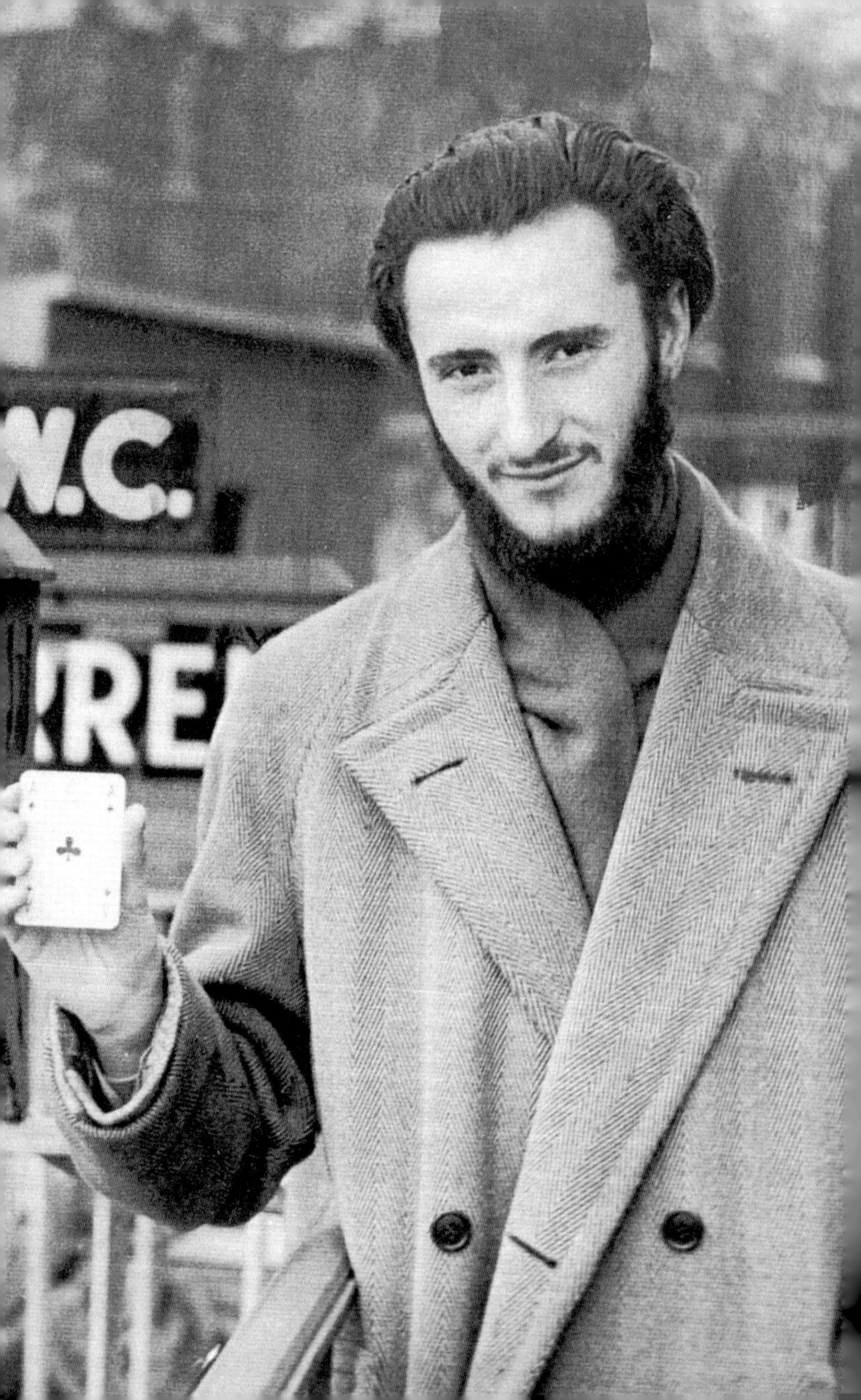

9. Zwei Ideologien – Der Art Club

Eine internationale Künstlervereinigung von 1946 wird 1951 zum Nachtlokal

Gustav K. Beck fragte erst den Maler Herbert Boeckl und den Bildhauer Fritz Wotruba, jedoch lehnten beide ab, die Gründer eines österreichischen Art Club zu sein. Albert Paris von Gütersloh hingegen war von der Idee überzeugt und nahm das Angebot an.

Gustav K. Beck kam 1946 nach Wien zurück. Ein Österreicher, der die Zeit von 1938 bis 1945 in Italien überwintert hatte. *„Das Klima war dort für Maler besser als in Wien, denn politisch war kein Sommer"*, wie es Wolfgang Hutter später ausdrückte. Er brachte die Idee eines PEN-Clubs für bildende Kunst mit. Dieser Art Club war 1945 in Rom von dem Polen J. Jarema und dem Österreicher Gustav K. Beck gegründet worden. Der italienischen Gruppe gehörten Severini, de Chirico, Morandi, Carrà und andere an. Sektionen gab es bereits in der Schweiz und in Palästina. In Gründung befand sich der Club in Paris, Brüssel, Stockholm und Prag. Er war in der Hoffnung gegründet worden, dass einmal wieder alles in Ordnung komme. Es begann die Gründung der Österreichischen Sektion des Internationalen Art Club als internationaler unabhängiger Künstlerverband, Sektion Österreich.

Nach ersten Schwierigkeiten wurde er dann im Atelier Gütersloh gegründet. In erster Linie waren jene alten Künstler eingeladen, die von den Nationalsozialisten Ausstellungsverbot bekommen hatten. Von den jüngeren solche, die progressive Qualitäten aufwiesen. Aus diesen frü-

Ernst Fuchs 1951. (Wolfgang Kudrnofsky).

hen Art-Club-Mitgliedern ist später etwas geworden, was auf eine gute Kriterienauswahl schließen lässt.
Es war weniger der Wunsch nach einem Kontakt zur weiten Welt, als dass man untereinander Kontakt fand. Es war eine Plattform, auf der man Menschen traf, denen gegenüber man ein natürliches Interesse aufbringen konnte. Es war keineswegs eine Organisation, die den Verkauf übernommen hätte, es war vielmehr ein Beisl, in dem man die Stammgäste kannte. Man hat sich in Wirtshäusern, in Cafés und in den Ateliers getroffen. Die zweite Silbe in Art Club war akzentuierter. Man hat gemeinsam gegessen, getrunken, sich gefunden und wieder zerstritten. Ein bisschen waren auch die Allüren des Bohemien gegeben.
Zum Präsidenten der österreichischen Sektion wurde einstimmig Albert Paris von Gütersloh gewählt; dem leitenden Ausschuss gehörten Gustav K. Beck, Otto Demus, die Maler Jené und Unger sowie der Bildhauer Fritz Wotruba an.
Zu den ersten Gründungsmitgliedern gehörten auch der als Fremdarbeiter nach Wien verschleppte Bildhauer Wander Bertoni, Rudolf Hausner und der Zeichner Kurt Moldovan. Diese Urgesellschaft nahm dann im sofortigen Anschluss Freunde der Gründer auf. Gütersloh brachte Wolfgang Hutter – *„ich habe da einen jungen, überaus begabten Maler“* –, der sein Sohn war, was aber damals noch niemand wusste, sowie Ernst Fuchs, Anton Lehmden und Fritz Janschka.
Bald gab es zwei Gruppierungen: die Abstrakten, geführt von Gustav K. Beck, und die Surrealisten, repräsentiert durch Edgar Jené. Jedoch trennte sich dieser bereits nach der ersten Ausstellung vom Art Club.
„Es war immer klar, dass es eine Regierungspartei gibt und eine Opposition. Gütersloh war der Präsident, und wie die meisten österreichischen Präsidenten hat er sich zurückhaltend benommen und keine politischen Initiativen ergriffen. Die Regierungsbank wurde besetzt von Unger, Beck und Leinfellner. Das waren die Leute, die den Art Club dirigierten. Und wir, die wir so unkünstlerisch wie möglich in unserem Gehabe waren, wir waren die Opposition“ (Rudolf Hausner).
Die erste Ausstellung zeigte der Art Club in den Räumen der Neuen Galerie, einer schönen, mit alten Möbeln und Teppichen ausgestatteten

Galerie. Deren Inhaber Otto Kallir-Nirenstein, war von den Nationalsozialisten aus Wien vertrieben worden, lebte in New York, zeigte dort Egon Schiele und alles, was bei uns verboten war. Betreut wurde die Galerie durch Frau Dr. Künstler. In der gleichen Zusammenstellung, wie sie in Wien zu sehen war, ging die Ausstellung dann nach Rom.

Gezeigt wurden Bilder von Gütersloh, dem Phantasten Alfred Kubin, Edgar Jené und den Surrealisten der Gruppe. Fritz Janschka, Kurt Steinwendner, der sich später Stenvert nannte und die Kerngruppe von dem, was die „Wiener Schule des Phantastischen Realismus" werden sollte: Ernst Fuchs, Wolfgang Hutter und Rudolf Hausner. Gustav K. Beck vereinigte um sich ältere Herren und einige Bildhauer um Fritz Wotruba. Darüber hinaus wurde das in den letzten Kriegsmonaten zusammengeschweißte Dreigespann Leinfellner, Bertoni und Maria Bilger gezeigt. Die drei Bildhauer waren eine seltsame Allianz: Leinfellner war SA-Untergruppenführer gewesen und hatte bei sich den geflohenen, zum Arbeitsdienst verschleppten italienischen Zwangsarbeiter Wander Bertoni und die antifaschistische Partisanin Maria Bilger versteckt.

Mit dieser Ausstellung wurde die Öffentlichkeit zum ersten Mal so richtig mit der österreichischen Moderne konfrontiert. *„Getreu dem Prinzip des Individualismus, abhold der Diktatur eines einzigen Geschmacks, hat die österreichische Sektion des ‚Internationalen Art Club' Zeichnungen und Aquarelle zur Schau gestellt und damit eine heftige Reaktion in den Kreisen der Kritik ausgelöst, die zum Großteil abwartend oder ablehnend die ungewöhnlichen Bilder abtaten"*, schreibt Abu Nif (Arnulf Neuwirth) in seiner Rezension.

Für Ankwicz-Kleehoven war die Ausstellung eine *„für manche etwas eigenartige Schau"*, andere fanden, *„die Ausstellung hat einen ziemlich radikalen Anstrich"*, und folgerten, *„die Kunst spiegelt den Geist ihrer Zeit. Wie könnte die unsere anders sein als chaotisch und verworren?"* Fast alle stellten fest: *„Ein Großteil der Arbeiten wird Gelegenheit geben, das in letzter Zeit so oft besprochene Thema ‚Surrealismus' neuerlich zu diskutieren."*

Es sollte noch viel über den Surrealismus diskutiert werden, aber noch bevor es zur nächsten Ausstellung kam, verließen Edgar Jené und mit ihm einige andere den Art Club. Sie begründeten diese „Spaltung in erster Minute" damit, dass die Vereinigung ihren kosmopolitischen Charakter weitgehend eingebüßt habe und nur ein Konkurrenzunternehmen zu anderen Künstlervereinigungen geworden sei.

Wolfgang Hutter: *„Der Art Club war wirklich eine freie Künstlervereinigung, was weder Künstlerhaus noch Secession damals sein wollten, deren Mitglieder sich nur der Ausstellung wegen und zur Verbreitung der eigenen Kunst zusammengefunden haben. Wir haben es selbst nicht gewusst und auch die Zuschauer nicht, aber rückblickend war der Art Club damals sehr wahrscheinlich eine Sensation."*

Es war sicher so, denn die Presse begrüßte die nächste Ausstellung (3.–30. April 1948) noch im Sprachgebrauch der Kriegszeit, als „die erste Granate im Kampf um neue Ebenen".

An der Ausstellung, die 97 vor allem größere Bilder zeigte, versuchten sich die Abgesplitterten um Jené selbstständig zu gruppieren und schienen auch im Katalog nicht auf. Ihr Motto: *„Der Surrealismus ist eine Sache der Freiheit."* Bei dieser Gelegenheit ist auch der erste Versuch der Wiener phantastischen Maler, die sich durchaus als Surrealisten fühlten, zu bemerken, sich gegen die internationalen Künstler abzugrenzen.

„Die Gruppe der Jungen, unter ihnen Hausner, Janschka, Hutter, Fuchs und Steinwendner, die wir einstweilen, in Ermangelung eines genaueren Namens, mit dem von Edgar Jené vorgeschlagenen ‚Prodromus' (Vorläufer) bezeichnen wollen", schrieb eine Zeitung. Und auch Jorg Lampe kam in seiner Kritik zum gleichen Schluss: *„Die eigentliche ‚Bedeutungsmalerei' jedoch beginnt erst bei denen, die man bis dato Surrealisten nannte und die sich noch im Vorjahr oft mehr im Ausgefallenen als etwa im Eingefallenen zu tummeln pflegten."*

Ernst Fuchs hatte zu dieser Zeit aber den Schwerpunkt seiner Aktivitäten bereits nach Paris verlegt.

Die Art-Club-Ausstellung 1950 im Kunstverein Salzburg – und später in der wieder aufgebauten Secession in Wien – ist die erste moderne Ausstellung in Salzburg nach dem Krieg. Sie wird *„nach der Grandma-Moses-Ausstellung als die erste internationale Schau nach 1945"* bezeich-

net, *„die eine weitere aufsehenerregende Bereicherung des Festspielsommers“* bildete.
An internationalen Künstlern zeigten sich Arp, Sonja Delaunay, Dominguez, Fernand Léger, Jean Lurcat, Alberto Magnelli, Zoran Music, Palazuelo, Pablo Picasso, Prassinos, Geer van Velde, Vieira da Silva. Geschickt daruntergemischt die Österreicher. Sie machten sich gut im internationalen Zusammenhang.
Mehr als 9000 Besucher sehen die Schau. Während der Ausstellung gibt es Diskussionsveranstaltungen. Der Psychiater Viktor Frankl und Monsignore Mauer gehen die Sache von ihrem Standpunkt her an. Und Maurice Besset berichtet über Kunst in Paris. Sonst aber geht es hart auf hart. Die Abstrakten sind im Vormarsch. Johann Muschik widmet ihnen nur einen Satz. *„Die Schar der Abstrakten, die sich langsam zu einer Menschheitskrätze auswächst.“*
Arnulf Neuwirth schrieb unter dem Titel „Durchbruch der Abstrakten. Der Schwerpunkt der Ausstellung lag diesmal ganz deutlich bei den Abstrakten“, und Jorg Lampe bescheinigte der Art-Club-Ausstellung, dass sie „Wiens offizielle Moderne“ ist. Er fand, *„am intensivsten wird das Anliegen der Moderne in der abstrakten und doch nicht stofflosen Komposition“*.
Rudolf Hausner und dessen „Arche des Odysseus“ ist ein zentrales Bild der surrealistischen Beteiligung. Die Kritik findet es als Malerei von *„autobiographisch exhibitionistischen Bettgeheimnissen des ihm geistesverwandten Fuchs“*. Und es werde dem *„weiland Surrealismus ein wenig geschmackvolles Denkmal gesetzt“*. Es ist *„zumeist Widerwärtiges in plastischem, öldruckartigem Realismus“*.
War in den ersten Jahren der Surrealismus eine viel diskutierte Sache, so wurde er schon 1950 für degoutant und parfümiert erklärt. Die Abstrakten gelangten zum Durchbruch, auch wenn ihnen Grimme nachsagte, dass sie *„weit harmloser sind, als es so manchem Verschreckten erscheinen mag“*.
Der Art Club hatte sich durchgesetzt und seine Mitglieder durchgeboxt. 15 Maler, Graphiker und Bildhauer aus dem Kreis des Art Club nahmen an der Biennale von Venedig teil, darunter Lehmden, Hutter und Fuchs. Ununterbrochen werden Bilder ins Ausland gesandt. Fuchs und Hutter

nahmen an der Ausstellung des Carnegie-Instituts in den USA teil, Lehmden stellte in Turin aus, Fuchs in Mailand. Ernst Fuchs zeigte seine Kollektive in der französischen Buchhandlung in Wien. Die Einladung dazu war eine kleine zweifarbige Lithografie.

Am 4. Juli 1950 wurde der junge Kunsthistoriker Alfred Schmeller als aktives Mitglied in den Art Club gewählt. Er veränderte die Künstlervereinigung zum geselligen Club. Alfred Schmeller war gerade 30 Jahre alt, also 15 bis 20 Jahre jünger als die bisherigen Macher. Er war Schreiber, Festefeierer und Diskutierer, aber auch der einzige „Nichtkünstler" in diesem Kreis. Seit dem Kriegsende hatte er sich als Kunsthistoriker nicht um die Historie geschert, von der er eine Menge verstand, sondern um die Neuen und Jungen, von denen man nichts wusste. Schmeller fand Freunde und Kumpane. Er war bei allen Art-Club-Treffen dabei. Schmeller war ein geselliger Mensch, aber auch ein Aufrührer. Er prügelte sich mit Gegnern, stritt mit Gleichgesinnten.

Schmeller tat alles, um die Kunst gesellig zu machen. Wo Beck internationale Ehrenkomitees versammelte, liebte Schmeller mehr das Legere. Wo Beck feierlich wurde, machte es Schmeller mit dem Feuilleton. Beck verstand sich auf die Publizität, Schmeller auf die Popularität.

Der Wechsel von Gustav K. Beck, dem Begründer, zu Alfred Schmeller, dem Beender, ging 1951 leise vor sich. Albert Paris von Gütersloh wurde neuerlich zum Präsidenten gewählt, der bisherige Vizepräsident, *„akademischer Maler Gustav Beck, hat in Hinblick auf eine längere Studienreise durch die USA sein Amt zurückgelegt"*. Mit der Aufgabe des geschäftsführenden Vizepräsidenten wurde Alfred Schmeller, mit der des Finanzreferenten Wolfgang Hutter und mit der des Schriftführers Rudolf Hausner betraut. Die Schlüsselpositionen waren in der Hand der Surrealisten, die keine waren.

Schmeller fand, es nützt nichts, einmal im Jahr im Sommer oder Winter eine Ausstellung zu machen. Der Art Club brauchte einen eigenen Platz. *„Wir dachten an ein Existenzialistenlokal, ohne dass irgendjemand genau gewusst hätte, was das ist, außer, dass es verraucht ist und man beisammen sitzt und sich unterhält."* Max „Mecky" Lersch, der Weltreisende, sagte: *„Meine Mutter hat die Loos-Bar bei der Kärntnerstraße. Ich will verdienen,* *also machen wir doch da ein Boheme-Lokal auf. Da kommen alle Künstler und die Adabeis und die Mädeln und dann auch die Leute, die Geld haben. Tagsüber ist das Ganze eine Galerie. Man muss halt hinuntersteigen, vielleicht ein bisserl schwierig, aber das macht nichts. Denn abends machen wir auf Existenzialistenlokal."*

Der Keller war in einem ziemlich desolaten Zustand. Die Wände wurden mit Strohmatten vom Neusiedlersee überzogen. Wotruba hat sich das einmal angesehen, nicht lange überlegt und hat dem Kind einen Namen gegeben: Strohkoffer.

Ernst Fuchs wusste, was ein Existenzialistenlokal ist, war er doch bereits in Paris und versuchte seine Kollegen aus Wien dorthin zu ziehen. Ihm war die mediale Aufregung eher unverständlich, aber es war auch durchaus in seinem Sinn, die Kunst unter die Leute zu bringen. Nur wo der Existenzialismus in Paris von Jean Paul Sartre und Simone de Beauvoir bestimmt wurde, war es in Wien ein eher dünner Anstrich an einem Nachtlokal.

Wolfgang Hutter: *„Als man am 15. Dezember 1951 im Keller die Nachtgalerie eröffnet, beginnt der Art Club ein Begriff für die Bevölkerung zu werden. Seine großen Leistungen liegen hinter ihm. Er wird ein Nachtlokal und damit erfolgreich."* Die Zeitungen, Illustrierten und die Wochenschau des Kinos entdecken den Art Club. Bildreportagen geben einen Eindruck von Klein-Paris wieder. Der Existenzialismus wurde wienerisch. Als eine Art von immerwährendem Gschnasfest, man spielte Boheme.

Arnulf Rainer hat dezidiert erklärt, dass er nie auch nur teilnehmendes Mitglied gewesen war. Schmeller hat ihm geschrieben, dass der Art Club in seiner Vollversammlung 1952 seine Aufnahme abgelehnt hat. *„Bestimmend hierfür war der Gesichtspunkt, dass Du Deinen Weg im gegenwärtigen Zeitpunkt des extremen Experimentierens wohl am besten allein gehen musst und dass Dich der Club vielleicht nur belasten würde."* Und Rainer betont in allen Katalog-Biographien: *„Ausstellung im Art Club verhindert."*

Arik Brauer: *„Ich war nicht so ‚in' damals, mir war das zu bürgerlich. Aber was heißt Boheme vorspielen: Die Leute waren wirklich arm, sie waren wirklich Künstler. Das ist doch echt Boheme. Und sie haben gewusst, dass sie arm* *und Künstler sind, und haben das betont. Stroh war damals eine tolle Idee, jetzt hat man das oft gesehen.“*

Fritz Wotruba: *„Im Art Club hat sich alles gefunden. Vor allem die Kunsthistoriker und Kritiker. Die brauchen doch immer etwas. Der Kunsthistoriker braucht nicht in erster Linie das Kunstwerk, das er ja gar nicht erkennt. Er begreift nicht, nicht mit den Händen, er ertastet nicht mit den Augen, er braucht die Literatur. Er braucht gar nichts zu sehen, hören muss er. Das Gehörte trifft ihn wie ein Infekt, beinahe krank wird er. Das schwitzt er dann aus, und dann ist er gesund.“*

Im Art Club ist alles zusammengetroffen. Die Weiber, der Alkohol, diese Pseudobohemiens, die Stimmung. Natürlich war der Art Club Entwicklungshilfe für die moderne Kunst. Er war nach außen sichtbar, das Publikum wurde auf ihn aufmerksam. Aber dieses wurde es nicht wegen der Bilder, sondern weil da ein entsprechender Lärm war, ein Geräusch verursacht wurde, an dem man nicht vorbei konnte.

In einer Gästebucheintragung vom Januar 1952 ist zu lesen: *„Den Künstlern wird empfohlen, ihre eigenen Stühle mitzubringen, um den eintretenden Schlurfpartien die Logen freizuhalten.“*

Wieland Schmied, Lyriker und Kolumnist, später Chef der Kestner-Gesellschaft in Hannover und Exportförderer der Wiener Schule, jetzt Präsident der Bayerischen Akademie der Schönen Künste in München: *„In den Nischen des Strohkoffer-Galerie genannten Kellers wurde debattiert, getrunken, geschmust, die Luft war erfüllt von den Gedanken an ungeschriebene Bücher, an ungemalte Bilder.“*

Der Art Club und seine gesellige Kaverne STROHKOFFER waren vor allem ein Platz der Abstrakten, ein bisschen der Phantasten und vieler Adabeis, weniger Bildhauer und keiner Realisten, wenn man es formal klassifizieren will. Der Art Club war der Höhepunkt der Kunst als Geselligkeit. Für Brauer war er zu bürgerlich und für Ernst Fuchs zu lemurenhaft provinziell.

Schmeller: *„Den Art Club haben zwei Ideologien beherrscht: die Abstraktion und der Surrealismus. Wer da nicht hineingepasst hat, der war nicht vorhanden. Der Art Club war eine Abschirmung gegen alles, was man Realismus* *nennt. Das wurde ganz bewusst nicht zur Kenntnis genommen. Das war ein innerer kalter Krieg."*

Aber auch manchem anderen war der Art Club nicht nach Maß. Ernst Fuchs, der aus Paris nach Wien zurückgekommen war: *„Wien war ein Alptraum. Das lemurische Wesen seines Zerfalls hatte hinter der Maske des wirtschaftlichen Aufbaus zugenommen. Das Häuflein sehr begabter Künstler lebte in einer Art Untergrund, isoliert vom Leben der Gesellschaft, und jeder soff sich auf seine Weise zu Tode. Ich traf die alten Freunde Lehmden, Hausner, Hutter und Brauer – sie alle waren von der Uniformität des Massengeschmacks, der Freude an der ‚reinen Form' der gegenstandslosen Kunst sehr betroffen. Dieser weltweite Unsinn war sogar bis Wien gedrungen und hatte den Art Club, die Zuflucht der Phantasten und Surrealisten, vergiftet. Konsterniert und deprimiert saß jeder in seiner Höhle und malte in vager Hoffnung auf einen Tag der Geltung ‚unserer' Kunst hin. Irgendwie fühlten wir, dass der Tag bald kommen würde."*

Er, Arnulf Rainer und andere ließen den geballten Protest der Hundsgruppe los. Ernst Fuchs: *„Mir ist der Art Club mit seiner modischen abstrakten Versammlung auf die Nerven gegangen. In meinen Augen waren das Dekorateure. Mit denen wollte ich nichts zu tun haben. Ich wollte vor allem die dadaistische Seite meiner Arbeit weiterführen, das, was später Happening heißen sollte.*

Der Strohkoffer hat von 1951 bis 1953 existiert. Das klingt so lang, in Wirklichkeit hat er nur ein starkes Jahr bestanden. Im Dezember '51 hat er aufgemacht und '53 im Februar wurde der Keller geschlossen."

Im Dom-Cafe, Ecke Singerstraße/Liliengasse, gründeten einige Art-Club-Künstler eine neue Art-Club-Galerie. Mit dem Eifer von Leuten, die um den Wert ihrer Idee wissen, machten sie sich an die Arbeit. Sie verlegten Lichtleitungen, warfen Verputz an und malten die Wände weiß. Hutter: *„Wir arbeiteten einen Monat lang, wir schufteten. Alles sollte weiß sein, alles sauber, ohne Nachtleben sollten die Bilder wieder im Mittelpunkt des Interesses stehen."*

Anfang März 1953 wurde mit großen Erwartungen begonnen und im Juni wieder geschlossen. Von Bildern ohne schummriges Nachtklubambiente wollte niemand etwas wissen. Auch die Kritiker nicht. Es gab eine Aquarellenausstellung von Gütersloh, eine Gemeinschaftsausstellung, aber selbst die damals beteiligten Künstler vergessen die Präsentation in den sonst peinlich genau geführten Ausstellungsnachweisen. Der Versuch, den Art Club in klarem, sauberem Weiß zu retten, war gescheitert. Zehn Jahre später, 1963, gab es dann im Gasthaus „Zum eisernen Hut“ im 3. Wiener Gemeindebezirk die offizielle Auflösungsversammlung. Eine Auflösung wie sie bei Kegelklubs, Sparvereinen und Kleintierzüchtervereinigungen üblich ist, war auch beim Art Club nicht zu umgehen. Der Kassenbericht wies einen Kontostand von einigen hundert Schilling aus, die Vereinspolizei verlangte eine Generalversammlung. Leute, die sich über Jahre zuerst für die Moderne eingesetzt hatten, dann einander in einem zum Nachtlokal verwandelten Keller getroffen hatten, später gelegentlich, absichtlich oder zufällig aufeinander getroffen waren, gingen mit geradezu theatralischem Krach auseinander.

Hutter: *„In dem Moment, in dem sich die äußere Situation jedes einzelnen gefestigt hatte, wurden die inneren Spannungen und Differenzen des Vereins größer.“*

Rudolf Hausner: *„Es kam zur Lösung, die alle längst erwartet hatten und zu der es vorher nur nicht gekommen war, weil jeder glaubte, dass er die anderen noch braucht. Der größere Teil der Art-Club-Mitglieder hatte schon eine ausreichende ökonomische Basis. Da war die Galerie St. Stephan für Mikl und seine abstrakten Freunde, Fruhmann hatte für sich und seinen Kreis eine eigene Galerie im ersten Stock über einem alten Wiener Wirtshaus, dem Griechenbeisl, und Ernst Fuchs hatte seine Galerie für die phantastischen Realisten eröffnet.“*

10. Die Hundsgruppe

Das Unbehagen mit der Situation in Wien – 1951 Protest und altmeisterliche Graphik

1951 ließen Ernst Fuchs, Arnulf Rainer und andere den geballten Protest der Hundsgruppe los.
Es war das erste dokumentierte Happening in Wien, und das zu einer Zeit, als man das Wort dafür noch gar nicht kannte. Die Bezeichnung Happening für künstlerische Manifestationen und Aktionismus dieser Art wurde erst 1958 von Allan Kaprow in den USA institutionalisiert.
Die Hundsgruppe war 1951 ein Protest gegen die kleinbürgerliche Bohemien-Szene in Wien, die sich um den Strohkoffer des Art Club gebildet hatte.
Wolfgang Hutter, der Maler aus der Führungsgruppe der Phantastischen Realisten: *„Die Hundsgruppe gründete sich als geradezu gewalttätige Gruppierung gegen den Art Club. Arnulf Rainer, Ernst Fuchs und Wolfgang Kudrnofsky waren die Gründer dieses Vorläufers der in den sechziger und siebziger Jahren aus den USA importierten Erscheinungsformen der Kunstszene. Living Art, Concept Art und Andy Warhols Factory wurden mit den bescheidenen, oft dilettantischen Mitteln der Nachkriegsjahre vorweggenommen.“*
Ernst Fuchs: *„Der Art Club ist zu alt, obwohl er kaum drei Jahre jung ist. Die Gründung einer neuen Gruppe wird beschlossen, Die Hundsgruppe wird formiert. Das Absurde soll triumphieren. Die Kritik, in ihrer Klugheit zeitlos, schreibt ‚auf den Hund gekommen‘. Rainers große Bleistiftzeichnungen und meine ‚Metaphysik der Liebe‘ sind das Zentrum. Zur Eröffnung spielen Uzzi Försters Jazz-Kumpane, und Rainer in Hemdsärmeln, mit dem Bogen einer*

Bassgeige auf die dröhnende Fläche eines Ausstellungsparavents trommelnd, schreit ins zahlreich erschienene Publikum: ‚Ich bespucke euch. Meine Spucke auf eurem Hemd!' Mit silbergrauer Krawatte besänftige ich, Blendax verhauchend, die ‚Frechheit! Frechheit!' Rufenden."

Wolfgang Kudrnofsky: *„Die ersten Besucher kamen: Kollegen aus dem Art Club, die sehen wollten, wie es den abtrünnigen Freunden ging, alte Hofräte aus der ‚Gesellschaft für Wissenschaft und Kunst' sowie natürlich auch die entsprechenden Kunstkritiker – selbstverständlich auch jene der konservativen Blätter.*

Dann hielt Ernst Fuchs die Eröffnungsrede – ordentlich, programmatisch und ohne ausfällig zu werden. Die Besucher standen da und lauschten zivilisiert. Es war alles wie bei einer ganz normalen Ausstellungseröffnung. Und da ereignete sich nun etwas, das keiner erwartet hatte, nicht einmal wir von der Hundsgruppe, der Arnulf Rainer hatte uns vorher nichts gesagt.

Plötzlich schoss über jener Wand, die in der Ecke des Raumes stand, ein Kopf hervor. In seinen Händen hielt Rainer einen Hammer und eine Säge. Mit diesen Geräten fuchtelte er nun vor den Augen eines ratlosen Publikums herum. Sein Gesicht war rot vor Erregung und Lampenfieber. Dann machte er den Mund auf und schrie laut: ‚Und das will ich noch hinzufügen: Wir scheißen auf euch! Ihr seid alle Arschlöcher! Ihr mit eurer verrotteten Kulturauffassung!' Er ließ eine Kanonade von Verbalinjurien auf die Gesellschaft von perplexen alten Hofräten und ‚mehr oder minder aufgeschlossenen' Kunstkritikern los. Arnulf Rainer war völlig fertig, die Überwindung seiner natürlichen Hemmungen hatte ihn zum zitternden Nervenbündel gemacht. Er stand auf der halben Höhe seiner Leiter, von der aus sein Auftritt erfolgt war, Hammer und Säge in seinen Händen zitterten wie eine Seismographennadel bei einem Erdbeben, und er selber war zu schwach, um allein von seiner Leiter zu klettern."

Arnulf Rainer nannte sich während seiner Hundsgruppenzeit „TRRRR", das sollte das Knurren eines Hundes ausdrücken. In der Biographie im Katalog der Ausstellung „TRRRR" 1947–1951 der Galerie Ariadne (1969) schrieb Rainer dazu etwa 20 Jahre später: *„Bei der Eröff-*

Ernst Fuchs 1950. (Privat).

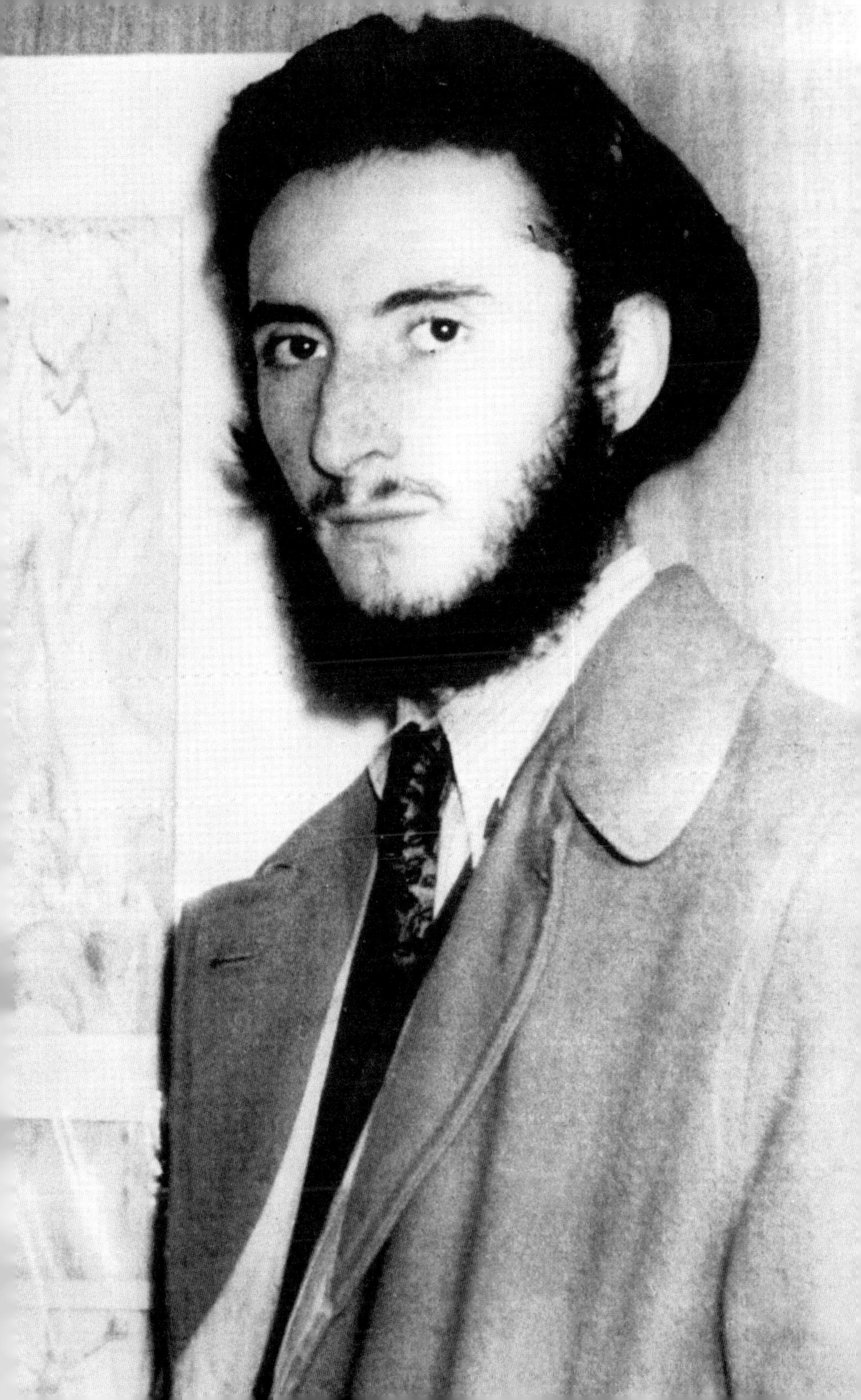

nung Beschimpfung des Publikums, voller Hass, Abscheu und Enttäuschung über die Eröffnungsrede von Ernst Fuchs."

Die Hundsgruppe sollte als Verein gegründet werden. Es gab eine Gründungsversammlung im Café Diglas in der Wollzeile. Ernst Fuchs, eines der Gründungsmitglieder, hätte kommen sollen, kam aber nicht. Andere, die gekommen waren, gründeten nicht mit. Es war eine typische Gründungsversammlung.

Die erste Manifestation fand dann auf Einladung des „Allgemeinen Jugendkulturwerks" statt, einer von der CIA-Auslandskultur unterstützten Organisation, die im Monat darauf zur „Gesellschaft für Freiheit der Kultur" umbenannt wurde. Es war eine Vorfeldorganisation im Kalten Krieg, was allen Beteiligten herzlich egal war. Hauptsache war, dass es eine Basis für kulturelle Aktivitäten war.

Einlader waren Ernst Fuchs und der Lyriker Michael Guttenbrunner.

Am 3. April 1951 stieg das Happening der Ausstellungseröffnung in den Räumen des „Instituts für Wissenschaft und Kunst" in der Museumsstraße 5. Die Arbeiten hingen an frei im Raum aufgestellten Wänden, zu beiden Seiten, und die Wände wiederum standen im Raum herum, so dass man sich wie durch ein Labyrinth hindurcharbeiten musste.

Die „Wiener Tageszeitung" schrieb über die teilnehmenden Künstler: *„Extremisten, die nun dem Art Club als einem verwässerten Seicherlklub den Rücken gekehrt haben."*

Auch Arik Brauer, der als Zwangsarbeiter der Nazis von den Sowjettruppen im wahrsten Sinn des Wortes befreit worden war, links dachte und Gitarre spielend am 1.-Mai-Aufmarsch mitmaschierte, hat teilgenommen. *„Ich war nicht wählerisch. Es war ja sonst nichts los. Wir sind herumgehupft und haben geschrien. Das hat mir gefallen, von der Aktion her und weil es eine Möglichkeit war, meine Bilder auszustellen."*

Rudolf Hausner: *„Ich hatte nie Verständnis für das, was sich später als sehr publikumswirksam erwiesen hat, nämlich die Publikumsbeschimpfung. Das war nicht mein Anliegen. Mich hat anderes beschäftigt."*

Ernst Fuchs: *„Allein die Titel: Die Hundsgruppe oder für die Mappe: ‚Cave Canem' – Vorsicht bissiger Hund – waren schon Provokation. Und dann die Titel des Programms: ‚Wer andern eine Grube gräbt, hat Gold im Mund' und* *so. Wir machten eine Geräuschsonate mit Gerhard Rühm, Arnulf Rainer und ich zusammen eine Begrüßungsaktion. Es waren nur für diesen Abend zusammengebraute Sachen. Jorg Lampe, der Presse-Kritiker, hat uns Nihilismus vorgeworfen und dass wir jetzt im Frieden den Krieg im Kleinen weiterführen. Und ich habe entgegnet: ‚Na, und Korea, ist das vielleicht kein Krieg?' Schon, aber so weit weg, bei uns ist Friede."*

Und im „Kurier" erschien eine Notiz: *„Manierierter Surrealismus. Im Institut für Wissenschaft und Kunst wurde Mittwoch eine Ausstellung der Maler, Graphiker und Fotografen der Hundsgruppe eröffnet. Diese surrealistische Gruppe, die Avantgarde sein will, verschwendet ihre unbestreitbar vorhandenen Talente an eine Kunstrichtung, die in stetem Rückschreiten begriffen ist, und kann daher auch keine sensationellen Novitäten zeigen. Man sieht von einigen sehr begabten Malern (Arik Brauer, Anton Krejcar, Ernst Fuchs) Bilder, die in Thematik und Ausführung hart an der Grenze eines verflachenden Eklektizismus liegen, während die weniger begabten versuchen, die Harmlosigkeit ihrer Zeichnungen durch Titel wie ‚Die Exkremente des Kolibris' und ‚bü-häll' aufzufrisieren."*

Ernst Fuchs: *„Die Hundsgruppe war eigentlich nur diese eine Ausstellung 1951, dann hat sich alles verrannt. Das Pintorarium 1959 war der Versuch einer Reaktivierung dieses Klimas."*

Tatsächlich war es nicht die einzige Ausstellung. In der „Neuen Galerie der Stadt Linz" fand im gleichen Jahr eine Ausstellung unter dem Titel „Cave Canem der ‚Hundsgrüppler'" statt, wie Herbert Lang in den „Oberösterreichischen Nachrichten" schrieb: *„Les Fauves de Vienne, Ernst Fuchs mit Gefolge, nennen sich ‚die Hundsgruppe' und führen das zweideutig auf Menschenangst und Menschenverachtung hinweisend zurück. Wer auf den Reklametrick verfiel, die Leute mit der ‚Schutzmarke' Cave Canem und ein wenig Gebell und Zähne fletschen in den verödeten Tempel der Kunst zurückzuführen, ist schlau wie ein Fuchs."*

Maria Lassnig hat später die Wiener Ausstellung und Aktion in ihrem Katalog als „Surrealistische Hundsgruppe" bezeichnet. Geblieben ist eine hervorragende und jetzt gesuchte Graphikmappe mit 17 Arbeiten von überwiegend surrealem Charakter. Das heißt, der Surrealismus wurde keineswegs wie später als kleinbürgerliche

Kunstübung verstanden, sondern als schärfste antibürgerliche Provokation.
Das Titelblatt dieser Graphikmappe ist der erste Zustand einer Lithografie in Schabtechnik „Die verlorene Marter" von Ernst Fuchs. Ein hornloses Einhorn mit einer Mitra, in der eine von Pfeilen durchbohrte Frau sichtbar ist. In der Mappe liegt der zweite und weiter ausgeführte Zustand desselben Blattes. Hinter dem hornlosen Einhorn entwickelt sich ein Engelsflügel. Rechts eine von Pfeilen durchbohrte Sebastiansgestalt. Links davon eine gehörnte Gestalt. Das zweite Blatt von Fuchs ist „Die verhinderte Lukretia". Eine Lithografie, in der Fuchs zum ersten Mal die Frottage einsetzte. Nicht wie Max Ernst, um Assoziationen im Beschauer zu wecken, sondern als Ornament der Prächtigkeit.
Zwei Lithografien waren von Erich Brauer und zwei von Anton Krejcar, einem Phantastischen Realisten (geboren 1923), der etwas älter als die anderen ist, aber später nicht zur geschlossenen Gruppe der fünf Phantasten gehörte, sondern sich im Umkreis der Jüngeren präsentierte. Eine Lithografie und zwei Radierungen stammten von Daniela Rustin, einer Freundin von Ernst Fuchs. Peppino Wieternik, ein Abstrakter, machte eine Lithografie, die an Fuchs gemahnt. Vom studierten Psychologen und Fotografen Dr. Wolfgang Kudrnofsky waren zwei Autotypien von Foto-Collagen. Er machte einerseits avantgardistische Foto-Graphik und dokumentierte andererseits in intelligenten Fotoporträts seine Künstler- und Dichterfreunde. Er hatte ziemlich obszöne Fotomontagen ausgestellt – gespreizte Frauenschenkel im Negativ und riesengroß fotografierte weibliche Schamhaardreiecke; es war immerhin erst 1951, und so wurde die Provokation von der Mehrzahl der Besucher auch entsprechend empfunden.
Drei dichte schwarze surreale Lithografien waren von Arnulf Rainer. Der Dichter Michael Guttenbrunner schrieb zu den Arbeiten dieser Zeit: *„Da sah man das Weben der Mikroben und Infusorien, zwischen Rosenkränzen, aus Gedärm geflochten, und Algen, darin ertrunkene Mädchen schwammen, vermischt mit nummerierten Konservenbüchsen und anderem Abfall der Industrie und des Krieges."*

Ernst Fuchs: *„Rainers Haare stehen als Unzahl zum Krauslockenberg. Ein Lockenbesen. Ein Riesenpinsel dauergewellt. Ein Dickicht wie das Dickicht seiner verfilzten Zeichnungen. Wie eine Laus in seinem Haargewühl habe ich mich oft in seinen Zeichnungen verirrt. Gelegentlich markiert ein faltiger Pfahl den Weg von einer Zeichnung in die andere, ehe dicke schwarze Ränder das Aus- und Übertreten des Blickes verhindern. Rainers Zeichnungen haben mir immer sehr gefallen. Ihre Faszination wird im Fett ihrer Graphitschwärze ausgebrütet."*

Arnulf Rainer: *„Seit ich zeichne, plagt mich ein Ungenügen über alles, was ich produziere. Ich wünsche Dinge ohne Schwächen, ohne fortwährende Aufforderung einzelner Details, sie zu korrigieren. 1949 entdeckte ich für mich die Anfüllung, 1950 die Überfüllung, 1951 die Zerkleinerung und permanente Überarbeitung, 1954 die Übermalung. Diese Strategien halfen mir etwas aus dem Dilemma, in dem ich mich immer wieder bei meiner Arbeit befand."*

Ernst Fuchs hatte sein zugiges Atelier im 2. Bezirk in der Haasgasse 10 Arnulf Rainer und Maria Lassnig überlassen. Im Winter 1949 fuhren Lassnig und Rainer nach Paris. Ernst Fuchs: *„Mein Atelier ist verwaist. Viele Papiere bedecken den Boden, meist sind es Zeichnungen Rainers, die vor den Augen ihres Schöpfers keine Gnade mehr fanden. Sie sollen verheizt werden."* Fuchs bewahrte die Zeichnungen auf. Fuchs traf 1953/54 Rainer wieder. Er war Untermieter seiner Exfrau Mia in der Porzellangasse geworden.

Arnulf Rainer: *„Die wieder aufgetauchten Arbeiten aus den Jahren 1946–48, die Ernst Fuchs damals aus dem Papierkorb stahl – es ist nur ein kleiner Bruchteil, der so erhalten blieb –, entstanden in einer Zeit, wo ich diese Wege zur Verbesserung noch nicht kannte. Materielle Vernichtung war meine einzige Möglichkeit, zu verstecken und mich zu verbessern. Ich finde sie auch heute noch schlecht, mager oder leer, einzig ihr Haar-, Schwarz-, Kugel- und Punktefetischismus erfreut mich. In einigen gibt es auch Ansätze zum Unverständlichen und Hyperverschlüsselten, aber meistens ist es ein unverdeckter, symbolistischer Allerweltspsychologismus, der mir auf die Nerven geht."*

Die Hundsgruppe war ein Aufschrei gegen das Kunstestablishment des Art Club und die Fadesse des Wiener Kunstlebens überhaupt gewesen. Es war ein kurzer Aufschrei, einer, der im Saal stattfand.

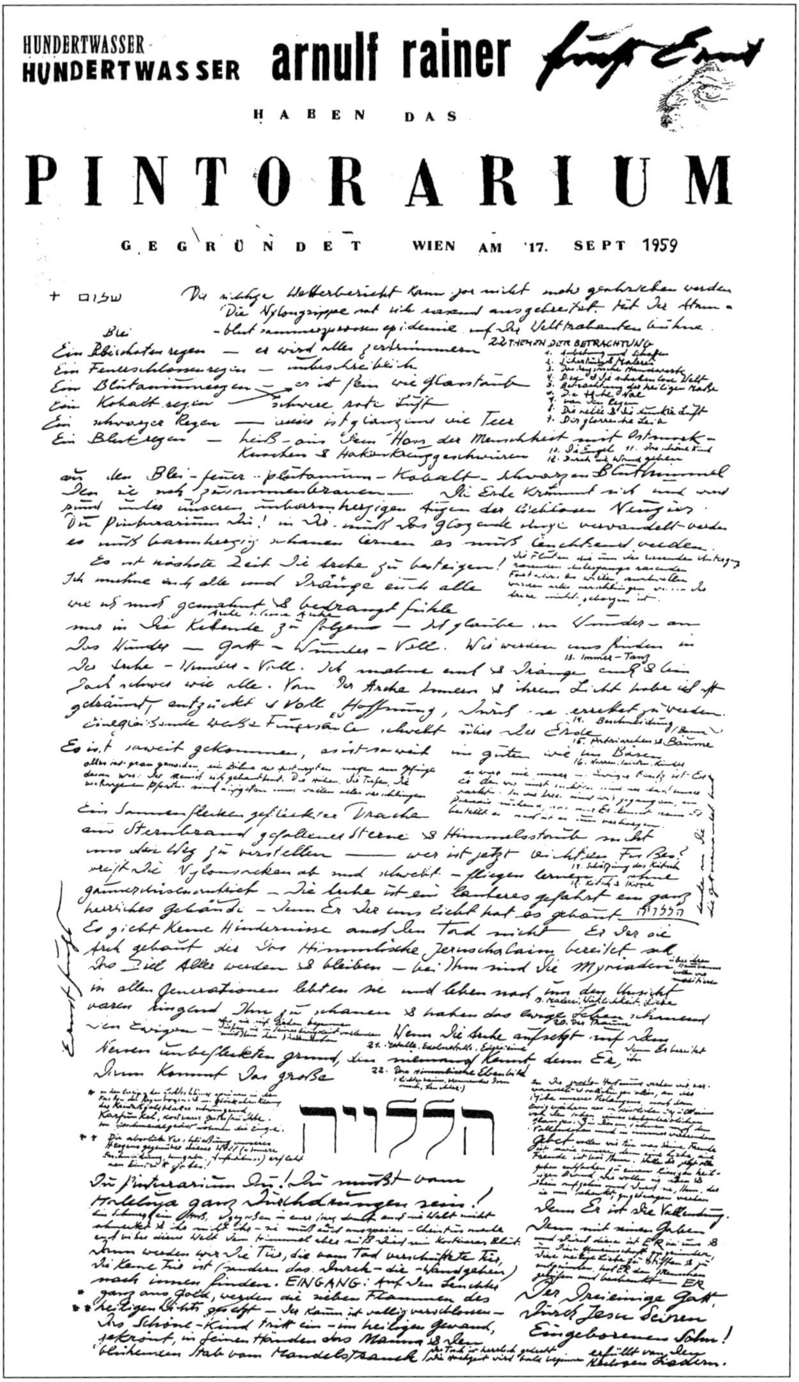
HUNDERTWASSER
HUNDERTWASSER
arnulf rainer
Ernst Fuchs
HABEN DAS
PINTORARIUM
GEGRÜNDET WIEN AM 17. SEPT 1959
הללויה

(Privat).

11. Das Pintorarium

1959 wird der Protest fortgesetzt – Plakatwand und Performance – Die Zebraspuren des Peyotl 1964 in Wien – Körperbemalung 1967 in München – Wagner-Architektur als Sitz einer Anti-Akademie

Mit dem Pintorarium gehen Fuchs, Hundertwasser und Rainer mit ihrem Protest von der Behaglichkeit der Ausstellungsräume in die Kälte der Straße. Der Protest des Pintorariums findet an der Plakatwand statt. Es ist die Nachfolge der Aktion der Hundsgruppe, acht Jahre später. Acht Jahre, in denen die drei internationale Erfahrungen sammeln konnten. Sie haben gesehen, was sich in der Welt tut und was sich in Wien nicht tut. Sozusagen auf Zwischenstation in Wien, formulieren sie ihren Protest und wahrscheinlich nicht geschickter und nicht auffälliger als zu Beginn dieses Jahrzehnts. Zwar wird ein Verein gegründet, nur findet dessen Aktion halt nicht unter dem Dach einer Kulturorganisation, sondern auf den Anschlagtafeln der Stadt neben der Werbung für Palmers-Büstenhalter und Zigaretten statt. Nach der Affichierung der Plakate ließen sie sich auf Sesseln durch die Straßen der Wiener Innenstadt tragen und landeten als Schlussapotheose im Tanzlokal „Adebar" zur finalen Demonstration.

Ernst Fuchs: *„In der Hundsgruppe ist Rainer mein einziger Partner, dem Wahn begegnend ohne Furcht und darum daraus wiederkehrend. Diese Partnerschaft führt ins ‚Pintorarium', in die Dreiergemeinschaft der Wahn-Wohligen Fuchs, Hundertwasser und Rainer."*

In dem kleinen Vervielfältigungsunternehmen URANIA V. U. des Ing. Somogyi, wo viele Kataloge und Plakate billig gedruckt wurden, wurde auf Rotaprint-Kleinoffsetmaschinen das aus zwei aneinandergeklebten

A2-Bogen bestehende Manifest gedruckt. Verlagsort war die Galerie des Ernst Fuchs in der Millöckergasse.

> HUNDERTWASSER arnulf rainer Fuchs Ernst
> HABEN DAS
> PINTORARIUM
> GEGRÜNDET WIEN, AM 17. SEPT. 1959

Es war eine Montage aus Texten. Jener von Fuchs handschriftlich, der von Rainer ein korrigiertes Typoskript und der von Hundertwasser im Fotosatz mit handschriftlichen Zusätzen. Dazu Randzeichnungen von Spiralvariationen Hundertwassers, die Skizze eines Selbstporträts von Ernst Fuchs und eine ein Achtel der Manifestfläche bedeckende Zumalung Rainers.
Der handschriftliche Zusatz Rainers: *„Ich hoffe, Euch jetzt gegen mich zu haben"*, erfüllte sich durch das Plakat nicht.
Es wurde an zugigen Bahnsteigen der Stadtbahn affichiert und ist durch die Fülle der Texte, durch die Kleinheit der Schrift, die Ausbesserungen und Durchstreichungen praktisch unlesbar.
Es sind *„STICHELSÄTZE ZUR BEEINFLUSSUNG UND VERDERBUNG STREBENDER JUNGER MENSCHEN"* (Rainer).
Hundertwasser ist der erfahrenste Formulierer von Manifesten ökologischer, kunst- und architekturkritischer Theorien seit 1953. *„Das Pintorarium ist eine Brutstätte zur Heranbildung der schöpferischen Elite [...]. Das Pintorarium ist nicht nur eine Schule des Malens, sondern insbesondere eine Schule des Denkens und des Lebens auch.*
Grundsatz des Pintorariums ist die individuelle Autonomie. Nacheiferungen sind untersagt. Vorbilder gibt es nicht. Studierende, Lernende und Schülernde finden im Pintorarium weder Halt noch Ansatzpunkt. Ihnen wird kein Strohhalm gereicht."
Der Text von Ernst Fuchs, in der Originalschreibweise des Pintorariums, hat etwas Apokalyptisches im Tonfall, *„Ein Blutregen – heiß – aus dem Hass der Menschheit mit Ostmark-Knochen & Hackenkreuzgeschwüren aus dem Blei-feuer-plutonium-Kobalt-schwarzen Bluthimmel."*
Er hat etwas alt-, neu- und mischtestamentarisches, etwas bibel- und

talmudhaftes in der Gestaltung. „*Du Pinturarium Du! In Dir muss das glotzende Auge verwandelt werden, es muss barmherzig schauen lernen es muss leuchtend werden.*
Du Pinturarium Du! Du musst vom Haleluja ganz durchdrungen sein!"
Seine *22 THEMEN DER BETRACHTUNG* sind in winziger Schrift eingestreut in den Text.
1. Anbetung und Schaffen / 2. Sehertum & Malerei / 3. Das Mystische Handwerk / 4. Diese & die schattenlose Welt / 5. Betrachtung der heiligen Maße / 6. Die Arche Noe / 7. Von den Regen / 8. Die helle & die dunkle Luft / 9. Der glorreiche Leib / 10. Die Engel / 11. Das schöne Kind / 12. Durch die Wand gehen / 13. Immer-Tanz / 14. Beschneidung, Bäume / 15. Patriarchen & Bäume / 16. Narren, Kinder / 17. Schätzung des Kitsch / 18. Kitschs Ikone / 19. Malerei, Wirklichkeit, Liebe / 20. Der Traum / 21. Metalle, Edelmetalle, Edelsteine / 22. Das Himmlische Ebenbild (Lichterbaum, brennender Dornbusch, Leuchter).
Der Text von Fuchs ist hermeneutischer, mehr auf die Sprache und Gedanken von Geheimlehre, Alchimie, Magie eingehend, als die konkreten Forderungen von Hundertwasser oder Arnulf Rainer.
Rainers Text ist der kürzeste, stellt Forderungen auf, zusammengefasst in den „*nicht aussprechbaren kreativen Prinzipien*". Es wird aufgefordert, „*die Malerei vor der Kastrierung in den Akademien zu retten*".
„*DAS PINTORARIUM IST EIN CREATORIUM ZUR EINÄSCHERUNG DER AKADEMIE.*"
Und Rainer schließt: „*Das Pintorarium wird aufhören zu existieren, wenn es anfängt, nicht mehr ein permanenter Stein des Anstoßes zu sein. Dies ist der erste Stein auf Euch und der soll nicht der letzte sein.*"
Hundertwassers programmatischer Anfangssatz lautete: „*Ich will mich ständig verbessern*", und sein Schlusssatz: „*Ich will nicht vertrotteln.*"
Hundertwasser setzt den Akademie- und Architekturprotest des Pintorariums konsequent sein Lebenswerk hindurch fort.
Die Absichten von Ernst Fuchs lagen nie in dieser Richtung. Das in seiner Galerie 1964 gezeigte 2. Pintorarium wird von der „Wochenpresse" als „Parteitag der Manieristen" bezeichnet. Es war eine Aktivität zwischen Performance und Ausstellung, ausgelöst durch den Tod des

Freundes und Dichters der „wiener gruppe", Konrad Bayer. Der gelernte Bankkaufmann hatte gegen gelegentliches Entgelt die Galerie Fuchs betreut. Sein Freitod war für Fuchs der Anlass, eine Art von Gedenkausstellung zu gestalten. Unter dem Titel „Pintorarium" zeigt der Katalog Bilder von Hausner, Hutter, Ferra, Krenn, Lipka, Klemmer, Schwertberger, Ernst Fuchs und seiner Frau Eva-Christina, Lehmden, Maria Hofstätter, der Gefährtin von Konrad Bayer, Robert Doxat, Karl Korab und Le Maréchal. Bei der Performance „Zebra" während des „Pintorariums", von der auch das Foto auf der Einladung stammt, wurde nicht, wie später, der weibliche Körper direkt bemalt, sondern in prüder Zurückhaltung ein fleischfarbenes Trikot. Auch gab es keinen akademie- und architekturkritischen Akzent.

Erst 1967 versammelte sich die Pintorarium-Mannschaft – Rainer, Fuchs und Hundertwasser – wieder zu einem Pintorarium in der Galerie Hartmann in München, bei dem Hundertwasser eine Nacktrede zur Architektur hielt. Fuchs und Rainer führten eine Körperbemalung durch. Es war Rainers erste Körperbemalung „Großer schwarzer Strich auf blondem nacktem Mädchen". 1968 zeigte Rainer auch seine erste öffentliche visuelle Selbstgestaltung – eine schwarze Gesichtsübermalung. Im gleichen Jahr wurde das Pintorarium von der Vereinspolizei in Wien aufgelöst, da alles seine aktenmäßige Ordnung haben musste.

Die Performance des Pintorariums, also die Aufführung, Darstellung und auch der Vortrag, was das Wort bedeutet, war weit spektakulärer und in der Medienstadt München, medienpräsenter als alles vorher in Wien.

„Ich habe das Modell Carmen präsentiert. Wie die Maoris habe ich ihren Körper bemalt, Mustern folgend, die durch die Haut zu erkennen sind. Medizinmänner folgen solchen Hautmustern. Es ergeben sich surrealistische Motive bei der Bemalung."

Die Idee zur Zebra-Bemalung folgte aus einem Drogenerlebnis von Ernst Fuchs. Während des Aufenthalts in New York 1953 war Fuchs in

Katalog zur Körperbemalung im Pintorarium, „Zebra-Aktion", Galerie Fuchs, 1964. (Privat).

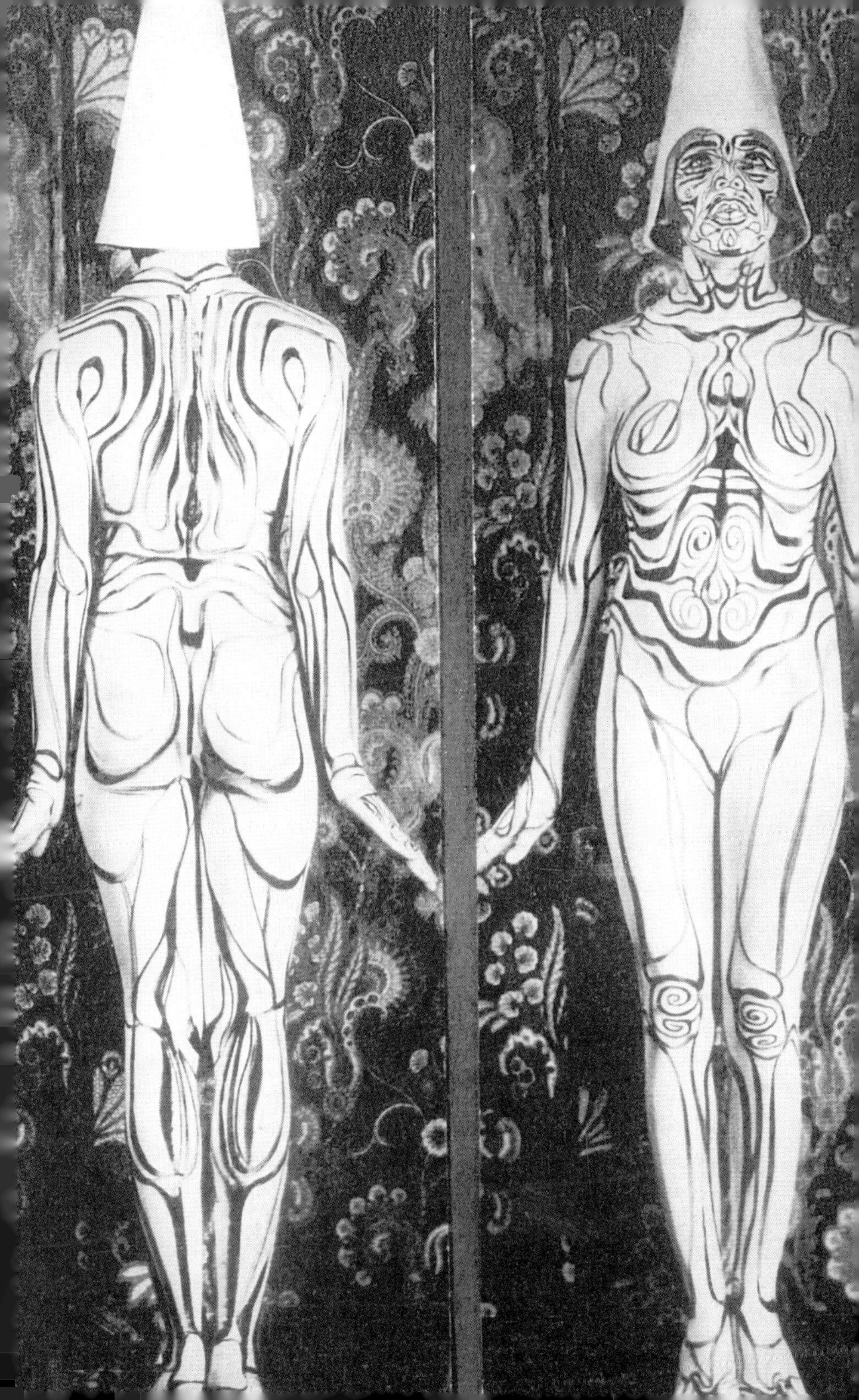

„einer gefährlichen Art von Verwahrlosung", wie er es 1966 beschrieb. Er malte wenig, hatte Probleme mit seiner Frau Geri und dem gemeinsamen Sohn und war depressiv. Ein Freund, Boris, den er aus Paris kannte, hatte sich eine ganze Kiste Peyotl aus Arizona kommen lassen, die zirka 40 Stück dieser rübenförmigen Kaktuspflanze enthielt. Das aztekische Peyotl ist ein Rauschgift der Indianer in Mexiko. Boris versprach, *„die tollste Droge, die es je gegeben hat"*.

Ernst Fuchs erinnerte sich: *„Es waren einige Freunde versammelt, die alle begierig waren, die neue Droge zu versuchen. Die grünen Kappen der Pflanzen wurden fein gehackt (es war ein hellgrünes, erdig riechendes Pflanzenfleisch) und wegen ihres gallbitteren Geschmacks in Teigstückchen eingepackt. Wir nannten das System ‚Ravioli'. So konnte ich, ohne zu erbrechen, ungefähr zwölf Kappen verschlingen. Es mochten vielleicht 15 Minuten vergangen sein, als ich merkte, dass alles, was ich betrachtete, von einer Aura – einem Licht – umgeben war. Alle Gegenstände hatten eine Licht-Natur, und jede Farbe war Raum. Wir betrachteten gemeinsam, wie staunende Kinder, lange und eingehend alles, worauf unser Auge gerade fiel. Boris saß da und betrachtete wohl eine Viertelstunde die Poren seines Handrückens und pries die Schönheit der ‚Juwelen'. Ich blätterte in einer kleinen Mappe mit Reproduktionen nach farbigen englischen Stichen, die alle Jagdszenen darstellten. Es war faszinierend: die Fläche des Druckes war ganz realer Raum. Das Blau des Horizontes war wie eine Kulisse wirklich hinten, das Rot der Jacke eines Reiters schien im Raum oberhalb der Fläche des Druckes zu schweben. Boris legte eine Schallplatte auf, eine italienische Oper. Der Tenor sang eine sehr dramatische Arie. Ich schloss die Augen, da sah ich farbige Linien, die, den gehörten Tönen folgend, sich zu symmetrischen, netzartigen Kompositionen verbanden, die sich im Gleichklang mit der Musik vor dem inneren Auge ständig verwandelten. Diese und manche andere optische und akustische Phänomene erlebte ich noch in dieser Nacht.*

Es war das völlig wirkliche Betreten einer neuen Welt. Alles, was mich umgab, war von herrlichen Mustern und Ornamenten durchzogen, die in ständiger Bewegung waren. Manchmal hatte ich den Eindruck, durch matt erleuchtete Grotten zu wandern, obwohl ich wusste, dass ich in einem finsteren Badezimmer stand – mitten in Manhattan.

Wir wanderten in diesem Zustand gemeinsam durch die Stadt. Der Morgen dämmerte – Häuser und Straße wirkten zwergenhaft und weit entfernt. Die Gesichter der Menschen schienen von durchsichtiger Haut überzogen. Jedes Gesicht zeigte andere Zeichen unter der Haut, die wie Tätowierungen in ständigem Fluss waren. Ich hielt diese Tätowierungen für die Gestalt der Seele, die im Leibe nach ganz bestimmten Mustern, ähnlich wie sie auch Schlangen, Fische und Falter als ‚Zeichnung' tragen, pulsiert. Am stärksten erinnerten mich diese ‚Zeichnungen unter der Haut' an die Tätowierungen der Maoris, und noch heute scheint es mir mehr als wahrscheinlich, dass die Medizinmänner der Maoris unter einer ähnlichen Droge stehen, wenn sie diese Tätowierungen vornehmen. Sie ziehen die ‚Zeichnung' der Seele, die sie in diesem Zustand sehen (so wie ich sie sah), nur nach, um dadurch den Menschen nach seinem inneren Aussehen zu kennzeichnen. Diese Muster sind von blaugrauer Farbe, liegen unter der Haut und sind meist zyklisch in fließenden Linien geordnet (Zebra) wie die Linien eines Fingerabdrucks. Alle diese Eindrücke erinnerten mich an Labyrinthe, und die ganze Welt, in der ich mich befand, hatte die Gestalt eines riesigen Labyrinths angenommen. Trotz dieser völligen Veränderung der gesamten Umwelt, wie auch der Psyche, waren meine Freunde und ich bei vollem Bewusstsein und in der Lage, unsere Erlebnisse wiederzugeben. Im Laufe der folgenden Wochen wiederholten wir diese Experimente einige Male, doch konnte ich es bald nicht mehr über mich bringen, dieselbe Menge Peyotl zu essen. Der gallig-erdige Geschmack stieg vom Magen in die Mundhöhle und verursachte mir schmerzhaften Brechreiz. Die Verpackung des Pflanzenhaschee in Teig nützte schon beim dritten Mal nichts mehr – ich gab auf."

In diesen Jahren der Hippiebewegung und der Studentenbewegungen gab es starke Bestrebungen, bewusstseinserweiternde, psychedelische Drogen zu legalisieren. Der bedeutendste Theoretiker mit großer Öffentlichkeitswirkung war der 1922 geborene Timothy Francis Leary. Der amerikanische Psychologe und „Drogenapostel" war Dozent an der Harvard University und befasste sich seit 1960 experimentell mit psychedelischen Drogen.

Aber mit Drogen hatte das Pintorarium 1967 in München nichts im Sinn. Anknüpfend an Gespräche über das Pintorarium in Wien 1959

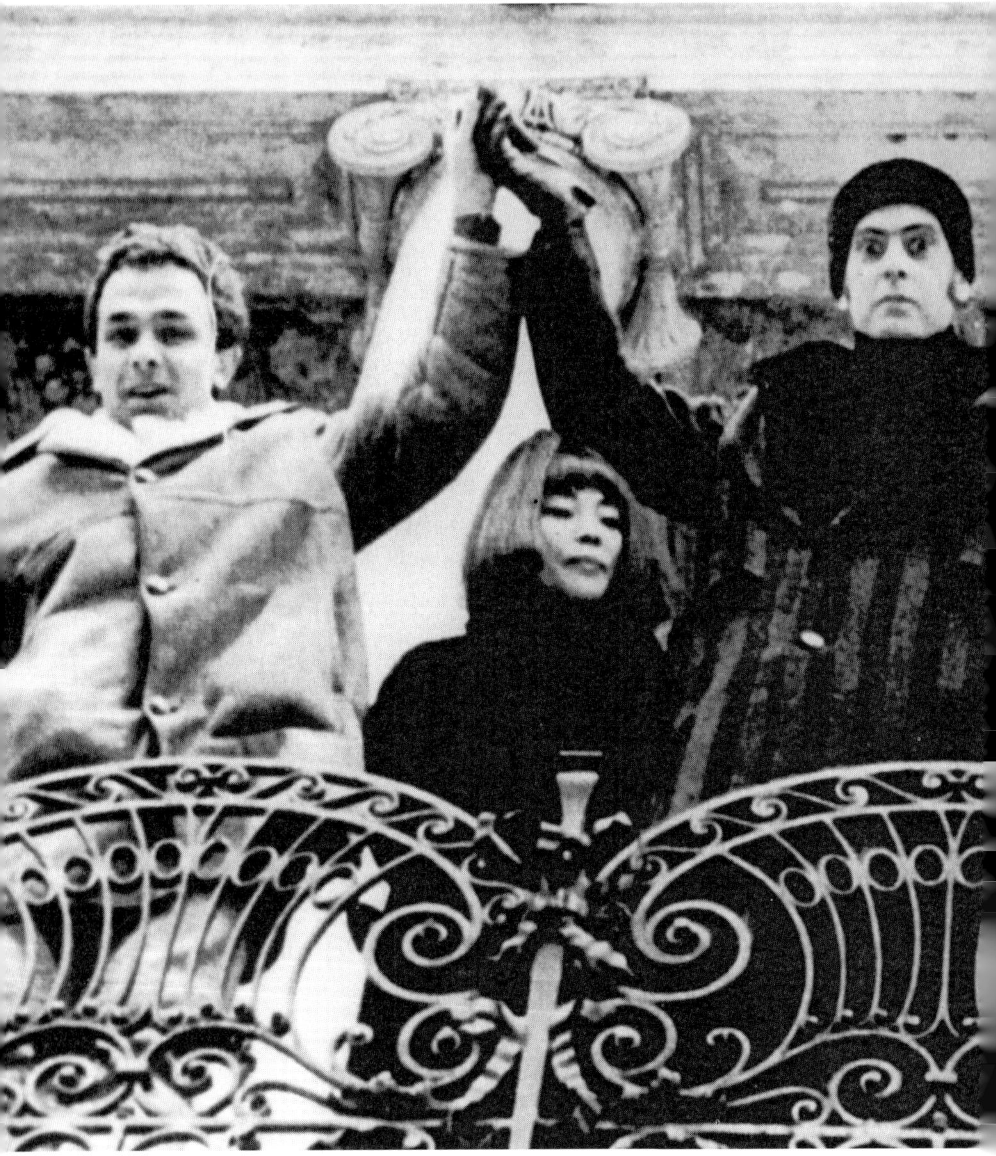

Arnulf Rainer, J. Ikewada, Hundertwasser,
Eva-Christina und Ernst Fuchs in der Wagner-Villa, 1968. (Privat).

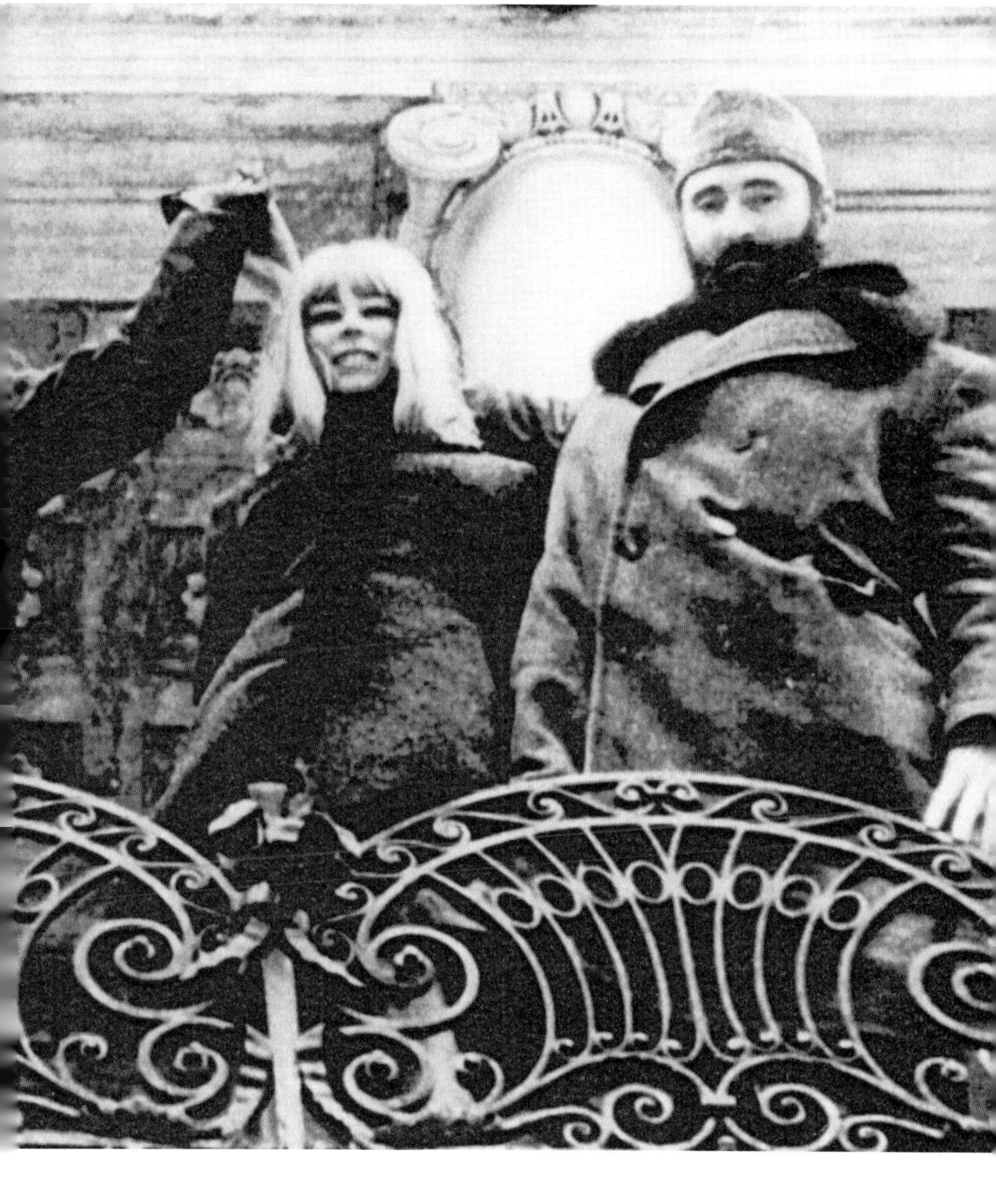

und die Zebra-Aktion hatte der Fotograf Stefan Moses die Idee, eine Fotoserie für den „Stern" zu machen. Er konnte auch den „Spiegel" dafür interessieren, und so wurde ein Medienereignis geboren. Und nur das. Weniger und auch mehr war das „Pintorarium 1967" nicht. Aber wie so oft war es dieses Medienereignis der Bemalung nackter Mädchen, das in der Erinnerung blieb. Aber letztlich wurde auch die ursprüngliche Absicht der Künstler aktualisiert und verlieh ihm Verbreitung und Bedeutung.

Im Anschluss an das Pintorarium 1967 wollten die drei Künstlerfreunde sogar als Sitz einer realen Antiakademie-Akademie die langsam verfallende Villa des großen österreichischen Architekten Otto Wagner gemeinsam erwerben. Aber die drei nahmen dann doch von dem Projekt Abstand, und Fuchs kaufte die Villa einige Jahre später allein: *„Wir waren naiv, hatten keine Ahnung, wie ein solches Unternehmen anzustellen sei. Trotzdem begann ich diesem Vorsatz nachzuspüren."* Vom Balkon der Wagner-Villa aus demonstrierten Arnulf Rainer, Hundertwasser und Ernst Fuchs für die Rettung des Baudenkmals.

12. Cherub – Bilder vom Engel

Die Vertreibung aus dem Judentum – Die Entdeckung des Christlichen – Die Bilderstürmer – Die Sensation der Engelbilder – Selbstbildnisse als Christusbild – Das Geheimnis der Gotteserscheinung

„Der Anblick meiner Cherubim hat Mitglieder des Klerus mit Schrecken erfüllt. Die Angst, es könnten Teufel sein, saß ihnen im Nacken."

Das Rosenkranz-Triptychon hatte sektiererische Pamphlet-Autoren und mit Messern bewaffnete Attentäter gegen die „blasphemischen, freimaurerischen Bilder" auf den Plan gerufen.

Die jüdische und christliche Mythologie und deren Ikonographie in den Bildern von Ernst Fuchs wurden als anbiedernde Spekulation ausgelegt. Einerseits als Rückgriff auf veraltete Symbolik, als inhaltsleeres Malergeschwätz und andererseits als gefährliches Teufelszeug, das freimaurerische Symbolik unter dem christlichen Mäntelchen verhüllt.

Ernst Fuchs: *„Während der ersten Jahre nach dem Krieg verband mich eine enge Freundschaft zur Malerin Inge Pace, die ebenfalls bei Gütersloh studierte; sie nahm mich oft zu Predigten des Paters Diego Götz in die Jesuitenkirche mit. Sie ist ein sehr begabter Mensch und beschäftigte sich damals nur mit religiösen Themen. Mit ihrer Hilfe fand ich ein tieferes Verständnis für die Kirche, deren Themenkreis mich besonders faszinierte. Ihre temperamentvolle, aufrichtige Frömmigkeit zog mich an. Ihre Person und ihre Malerei übten einen starken Einfluss auf mich aus. Zehn Jahre älter als ich, war sie mir an Wissen und Bildung überlegen und blieb mir in jeder Hinsicht unerreichbar. Sie war mein Vergil. Meine erste Bindung an Religion und Christentum verdanke ich ihr. Die Romantik dieser Epoche paarte sich mit einer Elegie unausgesprochener, unglücklicher Liebe, die mit ihrem Weltschmerz alle Kriegserlebnisse übertraf, und so schwankte ich ständig zwischen dem*

Glauben an die Entfaltung meines Genius und saturnischer Melancholie. Diese Beziehung hat sich mir auf ihrem Höhepunkt mit einem Zeichen niedergeschrieben. Dieses Zeichen war mein erstes großes Ölbild ‚Kreuzigung'."

In Ernst Fuchs wirkte und wirkt eine starke Verbindung zu seinen jüdischen Wurzeln und dem durch den Vater überlieferten Wissen.

„Als ich acht Jahre alt war, erfolgte der Einmarsch Hitlers in Wien; das Haus, in dem wir wohnten, jubelte dem Retter zu, mir aber wurde auf demütigendste Weise klargemacht, dass ich der Sohn eines Juden war. Wo ich auch war, immer musste ich ein in seiner Idiotie dämonisches Reimchen hören: ‚Jud, Jud, spuck in Hut, sag da Mama, das is gut!'

Ich war stolz, als Jude zu gelten, auch wenn ich darunter zu leiden hatte. Nie habe ich meine Abstammung verleugnet. Ich kannte das Judentum aus dem orthodoxen Haus meines Großvaters Sigmund Fuchs in der Leopoldstadt, wohin meine Eltern jedes Wochenende zur Sabbatfeier fuhren. Die jüdischen Feste waren mit ihrem patriarchalen Ritual und prächtigen Tafelgeschirr, mit Leuchtern und Weihrauch im Gesumme heiliger Hymnen und Gebete eine ferne Welt, der ich entgegenwuchs. Eine heilige Ahnung und Ehrfurcht fiel in den dunklen Zimmern auf mich, wenn ich zu Besuch bei meinem Großvater war. Da saß er wie der König David, meist in einen Tallith (Gebetsmantel) gehüllt. Sein Zimmer durfte ich nur selten betreten. Alle seine sieben Kinder verehrten ihn. Da war alles ganz, ganz anders als in Ottakring, alles war fern, streng und doch gütig. So ruhig und geordnet. Es war aber auch wieder heiter dort, man sang viele heilige Lieder. Die Sprache dieser Feste, die ich nicht verstand, klang musikalisch, kehlig und vokalreich. Ich verband sie mit den schönen fremdartigen Lettern, mit denen diese Gesänge in dicken Büchern und Rollen geschrieben waren. Die Männer lasen ihre Gebete, sich rhythmisch vor- und rückwärts neigend: ‚Schemai Israiel Eleuchenu.'

Ich verehrte meinen Großvater, sein Singen und Beten, er war der liebe Gott, er war, was kommen muss. Vor ihm war ich ganz klein, und dass ich bei ihm sein durfte, war der erste Sinn des Daseins, den ich fassen konnte. Und heute noch ist der Begriff Religion geprägt von der Erinnerung an sein Leben; und ich kannte es gut, es strahlte von ihm, es deutete über sich hinaus und das

Ernst Fuchs vor „Anti-Laokoon", 1965. (Privat).

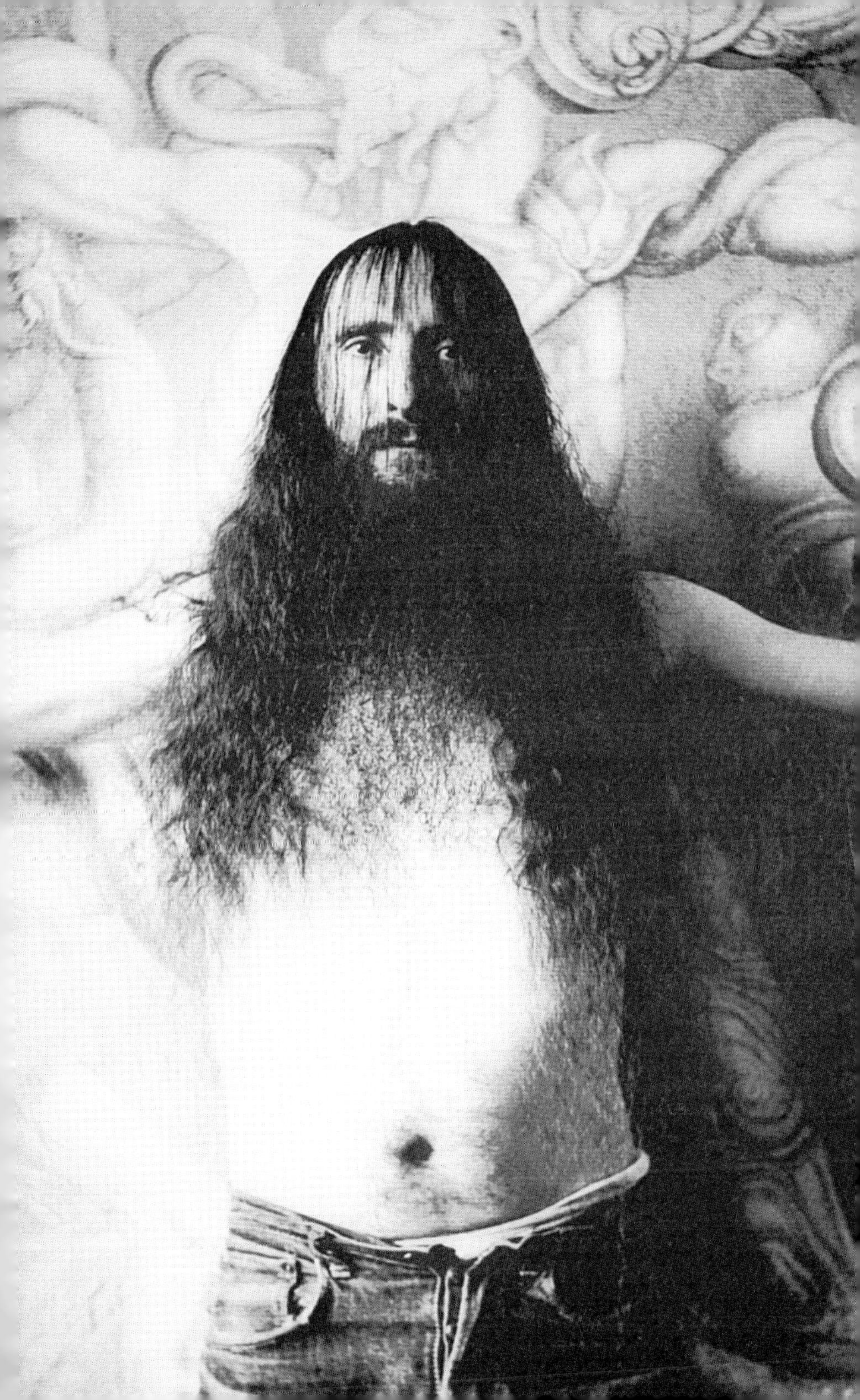

fühlte ich als Kind ganz genau. Mit uralten Zeichen und mit ewigen Klängen bezeugte es eine ferne, herrliche, unbeschreibliche Zukunft, der wir alle zustreben sollten, für die wir bestimmt waren. Dahin zu gelangen, davon zu träumen, sich nach dem Unbegreiflichen, das er verkörperte, zu sehnen und ein ‚Jud' zu sein, war ein und dasselbe."

Andererseits kann die katholische Umerziehung des zehnjährigen Mischlingskindes während der NS-Zeit nicht ohne Wirkung in Richtung Katholizität gewesen sein. Dazu kommt das jugendliche Alter von Ernst Fuchs, der ja noch in der Pubertät an die Akademie kam, und seine ersten religiösen Bilder malte.

Hausner: *„Beim Start hatte Fuchs einen ungeheuren Druck des Spermas in den Hoden. Aus einer ungeheuren Vitalität heraus startet er seine Sublimierungen. Viel religiöser Fanatismus ist ja verdächtig sexuell."*

Und die Zeit des Kriegsendes und die Umgebung der Akademie tun ihre Wirkung. Die Bibel ist ein alle Kunstrichtungen und Fraktionen übergreifendes Geländer, an dem sich alle festhalten. Die Lehrer in ihrer unterschiedlichen ideologischen Prägung wie Boeckl, Gütersloh oder Wotruba ebenso, wie die Schüler vom Realisten Hrdlicka über die Abstrakten bis zu den Phantasten. Hausner: *„Lehmden zeichnet ein zartes Kreuz, auf dem ein kleiner Christus hängt. Und aus diesem kleinen Christus rinnt eine ungeheure Menge von Blut. Rund um das Kreuz herum sind riesige Becken, gemauerte Wannen, Behältnisse, die alle voll Blut sind, und dieses viele Blut kommt aus diesem kleinen Christus heraus. Und Lehmden zeichnet Dornenkronen. Und nun passiert etwas Interessantes: Auf einem Bild von Fuchs erscheint eine Dornenkrone, die erste, in der einige Eier liegen. Und bei Lehmden wird der Christus und die Dornenkrone noch kleiner, verschwindet immer mehr, und es bleibt nur noch die Landschaft, die immer größer wird und immer mehr aufbricht."*

Fuchs: *„Als ich Lehmden kennen lernte, hatte ich zum Christentum leider kein ungetrübtes Verhältnis mehr, nur ein skeptisches, sehr selbstquälerisches."*

Rudolf Hausner, der älter ist als Fuchs und sich der Psychoanalyse mehr verbunden fühlte als religiösen Quellen, analysierte Fuchs in dieser frühen Zeit: *„Es gibt eine Zeichnung, auf der sieht man rechts einen Totenkopf, dessen Kranium so hochgezogen ist, dass es wie eine Tiara wirkt. Er malt im Grunde* *genommen ein lutheranisches Bild. Er ist so sehr von der Virtuosität hingerissen, mit der er die Partituren anderer spielt. Er beschreibt den Tod in Rom. Bei Fuchs werden die Dornenkronen immer größer und immer größer. Dazu kommen die Tiaren und Monstranzen, und das ganze christlich-religiöse Accessoire sammelt sich in seinen Bildern. Eine faszinierende Verwandlung geht vor, als der 19-jährige Fuchs plötzlich in die christliche Mystik eindringt, in Meister Ekkehart, häretisch also noch, und wie er dann plötzlich, während des Konzils sagt: ‚Ich bin der Maler des Konzils, ich male für die Theogonie, ich male für jedes Gottesbekenntnis.'"*

1966 schrieb Monsignore Otto Mauer, der sich immer äußerte, dass er Ernst Fuchs mit der katholischen Kirche versöhnt und ihn für die Kirche gewonnen habe, einen Text über die Galerie St. Stephan. Vielleicht ist es das Manuskript zu einer Rede *„über die hilflose Distanz der Kirche zur modernen Kunst. Eine Galerie für moderne Kunst, noch dazu, wenn sie ein Theologe macht, besteht permanent aus Schwierigkeiten."* Und dann beschrieb er die Gegner. *„Die Zeloten der extremen Rechten, die in der zeitgenössischen Kunst eine Verschwörung von Freimaurern und Kommunisten unter dämonischer Inspiration sehen, die ultrakonservativen Konservativen, denen jede Freude am Experiment fehlt, und die Kanonisten der Kirchenkunst, nazarenischer Kirchenfenster und Tischlergotik."*

Der Monsignore beschrieb auch seine Bewertung christlicher Kunst: *„Die Galerie hat nie den Ehrgeiz gehabt, thematisch christliche Kunst auszustellen; ich empfinde Kunst an sich als religiös; sie dokumentiert den Glauben an einen letzten Sinn des Daseins, sie rühmt die Schöpfung, sie entfaltet höchst kreative Kräfte im Menschen und bezeugt ihn damit als Abbild und Ähnlichkeit Gottes, sie antizipiert das kommende Paradies."*

Im Juli 1957 stellte Ernst Fuchs in der Galerie St. Stephan in der Ausstellung „Christliche Malerei und Graphik" aus. Im September 1958 folgten Graphiken von 1945 bis 1958 und die Entwürfe für die Rosenkranzkirche. Beide Ausstellungen eröffnete Albert Paris von Gütersloh.

Gütersloh sagte damals in der Eröffnungsrede zum Fuchsschen Werk, dass *„die späteren Bilder gegen seine früheren polemisieren, aber – ein Umstand von entscheidender Bedeutung – in der gleich gebliebenen Malsprache. Hätte er nämlich diese gewechselt, wäre alles, was er gestern in der alten gesagt* *hat, unglaubwürdig geworden, und würde alles, was er heute in der neuen sagt, unglaubwürdig sein. [...] Und um das, wie ich glaube, entscheidende Wort über Fuchsens Malweise zu sprechen: Ihr schon vielhundertjähriges Alter scheint – sage ich vorsichtig – die Behauptung zu begründen, dass allein sie jene ist, in welcher das Heilige die Darstellung seiner gestattet."*

Der Aufenthalt von Fuchs in Kalifornien führte ihn *„von der Einsamkeit geradewegs zur Einsiedelei. Aus aller Verkettung an diese Welt wollte ich mich lösen. Enthaltsamkeit und einfachste Lebensweise sollten mir dabei helfen. 1956 inmitten des kalifornischen Sommers begann eine vier Jahre dauernde Periode mönchischer Gesinnung, die mich aus all den bis dahin so schmerzlich empfundenen Verstrickungen befreite."* Als Ernst Fuchs aus Amerika und Israel zurückkommt, hat er sich ein völlig unzeitgemäßes Ziel gesetzt: *„Mein ganzes Trachten ging nun darauf hin, die judäo-christliche Verständigung zu fördern und in ihrem Sinne als Kirchenmaler zu wirken."*

Man muss sich das vorstellen: Der Koreakrieg war gerade fünf Jahre vorbei. Die Welt ist an einem Atomende vorbeigeschrammt und entdeckt gerade, dass ökologische Katastrophen zum gleichen Ergebnis führen können. Die Philosophen formulieren die Theorien und die Studenten arbeiten auf die revoltierende Studentenbewegung an den Hochschulen der USA und Europas hin. Sie treten für die Emanzipation der Dritten Welt ein, protestieren gegen Rassendiskriminierung, gegen Rüstung und den sich entwickelnden Vietnamkrieg. Und dann nimmt der junge, knapp 30-jährige Fuchs, seine Arbeit wieder auf, und die „stand im Zeichen des Heiligenbildes". Da ist nichts von zeit- oder sozialkritischer Opposition zu sehen, sondern *„meine Bilder sollten simpler werden, einfache Heiligenbilder, wie sie der Durchschnittschrist für seine Andacht verwendet, und trotzdem von einer zweiten Ebene persönlicher Interpretation und Erfahrung der biblischen Texte durchzogen sein. So kam es in der Folge dazu, dass ich einschlägige Aufträge erhielt. Nach Wien zurückgekehrt, erhielt ich den Auftrag, die ‚Drei Mysterien des heiligen Rosenkranzes' zu malen."*

Die Rosenkranzkirche in Hetzendorf wurde von den puristischen Architekten Georg Gsteu und Friedrich Achleitner neu gestaltet. *„Wie vormittags im Westbahnhof"*, schrieb die „Wochenpresse" im Oktober 1958, hat der *„großgewachsene, spärlich behaarte, brillentragende Pfarrer alles ausge-*

räumt, womit sie einst vor 49 Jahren der Erbauer Hubert Gangl mit Liebe und Sorgfalt angefüllt hatte.“ Im Zentrum des völlig kahlen, von allem nachnazarenischen Pomp befreiten Kirchenraums, sollten als einziger Schmuck drei Altarbilder stehen.

Die Galerie St. Stephan und das „Institut zur Förderung der Künste“ luden 1957 zu einem Wettbewerb. Eingeladen waren die Maler Kurt Absolon, Ernst Fuchs, Anton Lehmden, Josef Mikl, Arnulf Rainer und Rudolf Szyszkowitz. Otto Mauer: *„Fuchs fasste die originelle Idee, die verlangten drei ‚Bilder‘ zu den drei Geheimnissen des ‚freudenreichen‘, des ‚schmerzhaften‘ und des ‚glorreichen‘ Rosenkranzes auf drei Pergamenten zu realisieren; so entstanden in der Folge von 1958 bis 1960 auf zwölf Ziegenhäuten drei ‚Standarten‘ marianischer Mystik.“*

Ernst Fuchs: *„Die drei Altarbilder ‚Die Geheimnisse des heiligen Rosenkranzes‘ wurden mir in Auftrag gegeben. Mein erster Auftrag – ich war vor Freude außer mir und hatte vor, darin alles zusammenzufassen, was ich an ‚Erfahrungen‘ gesammelt hatte, ohne aber den formalen Rahmen des allgemein zugänglichen ‚Heiligenbildes‘ zu sprengen. Noch dachte ich, dass dies möglich wäre. Nun wusste ich es mit Sicherheit: Ich stand an der Schwelle zu einer neuen Bild-Welt. In den drei Rosenkranzbildern versuchte ich alles, was bis dahin an ikonographischen Formen in mir aufgestiegen war, zu einer Synthese zu ordnen. Zuvor hatte ich als Gast der Benediktiner in Jerusalem in einer kleinen Zelle winzige Tafelbilder gemalt: ‚Moses vor dem brennenden Dornbusch‘, ‚Der Eremit‘, meine ‚Kreuzigung‘. Nun aber stand ich vor Bildflächen von neun Quadratmetern. Endlich konnte ich in Hetzendorf zeigen, was ich unter christlicher Kunst verstand. Ein gigantisches Arbeitspensum erwartete mich. Drei riesige Bilder, jedes neun Quadratmeter (drei mal drei Meter) groß. Mit den Geheimnissen des glorreichen Rosenkranzes machte ich den Anfang. Alle drei Geheimnisse und die fünf Themen jedes Rosenkranzes wollte ich im Lichte der Offenbarung des heiligen Johannes zeigen.“*

Alfred Schmeller schrieb: *„Ernst Fuchs hat für die purifizierte Hetzendorfer Kirche ein großes Rosenkranzbild gemalt; in dem auf seine reinen Proportionen zurückgeführten Raum macht das Werk einen unerhörten Eindruck. Es ist wie die anderen Bilder dieses Malers weder von gestern noch von heute; es zeigt so hohe Delikatesse und ist dennoch nicht frei von der Sucht nach Origi-*

nalität; technisch ist es durchaus unüberbietbar, als wäre es nicht von dieser Welt.“ Die „Kronen Zeitung“ beschrieb sie, *„als sei ein alter Kodex hier aufgeschlagen, ein Kodex, in dem von Gott und seiner Allgewalt zu lesen steht“*. Und die „Presse“ beschrieb die Altarbilder als *„ausgesprochen mächtig. Dieser Eindruck geht nicht nur von dem Gold und den wunderbaren Farben, sondern eben auch von der Gestaltung aus. In den klaren Raum bringen die Bilder von Ernst Fuchs einen reichen, intensiven Klang.“*

Aber die Bilder erregten einen Sturm der Entrüstung. Walter Löhner in einer Schrift über die Pfarre Hetzendorf: *„Die Zuschriften zeigten Hilflosigkeit und Unverständnis; der größte Prozentsatz aber ist ablehnend, oft aggressiv und durch eine bisweilen peinliche Primitivität und sogar perverse Phantasie gekennzeichnet.“*

Ernst Fuchs: *„Die frommen Christen sahen in ihnen zu viel Fremd-Jüdisches und die Juden wiederum zu viel Katholisch-Verfremdet-Jüdisches. Andere wieder drängten darauf, die Bilder aus der Kirche zu entfernen, weil sie darin mehr oder weniger versteckte Freimaurersymbole witterten. Diesbezügliche Klagen drangen bis zu den zuständigen Stellen im Vatikan und machten mir ein weiteres Arbeiten für meine Kirche unmöglich!“*

Jahrelang wurde mit riesigem, eiferndem Aufwand einer sektiererischen Gruppe ein Kesseltreiben gegen das Triptychon, gegen den Künstler und den Pfarrer von Hetzendorf, J. E. Mayer, veranstaltet. Schließlich wurde auch Kardinal König angegriffen, weil er über die Bilder kein Verbot verhängte. Ein Nürnberger bombardierte mit einer Briefflut Zeitungen, Pfarren und kirchliche Stellen und versorgte sie mit „Material“ gegen die Bilder. So wurde behauptet, die „blasphemischen“ Bilder seien obszön, weil sie eine Zeugung darstellten. Die Kirche wurde zur fachtouristischen Sensation von Geistlichen und Gläubigen, die den ketzerischen und blasphemischen Charakter der Bilder untersuchten und bewerteten. Schließlich gab der Nürnberger 1976 eine pseudotheologisch-wissenschaftliche Publikation heraus, die er massenweise an Pfarren und Klöster in Deutschland und Österreich versandte. In ihr formulierte er seine krause Theorie, diese Machwerke seien dialektischer Trialismus, Gnosologie und Prophetologie, was immer das sein mag, ihr gesamter Inhalt sei freimaurerisch. Die Freimaurer hätten mit

der Aufstellung des Triptychons eine Verschwörung gegen die Welt angezettelt, was Gottes Strafe heraufbeschwöre. Die kühne Konsequenz des Autors: *„Gelänge es, dem Papst den Inhalt dieses Heftes [...] zugänglich zu machen, wäre der entscheidende Schritt zu seiner und der Kirche Befreiung getan. Denn Rom, der Papst, hätte es nach Kenntnisnahme der vorliegenden Entlarvung der Hetzendorfer Blasphemie als Gräuel der Verwüstung in der Hand, dafür zu sorgen, dass die Kirche, ihre Gläubigen und alle Menschen guten Willens [...] den kommenden Katastrophenereignissen mit dem Wissen um die göttlichen Bedingungen für ihre Milderung und teilweise Abwendung entgegensehen können."*
Walter Löhner: *„Diese Bedingungen kannte der Autor selbstverständlich genau, und er wollte diesen Schlüssel zur Rettung der Welt auch nicht für sich behalten, daher veröffentlichte er ihn in einem Buch über ‚das Ultimatum Gottes'. Dieses überreichte er Papst Paul VI., der das Buch aber – nach Baums Ansicht unverständlicherweise – nicht las, wodurch die Rettung der Welt sehr in Frage gestellt war."*
Dass dieser ungeistige Unsinn und das unverantwortliche Geschäft mit der Angst Anhänger und teilweise fanatisierte „Gläubige" fanden, bewiesen nicht nur diverse Zuschriften. Am 21. September 1979 riss ein Geistesgestörter nach dem Frühgottesdienst die Bilder von den Aluminiumaufhängungen herab und beschädigte sie durch zahlreiche Messerschnitte schwer. Die geplante Verbrennung mit Hilfe von Benzin verhinderte die Polizei.
Ernst Fuchs hatte für die Pergamentbilder herzlich wenig Honorar bekommen, die Restaurierung und die komplizierte Rettung des zerfetzten heiklen Malgrundes Ziegenhaut aber kostete ein Vermögen.
„Während ich mich hauptsächlich mit den Altarbildern befasste, geschah es zuweilen, dass ich in Form einer kleinen Zeichnung einen Seitensprung machte, wie etwa mit dem vogelartigen Kopf mit den vielen Augen oder mit dem Cherub über den feurigen Blumen – das ‚Feurig-Flüssige' hatte sich quasi unterirdisch ausgebreitet. In wenigen Tagen entstand der ‚Engelzyklus' von zwölf Bildern, die so rasch und sicher aus mir hervorbrachen und so ganz anders aussahen als alles, was ich in den Jahren seit 1946 gemacht hatte, dass ich mehr als erstaunt war."

1961 zeigt Ernst Fuchs in seiner Galerie zwei Wochen lang die Reihe von 13 gänzlich neuen Engelbildern: Cherubim.
Fuchs: *„Von den ‚Monstren' Picassos und meinen Arbeiten aus dem Jahr 1946 ist nur ein ‚kleiner' Schritt zu den Cherubsköpfen."* 1946 entstand nämlich als erstes Blatt zum Zyklus „Die Stadt" ein Schlüsselbild für das Fuchssche Werk: „Der Behälter des Weltalls". Die großformatige Bleistiftzeichnung ging auf die Anregung von Gütersloh an seine Schüler zurück, die Schilderung der Engel im Buch des Ezechiel zu lesen. Ezechiel (oder Hesekiel), der Letzte der sogenannten großen Propheten, der wahrscheinlich nur im Exil in Babylon wirkte (593–571 v. Chr.), hatte die dort sich bildende jüdische Gemeinde entscheidend geformt. Diese Beschreibung der Engel beeindruckte den 16-jährigen Fuchs ungemein. *„Diese Wesen des Anfangs und der Urkraft der Schöpfung, die gottgefällige, gottgehorsame Diener seiner erschaffenden Hand waren, in den Farben des Spektrums leuchtend, mit Lichtschwertern aus dem Prisma der Malerei brechend, die tragenden Säulen der Wege der Schöpfung Anbeginn."*
Der linke und konfessionslose Sozialdemokrat Johann Muschik begriff ganz genau, was es mit den Engelbildern von Fuchs auf sich hatte. Muschik, dem 1963 der Professorentitel verliehen wurde, worauf er ganz besonders stolz ist und mit dem er auch angesprochen werden möchte, war ein Kämpfer und der große Theoretiker der Wiener Schule und des Realismus. Hauptberuflich war er Betriebsrat der Telegrafenfirma „Radio Austria": *„Meine zwei bedeutendsten schriftstellerischen Werke sind der Kollektivvertrag und das Rentenzuschussstatut der ‚Radio Austria'. Auf das bin ich viel mehr stolz als auf die ganze Kunstkritik."* Für die er aber mehrfach ausgezeichnet wurde, unter anderem mit dem Biennale-Preis von Venedig.
Er beschrieb in seiner Ausstellungskritik den Wandel im Werk von Ernst Fuchs: *„Kohlezeichnungen vor allem, aber auch Pastelle, die einen neuen Schaffensabschnitt bedeuten und in etlichen Beispielen zum Besten gehören, was man von Fuchs seit vielen Jahren sah. Der Künstler ist großzügiger und bei allem Virtuosentum, das ihm immer noch eignet, auch einfacher geworden. Er hat sich von der Neigung entfernt, jedes einzelne Detail in minuziöser Genauigkeit darzustellen. Die Engel, die er zeigt, sind Licht- und*

Strahlenerscheinungen, Wesen mit Adlerköpfen. Eine kristallene Stadt funkelt über dem Kopf des königlichen Vogels. Ein Paradiesbaum wächst in märchenhafter Pracht empor. In zaubrischen Sphären scheint Musik zu erklingen. Das rhythmische Element ist stark. Kräfte, die den Raum durchwalten, erscheinen. Das Schaurige und das Schöne gehören zu diesen Blättern, das Urmächtige, Starke und Schimmernde, Sanfte, das Gleißende, das Dunkle, der Tag und die Nacht. Als Graphiker setzt Fuchs hier eine Linie fort, die etwa durch Namen wie Blake und Moreau zu kennzeichnen ist. Er tut das auf eine eigenständige Weise.“

Alfred Schmeller beschrieb die Engel in den Fuchs-Bildern: *„Sie fliegen nicht, sie schauen. Sie sind ganz Auge. Es sind Variationen über das Auge.“*

Und er mutmaßte: *„Man hat den Eindruck, dass sich überirdische Netzhauteindrücke umgestülpt haben. Es ist Blickverinnerlichung.“*

Dazu Ernst Fuchs: *„Anfang der sechziger Jahre werden die plasmischen, cherubinischen Formen in meinen Bildern zunehmend stärker. Cherub, das Wesen der Schwelle, der Wächter des Throns, das Tier, das um die Basis versammelt ist.“*

Und 1966 notiert er in seinen Arbeitsbuchaufzeichnungen: *„In den Flügeln der Schmetterlinge, in den Rädern der Pfaue spiegeln sich die Augen der himmlischen Cherubim. Viele Tiere auf Erden sind Spiegelbilder der Engel. An ihnen können wir die himmlischen Vorbilder meditieren. Cherub ist quasi Auge = Schnabel = grabend = gravierend.*

Greif, Griphon, Cruf,
ר נ ג
K R V
E U
K E RU B

GREIF
GRIPHON
GRAVIEREN
GRUVIE
(To be in a groovy mood [= klass drauf sein])

Cherub und Griphon sind die Nennform eines Wesens. Das Wesen auf dem Giebel des Gotteshauses. Der Greif bis ins Mittelalter – der Wächter der Schwelle zum Heiligen oder Allerheiligsten.“

Und das Lexikon definiert: Cherub [Cherubim; hebr.], Kerub, ein himmlisches Wesen; Hüter des Paradieses, der Bundeslade und der Erscheinung Gottes (Gen 3,24; 2 Sam 6,2; Ps 18,11; 80,2; 99,1; Ez 9,3).

„Ein neuer Themenkreis war in meine Malerei gekommen: der Cherubim.“

Mit den Cherubim identisch ist für Ernst Fuchs die Sphinx. *„Diese Mischgestalt aus Tier und Mensch ist ein Wesen an der Schwelle zu einem anderen Reich – zur Welt der Erkenntnis.“*

Seit den Hethitern, Assyrern und Phöniziern tritt die Wächtergestalt der Sphinx auch in weiblicher Gestalt auf.

„Sie war von mir ganz bewusst als Ikone der irdischen Liebe geschaffen worden, war ein Versuch, dieses Leben jenseits von Eden so zu verklären, dass die Ahnung des Paradieses doch in ihm sichtbar werden konnte. Auf diesem Weg führte meine Thematik geradewegs in das Erotische, zu jener schon erwähnten Sphinx in ihren vielfältigen Erscheinungsformen.“

Ein anderes Thema beschäftigte Fuchs immer schon: das Erscheinungsbild Christi.

In seinen Tagebuchaufzeichnungen schreibt er darüber, dass Christusdarstellungen bei ihm immer Selbstporträtcharakter haben. *„Zur Ähnlichkeit mit Jesus. In der Menschwerdung Gottes ist auch die Individuation eines jeden Menschen. Indem ER die Gestalt des Menschen annimmt, nimmt ER in geheimnisvoller Weise auch die Gestalt eines jeden einzelnen an und mit aufs Kreuz, um ihn dort zu erproben, ob Er mit und in Ihm überwinden kann, über das Kreuz hinaus verharren will zur ewigen Herrlichkeit. (Notiz am Heftrand: Rembrandt als Beispiel des Selbstporträts in Ähnlichkeit mit Jesus.)*

Deshalb gibt es so verschiedenartige Christusbilder. Sie alle haben geheimnisvoll die Krone des Einen über sich, und doch hat jeder sich selbst (aber in Christo) gemalt. Das ist die Individuation, unsere Ähnlichkeit mit Ihm, die wir ersehnen und die Er uns verheißen hat. Wenn sich nun jemand selbst als Christus malt, so muss er wissen, dass er nur das malt, was Gott ihm von Seinem Wesen mitgeteilt hat, und muss trachten, tiefer in Gottes Angesicht zu gelangen, durch größere Imitation Christi in Liebe und Werk, und Gott wird diesem Sein Angesicht enthüllen, auch in der Malerei – das ist das Geheimnis der einander ähnlichen und doch so verschiedenen Jesusbilder, die, so verschieden sie auch sein mögen, alle in ein Bildnis münden, so wie alle Heiligen, so verschieden sie auch sein mögen, eins sind mit Jesus Christus, dem Sohn Gottes. Es ist also nicht Blasphemie, diesen Weg zu gehen, sondern ein Weg des Gebetes im Bilde, ein Weg der Meditation.“

Zu diesen „Selbst-in-Christus-Bildern“ gehörte die Überarbeitung eines Fotos des Grabtuches von Turin durch Fuchs. Er realisierte dabei, in einem Film für das deutsche Fernsehen, was er immer schon empfand.

„Jedes Wesen, jedes Ding zeigte sich mir wie eingehüllt in das berühmte Grabtuch Jesu, das in Turin aufbewahrt wird, erschien dadurch geheiligt, miterlöst und dem Menschen neu geschenkt als ein schwereloses, unverlierbares Gut. Dieses Grabtuch oder Schweißtuch, das ja von Anfang an in meiner Malerei eine große Rolle spielte, war nun nicht mehr ein zerrissener Vorhang über dem schmerzverzerrten Gesicht des Erlösers, sondern der enthüllende Schleier, jene letzte dünne Haut, die der Ewige vor seinen unfassbaren Glanz gespannt hat, damit wir leben und nicht sterben: weil niemand ‚sein Angesicht sieht und lebt‘.“

Das waren die Gedanken, die die ‚Ikone des Messias‘ begleiteten: Sie umgaben ihn als ein Gürtel primordialer Geschöpfe, die dazu geschaffen sind, uns sein unfassbares Wesen zu vermitteln.

Diese intensive Hinwendung zum Glauben und vor allem zum Christentum kam nicht von ungefähr. Dem allen ging der keineswegs aus künstlerischen Absichten entstandene Aufenthalt in Kalifornien 1955 voraus.

„Mag sein, dass mich manche, die mich damals kannten, für wahnsinnig gehalten haben, und es ist sicher wahr, dass ich damals an den ‚Rand‘ geraten war. Dass ich aber ganz und gar nicht wahnsinnig war, weiß ich und lese es aus den Briefen, die ich in jener Zeit an meine Eltern geschrieben habe.

Ich lebte zurückgezogen in einem kleinen Bungalow, den Freunde für mich gemietet hatten. Meine Frau und mein Sohn blieben verschwunden.

Es war eine Zeit großer Umwälzungen, die mit mir geschahen. Nun konnte ich ‚nachdenken‘, auf diese Weise unfreiwillig zur ‚Ruhe‘ gesetzt, ganz allein.

Meine tägliche Lektüre waren die Bibel, Mystiker, Bücher über Yoga und Texte über verschiedene Geheimlehren. In diesen Schriften hoffte ich die ‚Erklärung' meiner Erlebnisse zu finden.
Von der Verwendung jeder Droge abstinent und in jeder Hinsicht zurückgezogen lebend, hatte ich manchen Kampf mit mir zu bestehen. Es war schwer, davon loszukommen. Hatte ich doch die seligen Zustände in Erinnerung, die jene Drogen mit sich brachten. Aber ich wollte ohne ihre Hilfe dahin gelangen und vielleicht noch weiter. Die Droge konnte ja nur ‚eröffnen', was auch ohne sie da war. Davon ging ich aus, in dieser Richtung suchte ich.
Es kam das Frühjahr 1956, das Osterfest war nahe, ich wurde Katholik, praktizierte und stand, ehe ich es recht begriffen hatte, in einem völlig neuen Leben."
Die Zeit in Kalifornien 1955/56 kommt in den reichlichen Selbstbeschreibungen von Ernst Fuchs zwar ausführlich vor, jedoch nur in den Reflexionen über die große persönliche Krise. Seine zweite Ehe war gescheitert, die Liebe zu seiner Frau Geri hat ihn an die Randschichten der Jugendgesellschaft gebracht. Er war allein, hat Frau und Kind verloren, verwahrlost und depressiv.
Über ein spirituelles Erlebnis äußerte er sich nur ausweichend, so, als hätte er eine unerklärliche Hemmung, darüber zu schreiben. Es waren nur nichtssagende Ansätze wie: *„Hier aber will ich nur soviel sagen, wie zur Erklärung des verschollenen Stils nötig ist."* Oder: *„Im Sommer des Jahres 1955 hatte ich noch einige Visionen, die ich aber hier nicht beschreiben kann."* Oder: *„Meine Flucht nach Amerika, die mir eine Art Weltverwandlung bedeuten sollte."* Oder er berichtete, dass er Schriften las, *„von denen hoffte ich, die ‚Erklärung' meiner Erlebnisse zu finden"*.
Was war geschehen? Nach mehr als 40 Jahren bricht Ernst Fuchs sein Schweigen über das Ungeheuerliche, was damals vorgefallen ist. Warum hat er geschwiegen?
„Man kann doch niemandem sagen, dass einem Gott erschienen ist. Wenn man das sagt, verliert man doch den Rest von Glaubwürdigkeit. Ich selber kann es auch nicht verstehen. Darum habe ich darüber nur in Andeutungen geschrieben.
Die religiösen Gemeinschaften in Kalifornien haben damit nichts zu tun. Ich hab mich natürlich immer schon – vorher und nachher – auch für Reli-

gion interessiert. Besonders für das, was man die Offenbarung des Johannes nennt. Die nicht die Offenbarung des Johannes ist, sondern die des Jesu Christ, ausdrücklich so genannt. Also das prophetische Vermächtnis des Auferstandenen ist die Offenbarung, genannt Apokalypse. Dafür habe ich mich immer am meisten interessiert. Auch in Zeiten, in denen ich mich im konfessionellen Sinn nicht gebunden gefühlt habe. Denn das, was ich angezweifelt habe, war die Auferstehung von den Toten. Von Jesus und in der Folge natürlich auch von der Verheißung, dass alle auferstehen werden. Das ist ja unvorstellbar. Das sind ja Myriaden von Wesen. Man kann sich das im Bereich der immerhin noch illustrativ wirkenden menschlichen Vorstellungskraft nicht vorstellen.

Ich weiß auch, darum heißt es: ‚Ich sah einen neuen Himmel und eine neue Erde, und das alte war nicht mehr', weil das im besten Sinne ja eine Neuschöpfung ist. Und eben auch die Worte gesagt worden sind: ‚siehe ich mache alles neu'.

Die Auferstehung ist ja nicht eine Replika von Gehabtem, sondern ein Prospekt der Allmacht Gottes und seines Wohlwollens und Gutmachens an allen Wesen, vor allem an jenen, die verschuldet sind. Die mit dem Geschenk des Daseins nichts angefangen haben. Ich hab natürlich das als letzten Stolperstein immer vor mir hergeschoben. Und habe auch nicht gedacht, dass ich einmal im Leben den Ewigen sehe, von dem es heißt, dass man ihn nicht sehen kann. Daher wusste ich auch nicht, wen ich gesehen habe, ich hätte auch nicht gewusst, welchen Namen ich dieser Erscheinung geben soll. Und es unterscheidet sich unendlich von allem, was ich an Träumen und Phantasien hatte. Und das ist es auch, warum ich immer wieder zögere, es zu beschreiben. Weil es unbeschreiblich ist. Weil die einzige Beschreibung, die dafür angemessen ist, jene des Johannes ist, die er am Anfang von dem, was die Offenbarung des Auferstandenen ist, mitteilt.

Es ist auch ganz analog dazu, wenn ich es analysiert habe, das später Gesehene. Der wie ein Mensch mir erschienen ist, ist mir erschienen, indem er hinter mir wie aus der Wand getreten ist. Es hat mich hinterrücks überfallen. Ich war von einem goldenen Licht umgeben und habe ja nicht gesehen, was um mich war, sondern nur gesehen, was mir geschieht. Es ist ein Körpergefühl, nicht nur das Schauen dieses Lichtes, das nicht von dieser Welt ist. Es ist ein Licht, das man auch nicht mit dem Sonnenlicht vergleichen kann, es ist nicht nur blendend strahlend, es ist eine erhebende Goldigkeit. Und in meiner Brust ist es so aufgegangen, als ob ich einen neuen Atem schöpfen würde. Und ich hatte das Bewusstsein, dass nicht nur ich ihn sehe, sondern Unzählige. Ich habe mich in der Gemeinschaft unzähliger Anbetender gesehen, obwohl nur vier oder fünf Leute im Raum waren.

Aber ich habe nicht mich selbst in dem Sinne wahrgenommen, sondern den, der mir erschienen ist, ich wurde völlig neu erbaut. Ich hatte meinen Leib nicht mehr so, wie ich ihn gewohnt war. Sondern ich und er waren eine Person. Das ist ja das Ungeheuere an der Sache gewesen.

In dem Moment bin ich aufgestanden, und vom Kopf bis in meine Zehen war ich wie eine Säule, und ‚sein' Angesicht war mit meinem in einem. Und alle Bewegungen waren eine Art Tanz, die er oder ich in ihm getanzt habe. Und dazu kam diese Sprache aus meinem Mund, die mir gewissermaßen erklärt hat, was sein Wesen ist. In einer Sprache, die ich nie gehört habe, der Sinn dessen, was ‚gesungen' wurde, was ich gehört habe, war, dass das ewig lebt, aber nicht in dem Zustand, in dem wir im Fleisch leben. Ein Zustand, den ich im Leben nie erfahren kann. Und daher ist die Rückkehr aus dieser Entrückung eine entsetzliche Erniedrigung. Man kann nicht sagen, das ist so schrecklich, dass man nicht weiterleben kann, aber man lebt in der Erwartung, dass nur das die Vollendung des Lebens sein wird. Nichts anderes.

Man fühlt sich nicht besser als die anderen, die das nicht erlebt haben, sondern viel schlechter. Und dann lebst du so, als wäre er dir nie erschienen, als hättest du es nie gesehen und als würdest du es auch weiterhin nicht glauben. Es ist fast so, dass man weiter zurückgewiesen ist, als man es zuvor war. Indem man sich selbst nach der Suche nach dem Wiederfinden dieses Zustands ausschließt, mitunter ganz bewusst von der sicher falschen Gewissheit eingenommen, dass man es nicht wiederfinden kann. Da man es ja auch nicht fand, weil man es gesucht hat. Ich war davon so betroffen, wie einer, in den der Blitz einschlägt, weil er es nicht erwartet hatte, denn es war kein Anzeichen eines Gewitterhimmels. Blitze rundum hat es ja nicht gegeben.

In dem Sinne war ja auch das, was die anderen, die dabei waren, erlebt haben. Der Erste war ein gewisser Samuel Berger, der ist aus dieser Art von Bewusstlosigkeit, in der diese vier, fünf Leute, die da in diesem Zimmer um mich herum waren, erwacht, der sagte: ‚Ernst, you have seen God.' Das waren auch meine ersten Worte. Ich war so weg, so absolut weg, dass ich es auch heute nicht beschreiben könnte, obwohl ich es immer wieder versucht habe. Darüber kann man auch nicht schreiben. Ich will ja nicht in die psychiatrische Anstalt kommen.

Das kann man auch nicht malen. Ich hab es ja versucht. Und es ist auch nicht möglich über den Weg in die Abstraktion. Das ist höchst gegenständlich. Indem ich die Krone gesehen habe, auch den Gürtel um die Brust. All die Attribute, wie sie Johannes beschreibt. Ich würde sagen, wenn man jemand begreiflich machen will, was ein schattenloses Licht ist, steht man vor demselben Problem. Wie soll man das in einem Universum kennen lernen, welches aus Licht und Schatten oder Licht und Finsternis besteht? Und das war mir auch so gewiss, dass diese Existenz mit unserem Universum überhaupt nichts zu tun hat.

Das hat auch eine Weile gedauert, so zehn Minuten hat es gedauert. Und was aus meinem Mund kam, war eine Sprache, die ich vorher noch nie gehört habe. Es war nicht eine Sprache, es war ein Gesang. Es war die andere Welt, wenn man so will, es war eine Welt des Geistes. Sie hat mit dem physikalischen Universum, glaube ich, nichts zu tun.

Später habe ich versucht, mich in einer Art von Gebetsversenkung dem wieder zu nähern. Die vier Jahre, die ich in Enthaltsamkeit gelebt habe, sind nach wie vor die schönsten Jahre meines Lebens. Aber ich habe das Gegenteil gemacht und habe mich vergraben in dem Fleisch, das ich kannte, und das ist nach wie vor eine Quelle meiner Traurigkeit. Wie kann man so eine Offenbarung, durch die Lebensform, wie ich sie dann weitergeführt habe, beiseite lassen? Das war das, was meine Ehe mit Eva so gestört hat. Ich habe immer gespürt, das ist es nicht, im Gegenteil, das führt nur weg.

Ich kann im Nachvollzug verstehen, dass die Gnostiker zu der Meinung kamen, der Lichtkönig ist nicht von dieser Welt, es kommt ja in den Texten immer vor: Ich bin von oben, ihr seid von unten.

Diese Durchdringung, die in der Person des Jesus von Nazaret stattfindet und die der Paulus auch erkannt hat, war es wahrscheinlich, die ihn über zehn Jahre lang abgehalten hat, nach Jerusalem zu gehen und die Urgemeinde kennen zu lernen. Weil er gewusst hat, dass die, die den Inkarnat des himmlischen Menschensohnes, wie es in der Daniel-Apokalypse steht, wahrgenom-

men haben, Opfer eines einzigen Missverständnisses sind. Die haben nicht gewusst, wer er ist, so, wie es ja im Johannesevangelium heißt: ,Was sagt ihr denn, was sagen denn die Menschen, wer ich bin?' Ja, der Elias ist wiedergekommen, und du bist der Johannes der Täufer, von den Toten wieder auferstanden. Und dann sagt er zum Petrus: ,Und du, Simon, Sohn des Johannes, was sagst du?' Und der sagt: ,Du bist der Sohn des lebendigen Gottes.' Und da sagt Jesus etwas sehr Interessantes. ,Nicht Fleisch und Bein haben dir das offenbart, sondern mein Vater, der im Himmel ist.' Das ist meiner Meinung nach die interessanteste Stelle in den ganzen Reden, die während des letzten Abendmahls gehalten wurden. Das ist etwas, zu dem man nicht gelangen kann durch Nachdenken oder Lesen. Ich habe viel gelesen, diesen Schritt hab ich nicht machen können. Erst nachher ist es für mich sukzessive zur Selbstverständlichkeit geworden. Am untersten Level, am untersten Rand dieser Wirkung, die Gott zum Ursprung hat. Diese Bilder in Reflexionen, die in Philosophemen auftauchen können, da sich auszukennen, bedarf es auch des Schlüssels David. Darüber steht in der Apokalypse: ,Ich öffne und niemand schließt, ich schließe und niemand öffnet.' Diese apodiktische Stellung des Erlösers, der die Seinen kennt, das ist alles gnostisch.

Die Menschen leben in einer Fiktion eines möglichen friedlichen Lebens auf Erden, das sicher ewig währt. Nein. Mein Reich ist wirklich nicht von dieser Welt. Sie glauben das alles nicht, aber unter den neuen Synonymen der Genforschung und der Planierung aller Konflikte einer Friedensarmee etc. glauben sie, es wird schon werden. Es wird aber schlimmer. Und niemand merkt es.

Es war schon früher schlimm. Aber es war jedenfalls nicht so schlimm, dass man die Sixtina nicht hätte ausmalen können, trotz des Sacco di Roma, trotz verschiedener Dinge, Rom ist geblieben, mit allen Werken, die trotz der schlimmsten Zeit, Cholera und Pest und was da alles gekommen ist, überdauert haben. Heute haben die Leute alles, aber sie hinterlassen nichts, was wert wäre, hinterlassen zu werden, außer ihre Nachkommen. Die Sportplätze? Was ist das. Der Kult ist der Körperkult, das ist der einzige, den es noch gibt. Dass man nur mehr den Körper hat und nichts anderes, das ist schlimm. Jede andere Wertigkeit ist verschwunden. Die Umwertung der Werte hat stattgefunden."

Eine schlimme Zeit für einen spirituellen Maler, dem man es nicht glauben will, dass er weiß, wie Engel aussehen. Aber er zeigt sie uns.

13. Der Kupferspiegel

Die Graphik als Autobiographie – Die Multiplizierung der Kunst – Geschenk und Werbemittel – Kunsthändlerlügen – Fuchs, der Geldmacher

„In einem wesentlichen Punkt hatte ich mein Ziel schon damals, in den frühen Jahren, erreicht: Ich konnte mein Bild behalten und gleichzeitig verkaufen, es auch verschenken, wenn ich wollte, kurz, meine Bildwelt mit allen teilen, die sich von mir angezogen fühlten; dies entsprach auch meinem maßlosen Mitteilungsbedürfnis."

Das Geheimnis, ein Bild gleichzeitig behalten und es verschenken zu können, ist die Druckgraphik, die vervielfältigende Kunst.

Alle graphischen Techniken sind Verfahren der vervielfältigenden Kunst. Sie wurden erfunden und dienen dazu, von einem Bild möglichst viele gleichartige Abzüge zu machen. Und Ernst Fuchs nutzte diese Techniken aus mehreren Gründen:

Erstens ergibt jede verwendete Technik eine andere Bildwirkung, also reizte ihn das Experiment mit Druckmaterialien, Messern, Sticheln, Linol- und Kupferplatten, Kalksteinen, Säuren und Farben.

Zweitens war es eine Möglichkeit, mehrere völlig identische Wiedergaben eines Bildes zu erzeugen und, wenn er wollte, auch mehrere unterschiedliche. Aber immer ist das Bild bei Fuchs eine Mitteilung.

Drittens war es eine Möglichkeit, das notwendige Geld zum Leben zu verdienen.

„Kurz den Stand meiner damaligen Arbeitsweise. In den Jahren 1946, 1947 und 1948 nahm der phantastische Charakter meiner Arbeiten ständig zu. Zeichnung und Malerei wurden immer minuziöser. Die Arbeitszeit pro Bild

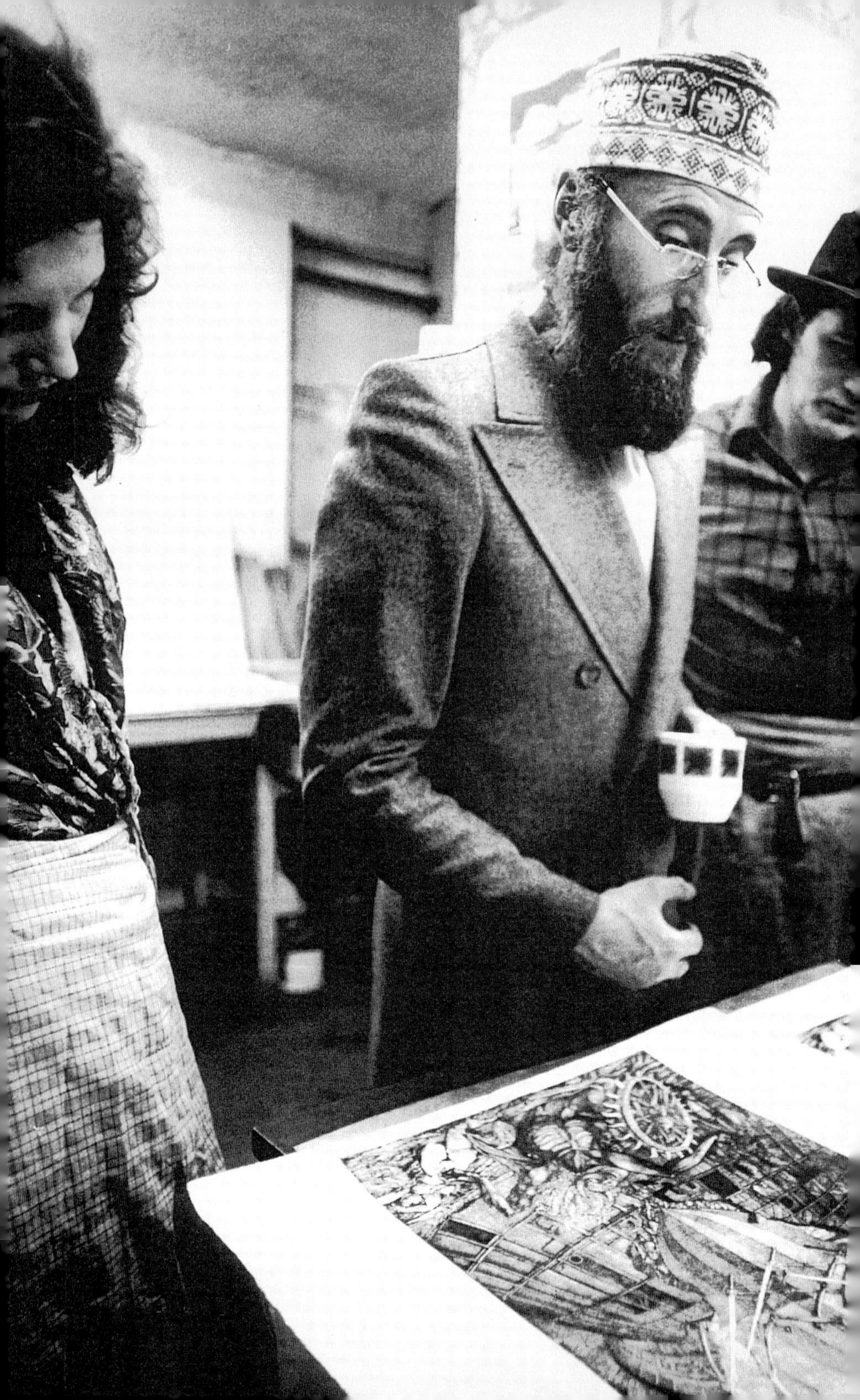

oder Zeichnung lag selten unter vier Wochen, und manches Bild beschäftigte mich mehrere Monate. Durch diesen Umstand wurden meine Bilder, vor allem der Nachkriegsmisere wegen, sehr teuer und waren sehr schwer verkäuflich, obwohl es nicht wenige Menschen gab, die meine Bilder kaufen wollten. Da ich vom Verkauf meiner Bilder aber leben musste, der geringen Produktion und Geldknappheit der Interessenten wegen aber nur geringe Aussicht auf günstigen Verkauf meiner Bilder und Zeichnungen hatte, drängte sich mir immer wieder der Gedanke auf, die vielen Arbeitsstunden, die ein Bild akkumulierte, für die Herstellung einer Druckplatte in der Technik der Radierung oder des Kupferstichs zu verwenden. Hiezu kam noch die Erfahrung, dass ich Bilder, an denen ich lange Zeit gearbeitet hatte, nicht gern das Atelier verlassen sah. Bilder sind mir immer lebensnotwendige Fetische gewesen. Ich vermisste meine ‚Kinder' und besuchte deren Käufer (wenn sich ein solcher fand), sooft ich konnte, um sie wiederzusehen. Zu dieser lästigen Nebenerscheinung, gegen die ich mich bis heute nicht erfolgreich zur Wehr zu setzen gelernt habe, gesellte sich die Erkenntnis, dass die wahren Kenner und Liebhaber meiner Kunst unter meinen minderbemittelten Alters- und Zunftgenossen häufiger zu finden waren als unter den dünn gesäten Resten des Bürgertums, das den Krieg überlebt hatte. Außerdem hatte ich ein großes Mitteilungsbedürfnis und Freude daran, meine Bilder zu verbreiten und zu verschenken. So war also das Zusammentreffen der Neigung zur Akribie im Sinne der alten Meister, wie sie vor allem in deren Kupferstichen zum Ausdruck kommt, und die Notwendigkeit, zu niedrigen Preisen verkäufliche Bilder zu schaffen, das, was mich bewegte, im Laufe des Jahres 1948 zur ersten Kupferplatte zu greifen."

Vorher hatte Fuchs einige Holz- und Linolschnitte gemacht und Vorzeichnungen zu großformatigen Linolschnitten, den „Kataklysmen", noch ganz unter dem Eindruck des deutschen Expressionismus. Diese großen Linolschnitte ließ Fuchs später von einem der letzten Meisterxylographen in Holz schneiden und stechen. Dieser Handwerker war in seiner Kunst von der Technik überholt worden. Man ritzte seit den

Ernst Fuchs mit einer Radierung und den Kupferdruckern Rull und Christine Kapounek. (Werner Hannapel).

dreißiger Jahren nicht mehr die Abbildungen für Bücher oder die Zeitungsillustrationen in Holz, sondern ließ chemographisch Klischees auf Metall ätzen. Fuchs suchte aber immer die Zusammenarbeit mit den Meistern, um seine künstlerischen Ideen in einer möglichst perfekten Form zu realisieren.

Sehr rasch entdeckte er bei einer Mitschülerin die Radierung und druckte die Blätter auch selbst. *„Noch ahnte ich nichts von dem alchimistischen Mysterium dieser Technik, denn auch Eva Weißmann kannte nur die einfachsten Anfänge dieser Technik. In wenigen Tagen machte ich mich mit dieser vertraut, und Eva Weißmann half mir, meine ersten beiden Platten zu ätzen. In ihrer kleinen Kammer im Haus ihrer Mutter, es war dies eine Art Gartenhäuschen am Rande Wiens am Fuß des Wilhelminenberges, von vielen Obstbäumen umgeben, stand ich verzückt und betrachtete fasziniert, wie die Salpetersäure, blaue Bläschen bildend, tiefe Rinnen aus dem Kupfer fraß."*

Fuchs arbeitete an den kleinen Kupferplatten überall. Dazu hatte er ein altes Rasiernecessaire ausgeräumt und seine Mal-, Zeichen- und Radierutensilien stattdessen eingeräumt. Neben einer in weiches Tuch verpackten Kupferplatte hatte er die Nadeln im Gepäck, um die Zeichnung in die Kupferplatte zu gravieren. Egal, wo er gerade war, auf Reisen oder in Cafés, er hatte so sein „Atelier" bei sich.

Auf der Suche nach einer Druckerei in Paris wurde ihm eine Adresse in der Rue St. Jacques gegeben: L'Eremitage. *„Mürrisch empfing mich dort Meister Leblanc, zeigte aber, nachdem ich ihm einige Radierungen vorgelegt hatte, auf seine Werkstatt und sagte: ‚Faites comme chez vous.' Dass diese Aufforderung nicht wörtlich zu verstehen war, sollte ich bald erfahren. Er war ein großer Pedant – Gott sei Dank! Er brachte mir Ordnung bei. Durch ihn und die vielen tüchtigen Graphiker, die dort drucken ließen und selbst ihre Druckplatten herstellten, unter ihnen Jonny Friedlaender und Flocon, habe ich viel gelernt, was mir in Wien wohl niemand hätte beibringen können.*

Die Eremitage lag im zweiten Hinterhof eines ziemlich alten Hauses und ist eigentlich ein Anbau zu einem Wohnhaus, der wahrscheinlich zu Anfang des 19. Jahrhunderts errichtet worden ist. Ehe man durch die Einfahrt, in der lange Zeit ein altes, halb zerlegtes Auto stand, in die Eremitage kam, musste man an einem im ersten Hof rechts liegenden Häuschen vorbei, in dem die Concièrge wohnte. Diese war eine sonderbare uralte Frau, mit vielen blauen Schürzen und Kitteln angetan, das graue, strähnige Haar hing immer unfrisiert in ihr Gesicht. Sie war eine Art Kastor, ein Höllenhund, Tag und Nacht auf der Lauer, Unbefugte aus dem Haus zu weisen. Es schien ihr seit Jahrzehnten nicht zu behagen und sie als ständiges körperliches Leiden zu plagen, dass durch die Pforte der Eremitage ein emsiges Kommen und Gehen seltsamer, noch bunterer unfrisierterer Gestalten stattfand, dem ein Ende zu bereiten sie zu ihrer Lebensaufgabe gemacht zu haben schien. Kam man an der misstrauisch und drohend äugenden Concièrge vorbei, durfte man die gewohnte Pariser Szenerie verlassen und eine kleine Wunderwelt betreten. Da blühten kleine Sträucher und Bäumchen, wilder Wein umrankte die Tore. Aus der schwarzen harten Erde, die wie zermahlene Schlacke aussah, spross in den beiden Höfen, um die sich Werk- und Wohnstätten Meister Leblancs gruppierten, lustiges Kraut. Gartenbänke standen da und Vögel zwitscherten. Dieses Idyll mag anderen Besuchern einen grundverschiedenen Eindruck gemacht haben, mir aber, dem die Eremitage das erste wirkliche Refugium bedeutete, schien es so, wie beschrieben.

Hier standen alte, wunderschöne Pressen zu ebener Erde und im ersten Stock. Ein Trockenhaus war da, das immer geheizt wurde und einen eigenen Schornstein hatte. Kurz, die Eremitage war – und ist es Gott sei Dank heute noch – ein richtiger großer ‚Betrieb'. Meister Leblanc gestattete mir also, in der Eremitage zu arbeiten. Heute wundert es mich nicht, dass die Eremitage mein liebster Aufenthaltsort war – nicht, dass ich ungern im Café du Dôme oder im Mabillion saß oder es allein die gute Wärme im Winter war, die mich anzog –, die Pressen und Facilitäten. Nein, diese intakte alte Werkstatt, die wie eine Insel im Häusermeer lag, das musste mich unbewusst stark beeindruckt haben, war sie doch ein Symbol sinnvollen Lebens und Arbeitens und ein denkbar starker Kontrast zur unfassbar gewaltigen, aber meist sinnentleerten Betriebsamkeit der Stadt. Leblanc sprach oft davon, dass er die Werkstatt verkaufen müsse und dass dieses Handwerk am Aussterben sei. Ich wiederum versuchte ihn zu trösten und prophezeite, dass es bald wieder aufwärtsgehen würde. Ich sollte recht behalten."

Die Radierung bot Fuchs viele Möglichkeiten. Er dachte – wohl unbewusst – auch an die viel größere Zahl von Betrachtern, die die Graphiken sehen. So betitelte er die Blätter und versah sie mit Texten. Ein schwieriger Vorgang, da er in Spiegelschrift schreiben musste, damit der Abzug auf dem Papier für den Leser erkennbar ist.

„Den eigenen Deutungsversuch gab ich meinen Bildern in Form mehrerer Titel mit und beschriftete sie mit Worten und Versen, die mir während der Arbeit in den Sinn kamen. So sind auch meine Radierungen reichlich beschriftet. Das lange Betrachten, das rätselratende Anstarren meiner Bildfläche wurde mir zum Spieglein-an-der-Wand-Orakel. Das Bild selbst wurde zum Spiegel, in dem die imaginäre Welt sich spiegelte, und zum Tor, durch das ich diese Welt betreten konnte. Mein Verlangen war besonders darauf gerichtet, immer wieder von dieser inneren Welt überrascht zu werden. Ich fand immer wieder neue Methoden der medialen, vom Bewusstsein losgelösten Introspektion und schuf so Bilder, die, wenn ich sie nach der Arbeit betrachtete, das Überraschtsein des Ichs gewährten: Ich sah die Bilder eines anderen."

Kunst zu machen, ist immer auch eine finanzielle Investition in die notwendigen Materialien – Leinwand, Farben, Stifte, Papier. Bei der Radierung war es notwendig, plan gewalzte Metallplatten, am besten Kupfer, aber auch Messing oder Zink, zu haben, in die man die Zeichnung gravieren und ätzen kann. Fuchs hatte eine hervorragende Quelle: *„Der Lagerplatz meines Vaters war zwar weit weniger prächtig, als ich die Plätze der Kindheit in Erinnerung hatte, waren doch die Reste des kaiserlich-königlichen Arsenals samt der Münzen und Medaillen dieser Zeit längst und vor allem im letzten Krieg eingeschmolzen worden. Mit Altpapier zu handeln, lohnte kaum. Und doch fand ich wieder vieles, was meine Phantasie beschäftigte. Alle frühen Radierplatten habe ich auf dem Lagerplatz meines Vaters aufgelesen. Immer empfing mich mein Vater mit dem Hinweis, dass da oder dort eine geeignete Platte zu finden sei. So ist die Radierung ‚Passio' auf der Rückseite eines heliographischen Klischees entstanden, der ‚Eremit' auf dem Zinkblechbeschlag eines Fiakertrittbrettes, das ‚Maibild' und die ‚Feuerzeichen' auf Schanktischbeschlägen und -verkleidungen, der ‚Januskopf', das ‚Kleine Bildnis', ‚Fruit pur' und der ‚Taubensohn' auf Messingblechresten aus einer Spenglerei. Ebenso sind fast alle frühen Radierungen Anton Lehmdens, der* *mich oft zu meinem Vater begleitete, auf solchen Metallabfällen entstanden. Das reichlich vorhandene Material gestattete so manches Experiment.“*

Obzwar Fuchs in Wien die druckgraphische Kunst kennen lernte, war Paris für deren Entwicklung sehr wichtig. Aber es gab auch Rückwirkungen auf Wien. *„So kannte ich zum Beispiel vor meinen Pariser Jahren in Wien nur eine intakte Kupferdruckerei, in der täglich mehrere ältere wie jüngere Drucker an ihren Pressen standen und arbeiteten. Doch was da gedruckt wurde, war wirklich nicht der Rede wert. Dutzendware, im besten Fall waren es Ansichten des Michaelertores oder Schönbrunns. In Paris hingegen waren mehr als ein Dutzend Druckereien, große Betriebe, tätig, Mappenwerke, Bücher in Edition Luxe zu drucken – das graphische Werk von Max Ernst, Dalí, Picasso wurde da gedruckt. Hier konnte man das Gefühl haben, dass ‚Gravure‘ eine durchaus lebendige Sache und kein Anachronismus war. Obgleich die fünfziger Jahre für dieses Metier sehr hart waren und Leblanc schließlich das obere Stockwerk seiner Druckerei an ein ‚Institut Psychologique‘ vermieten musste, war in Paris doch ein gewaltiger Unterschied zum Stand dieses Metiers gegenüber Wien sichtbar. Wien hatte vor der Jahrhundertwende als Herstellungsort besten Kupferdrucks einen hervorragenden Ruf, und viele berühmte Druckereien haben ihn gebildet und verbreitet. Doch der Umstand, dass all dies so plötzlich im Wechsel zweier Generationen fast spurlos verschwinden konnte, wurde von mir, dem dieses Metier eine Art Heiligkeit zu besitzen schien, als Zeichen des allgemeinen kulturellen Untergangs gedeutet. Seit den fünfziger Jahren hat dieser Berufszweig, Gott sei Dank, vor allem in Paris, aber auch in Wien Zuwachs erfahren. Entgegen den pessimistischen Prognosen, dass bald die letzte alte Presse verschrottet würde, sind diese herrlichen, alten, teils handgeschmiedeten Kupferdruckpressen zum vielbegehrten Objekt neueröffneter Druckereien geworden. Heute werden nach dem Muster der alten Pressen in Deutschland wieder neue gebaut.“*

Der Erfolg der Handpressen, die Gründung von neuen Druckereien in den fünfziger und sechziger Jahren hatten einen guten Grund. Einerseits gab es eine immer größer werdende Zahl von Sammlern, die sich für die damals wirklich noch preiswerte bis billige Graphik interessierten. Die Pariser Galerien – aber auch die Wiener wie zum Beispiel die

Galerie St. Stephan – machten ihre Plakate und Kataloge als Originalgraphik. Das sparte Reproduktionskosten und war durch die Farbe auffälliger als die aus heutiger Sicht sehr schlechten Schwarzweißklischees. Die Lithokataloge oder Plakate der Galerie Maeght in Paris kosteten nur wenige Francs, heute sind sie als überaus teure und gefragte Originalgraphiken von Chagall oder Miró gerahmt im Handel. Als Fuchs 1949 in der französischen Buchhandlung „Cosmos" in der Wollzeile ausstellte, war die Einladung selbstverständlich eine Lithographie. Es gab bedeutende Editionen von Mappenwerken mit auf feinem Bütten gedruckten Radierungen, Clair-obscure-Holzschnitten wie Dalís „Göttliche Komödie" und mit Lithographien angereicherten Luxusbüchern.
Das luxuriöseste dieser Bücher ist wahrscheinlich die „Apokalypse", verlegt von Joseph Foret in Paris. Das Buch ist 1961 erschienen, wiegt 210 Kilogramm und existiert in einem Exemplar sowie in sechs Exemplaren der Normalausgabe. Außen ein Relief von Dalí, und die Apokalypse illustriert von den Künstlern, die damals gut und teuer waren: Dalí, Zadkine, Léonor Fini, Foujita, Cocteau, Mathieu und eben Ernst Fuchs. Dazu handgeschriebene Texte, von denen der von Ernst Jünger mit der Radierung von Fuchs korrespondierte. Eine starke Mischung, der 65-jährige heroische Nihilist Jünger und der 30-jährige Fuchs. Und der schrieb auch auf die Radierplatte, die direkt neben dem Jünger-Text im Buch steht: *„Was Ernst Jünger über die Offenbarung des heiligen Johannes geschrieben hat, gefällt mir überhaupt nicht."*
Neben den letzten großen Graphikwerken einer großen Tradition gab es das Mitteilungsbedürfnis der jungen Künstler, die nicht mehr elitär arbeiten wollten, sondern die Graphik als Weg zur Demokratisierung der Kunst verstanden. Die mehr zur revolutionären Avantgarde neigenden versuchten, die neuen Medien zu nutzen, wie den gerade populär werdenden Offsetdruck in seiner ärmlichsten Ausformung: dünnfarbig, auf billigem Papier gedruckt. Die anderen erlagen dem Reiz der Radierung, der Kostbarkeit des Materials, der vielhundertjährigen Vergangenheit und auch der Langsamkeit der handwerklichen Technik.
Die Radierung wurde zum Kupferspiegel, in dem sich die Ideenwelt von Ernst Fuchs zeigte. Seine Graphik war in weiten Bereichen eine erzäh-

lende, autobiographische Mitteilung, war bildhafte Interpretation von Texten und Philosophien. Deshalb der zyklische Charakter in Fuchs' Werk. *„Nun, da ich das adäquate Mittel, die Radierung, gefunden hatte, meinen Themenkreis in zyklischer Form auszuschöpfen und zu ordnen, wollte ich ein Bilderbuch machen, das Bilderbuch meiner Träume. Die Tendenz zur zyklischen Arbeit, die sich in den ‚Kataklysmen' und in der Bildfolge ‚Die Stadt' gezeigt hatte, konnte nun endlich in einer mir wesensnahen graphischen Technik zu einem großen Buch führen. Ich träumte davon, ein ‚Einhornbuch', das Buch des Einhorns, zu schaffen; ein großes Werk mit vielen Radierungen und Gedichten."*

Das „Einhornbuch" ist nie erschienen, jedoch eine ganze Reihe anderer. Von Illustrationen zu H. C. Artmanns Träumen der „Grünverschlossenen Botschaft" bis zu Folgen über die Sphinx, das Buch Esther und als erstes der 1967 in Monaco erschienene große biblische Zyklus „Samson" mit 20 Radierungen; in einer hebräisch-französischen, einer hebräisch-deutschen und einer hebräisch-englischen Ausgabe. Jede in 100 Exemplaren, jedoch nach feinster französischer Tradition in einer „Edition de tête" – vier Varianten mit unterschiedlichen Folgen auf Seide, Japanpapier oder speziellem Bütten – gedruckt. So existierten tatsächlich 417 Abzüge jeder Radierplatte, aber mit unterschiedlicher Nummerierung.

Um 1967 setzte eine andere – in weit größerem Ausmaß verbreitete – Form der Graphik ein: die Beigaben zu Büchern.

Das Buch „Architectura Cælestis" erschien 1966 im Salzburger Residenz-Verlag. Der Verlag wollte eigentlich das wirtschaftliche Risiko des Buches nicht tragen. So verlangte man von Fuchs, dass er erstens eine Bankgarantie abgab und zweitens einige Graphiken für das Buch machte. Also mußte Fuchs gewissermaßen seine eigenen imaginären Banknoten drucken lassen. Und letztlich sind Banknoten auch nichts anderes als Graphiken, und wenn sie gut sind, sind sie im Stahlstich gedruckt, ebenso ein Tiefdruck wie die Radierung. Mit den 200 Graphiken stärkte der Künstler das schwache verlegerische Selbstvertrauen, und das Buch wurde erfolgreich verkauft. Die Graphiken gehören übrigens zu Höhepunkten im Werk des Künstlers. Er hat sie, mit zusätzlichen ornamenta-

len Umrahmungen versehen, dann in die Mappe „Sieben Bilder und Sprüche der Sphinx“ integriert.
Für das zur gleichen Zeit erscheinende Werkverzeichnis der Druckgraphik hat Fuchs eine 74 cm lange Radierung als Beigabe gemacht. Zwei liegende Akte als „Eva Triptychon“. Eine echte Graphikbeilage zu einem Buch und keine Übernahme des Verlagsrisikos. Denn sie illustriert das graphische Werk mit allen vom Künstler verwendeten Möglichkeiten der Radierung. Eine Lehrmittelsammlung, wenn man so will. Das gefaltete Blatt ist in Vernis Mou, der Weichgrundradierung und Kaltnadel gezeichnet, dann mit Ätzradierung ergänzt und zuletzt durch Aquatinta verstärkt. Die Auflage des eingebundenen signierten Faltblattes: 4500 Exemplare.
Es folgten 1967 eine „Zyklopische Landschaft“ in 200 Abzügen und in fünf immer stärker verändernden Zuständen. Tatsächlich sind es mehr als 1576 Exemplare. Und es werden noch mehr.
Geldgier?
Es muss so sein, denn die Illustrierte „Stern“ schreibt, was jeder zu wissen scheint. Fuchs hat hohe Kosten: Villa, Frau und Frauen, Kinder und Rolls-Royce. *„Um dabei finanziell zurecht zu kommen, muss es bei Fuchs die Masse machen. Nicht einzelne wertvolle Gemälde bringen ihm das große Geld, sondern die Serienproduktion. So hängen denn in vielen Wohnungen des kunstsinnigen österreichischen Mittelstands Fuchs-Reproduktionen für 100 bis 200 Mark. Der Meister signiert sie auf Wunsch in der Galerie seines Wiener Kunsthändlers. Der schleudert Radierungen und Lithographien zu Tausenden auf den Markt. Mit derlei Praktiken ruiniert sich Fuchs seinen künstlerischen Ruf, für den er auch ansonsten nicht eben viel tut. So verkauft er zum Beispiel von einer Platte Radierungen in Blau, die dann wenige Monate später auch in Gelb oder Grün auf den Markt kommen; jedesmal eine ‚Exklusiv-Auflage‘ von ein paar hundert Exemplaren, das Stück zu 100 oder 200 Mark.“*
Da werden die verschiedensten Dinge durcheinander gemischt und heraus kommt ein schlechter Ruf des Künstlers. Vermischt werden Reproduktionen und Graphiken, Serienproduktion und Auflagen, Nachdruck und Zustände, Kunstwert und Kunsthandelspreis.

Da ist einmal die Kunsthändlerlüge, dass eine geringe Auflage den Wert eines Kunstwerkes bestimmt. Der Kunsthandel pflegt seit dem 19. Jahrhundert eine Form von Jungfernkult: Die Existenz nur weniger Exemplare einer Graphik erhöht den Marktpreis, eine niedere Nummer ist besser als eine höhere. Die Nummerierung der Graphiken hatte der englische Frauenarzt Francis Seymour Haden um 1880 eingeführt. Er machte Radierungen, war der Schwager des berühmten Malers und Graphikers James A. Whistler und hatte festgestellt, dass man mit „exklusiver" limitierter Originalgraphik mehr verdienen kann, als als Gynäkologe. Das Entscheidende an einer Graphik ist immer das künstlerische Potential. Das kann man anerkennen oder nicht. Das kann man mögen oder nicht. Dafür kann man sich interessieren oder nicht. Aber den Preis bestimmen völlig außerkünstlerische Faktoren. Fuchs war in die Jahre des Erfolgs gekommen. Der Kunsthandel entdeckte ihn nicht wirklich, sondern die Kunstfreunde fragten nach seinen Arbeiten, und die Händler zogen nach. Und das Erste, was sie machten, war, das Blatt, das sie hatten, verbal aufzuwerten gegenüber denen der Konkurrenz. Und bei den meist uninformierten Kunden mit der Seltenheit den Preis hochzutreiben. Der Künstler selbst hat immer genau deklariert und im Werkverzeichnis (Auflage 6000 Exemplare mit zwei Lithographien) publiziert.

Kunstwert und Kunsthandelspreis sind nicht dasselbe. 1958 konnte man in der Galerie Fuchs die Radierung „Leda mit dem Schwan", von der es etwa 30 Abzüge gibt, die der Künstler selbst gemacht hat, um 150 Schilling kaufen. Zehn Jahre später zahlte man für einen der unterschiedlichen fünf Zustände der erwähnten „Zyklopischen Landschaft", also für eines der 1576 Exemplare, 6000 Schilling. Da sind knappe 4000 Prozent mehr. Originalgraphiken sind beide. Der Gesamtumsatz dafür war an die sechs Millionen, wenn man es hochrechnet. Fuchs hat immer vom Verkauf seiner Graphik gelebt, wie Generationen von Künstlern vor ihm. Albrecht Dürer hatte einen eigenen Manager für seine Graphiken und hatte wesentlich zur Entwicklung des Kupferstichs als neuester Technologie seiner Zeit beigetragen. William Hogarth hat mit seinen Graphiken mehr verdient als ein Landedelmann seiner Zeit.

Und für ihn wurde das Urheberrecht geschaffen, weil seine Blätter in ganz Europa kopiert wurden, ohne dass er etwas davon gehabt hätte. Aber das große Geschäft mit Fuchs-Graphik machten andere. Der Kunst- und Rahmenhandel hatte endlich wieder einmal Ware, für die sich das Publikum interessierte. Die von Richard P. Hartmann herausgegebenen Prachtbände über Ernst Fuchs und auch der zweite Teil des Werkverzeichnisses der Druckgraphik enthielten zahlreiche graphische Beilagen. Viele tausende Graphiken kamen so auf den Markt. Erfolgreich für jeden, der damit handelte, günstig für jeden, der sie kaufte. Aber es waren „Beigaben" und – bei aller Qualität – keine eigenständigen Werke wie der „Samson" oder Ähnliches von illustrativer Qualität und als Teil der Bücher bestimmt. Der Kunsthandel schlachtete die Bücher aus und präsentierte die Beigaben als Einzelstücke. Zehntausende Einzelstücke in Summe. Man sah sie überall. Aber im Gegensatz zu Karajan, den man seiner Popularität wegen rühmte, weil seine Plattenhüllen auch im Schaufenster des Salzburger Fleischhauers zu sehen waren, machte man Fuchs zum Buhmann und Verursacher einer Graphikschwemme.

Dazu kam ein Versuch von Fuchs, das neue Medium Poster zu nutzen. Das Plakat war bis in die sechziger Jahre neben seiner Funktion als Werbemittel natürlich auch Sammelobjekt. Von Toulouse-Lautrec über Steinlen bis zu den Künstlerplakaten der „École de Paris" wurde es gesammelt wie die Kupferstiche Dürers. Die Flower-Power-Generation aber entdeckte das Plakat als an die Wand genadelten Zimmerschmuck mit Aussagekraft. Und es entstand eine neue Plakatkultur. Neben dem hervorragend gestalteten politischen Plakat mit Lenin und Che Guevara gab es auch die psychedelisch gestalteten Poster für Jazzkonzerte und andere Events der Jugendkultur. In grellen Farben mit wild bewegten, fließend verzerrten Schriften. Fuchs entwickelte ein ganzes Programm von Farbpostern, kaleidoskopartig aufgelöst, mit psychedelisch-jugendstilartigen Ornamenten und Schriften. Aber da stießen zwei graphische Welten aufeinander, die sich nicht vereinigen konnten. Die Blumenkinder wollten nicht Kunstposter kaufen, sondern das affichierte Plakat von der Wand nehmen und zu Hause aufhängen. Und

die Kunstinteressierten wollten die Bildreproduktion, fein gerahmt. Der Versuch, auf diese Weise das Bild von Fuchs unter die Leute zu bringen, misslang.
Der Vorteil, dass viele Graphiken von Fuchs auf den Markt kamen, lag viel weniger im Finanziellen als im Vorteil, dass seine Bilder gesehen wurden. Das, was er immer wollte, war eingetreten: seine Bildwelt mit allen teilen, die sich von ihm angezogen fühlten. Ernst Fuchs in einem Gespräch während der großen Retrospektive in Zürich: *„Die öffentliche Bedeutung meiner Kunst ist durch meine Graphik allein zunächst getragen worden, das weiß ich. Ich hab zu einer Zeit Graphik gemacht, wo das Graphiksammeln überhaupt so gut wie unbekannt war. Die Radierung hat man gemacht zum Verschenken. Ich hab sie auch anfangs verschenkt. Aber damit auch ein gewisses Bedürfnis bestätigt und geschaffen, das eine Resonanz auch des Kaufens hervorgerufen hat. Und das hat mir sehr oft den Ruf des Kommerziellen eingetragen. Ich weise diesen Vorwurf ganz klar zurück. Ich habe meine Graphik gemacht, um meine Kunst bekannt zu machen, zu einem Zeitpunkt, wo kein Museum bereit war, diesen Außenseiter da zu zeigen. Aber mit meiner Graphik habe ich viele tausend Menschen erreicht. Erst in der konstanten Betrachtung wird aus dem Bild die Ikone.“*
Eine Ikone, die von vielen Menschen betrachtet werden konnte, ist eine Fuchs-Graphik mit der höchsten Auflage. Ein fein gestochener „Mädchenkopf“ von 1982. Von ihm selbst in Stahl gestochen und in 3,7 Millionen Exemplaren von der Österreichischen Post um vier Schilling verkauft. *„Mit dieser Marke öffnet sich ein kleines Fenster auf meine Kunst und auf die Kunst, die große, fabelhafte, unbekannte.“*

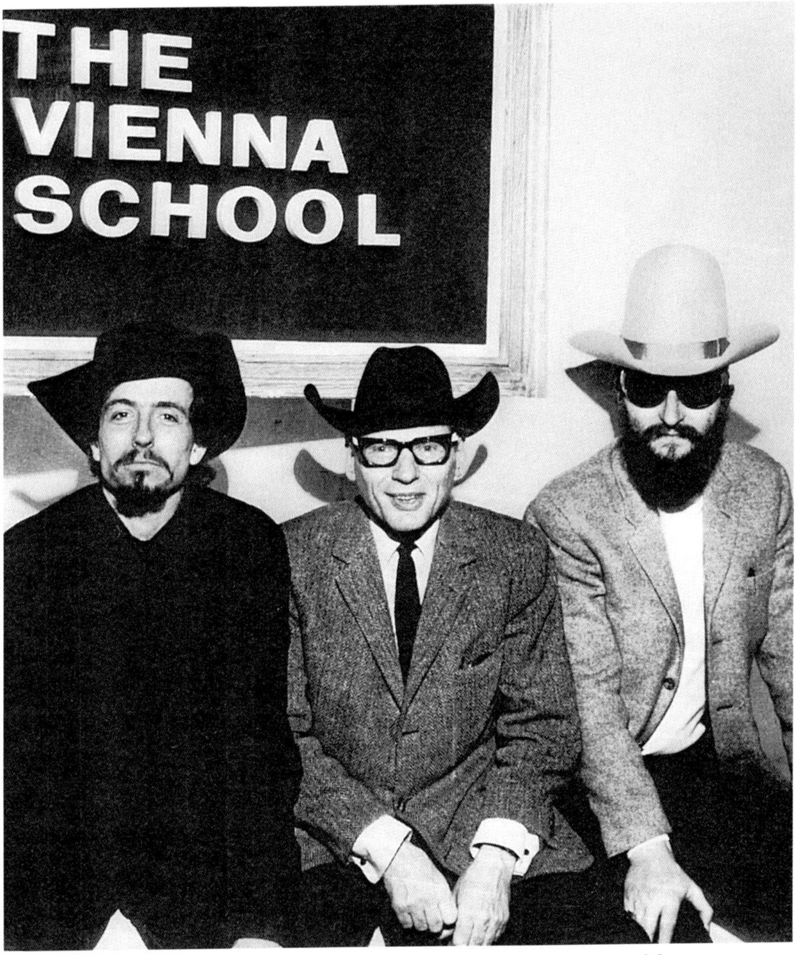

Arik Brauer, Rudolf Hausner und Ernst Fuchs in Los Angeles, 1966. (Privat).

14. Die Welt ist klein genug

Die fünfziger Jahre – Das Gelobte Land: Paris –
Der Kalte Krieg in der Kunst –
Eroberungsfahrten in die internationale Kunstwelt

„Von hier aus die Welt zu erobern – und ich wollte sie erobern –, schien völlig aussichtslos. Ich hatte mit meinen 19 Jahren viel Erfolg in Wien. Doch ich wollte hinaus, alles hier aufgeben." Fuchs ist einer, dem es in Wien zu eng ist. Er hat die exploralistische Neugierde des Jugendlichen, die er übrigens bis ins hohe Alter nie ablegte. Er lernte 1945 die Kunst der Moderne vom Hörensagen kennen und möchte wissen, was es damit in der Realität auf sich hat.

Alfred Schmeller: *„Fuchs, Brauer und Hundertwasser sind ständig unterwegs. Sie kommen eigentlich nur nach Wien, um sofort wieder abzureisen."*

Josef Mikl: *„Die damalige Sucht, ins Ausland zu fahren, um von dort Stile, Ideen zu holen, bei den Geometern, den Tachisten, bei Willy Baumeister usw., Einsichten anderer übernehmen, Handschriften abschreiben, als Kunstkunde herumfahren, schickt sich das? Also Maler oder Vertreter werden."*

Das alles spielte sich zu einer Zeit ab, als eine Fahrt von Wien nach Linz für den Durchschnittsbürger mit ungeheurem Aufwand an Zeit, Nervenkraft und einem mit zwei Dutzend alliierten Stempeln versehenen Ausweis verbunden war. Und mit der Angst vor den Konsequenzen, dass einer dieser Stempel bei den Kontrollen durch mit Kalaschnikows bewaffnete russische Soldaten fehlte.

„Meine Sehnsucht, Wien zu verlassen, wuchs von Monat zu Monat, und kein wie immer geartetes Hindernis hätte vermocht, mich zurückzuhalten. Noch war Paris das Mekka der Malerei, wer konnte, ging dorthin, um sich zu profi-

lieren. Auch meinte ich, nur dort wäre es möglich, zu erkennen, welchen Wert meine Kunst eigentlich hätte.
Trotz hochgespannter Erwartungen schien mir selbstverständlich, dass die unvermeidliche Wiener Kunstkritik auch an uns ihre Rolle weiterspielen würde. In dieser Stadt war das Bekanntwerden an das Verkanntwerden gebunden. Ruhm und Anerkennung würden nur durch sensationelle Kritiken aus dem Ausland erfolgen.
Schon sah ich eine aussichtsreiche, glänzende Zukunft vor mir, denn die Veröffentlichung im ‚Plan' und eine darauffolgende in der ‚Züricher Weltwoche' hatten mir ein starkes Echo eingebracht, das mir sehr wohl zeigte, dass die Situation eines Künstlers außerhalb Österreichs sich weitaus positiver gestalten ließe, als es in Wien möglich war."
Paris war das Zentrum der Kunst. Die „École de Paris" festigte ihren Ruf, die Surrealisten hatten hier ihr Zentrum, die verschiedensten Formen des „Informel" lockten, die literarische Kraft von absurdem Theater und Existenzialismus verschreckten.
Ernst Fuchs: *„Heute mutet es seltsam an, dass es keine Amerikanismen gab. Paris gab den Ton an – auch in der bildenden Kunst. Aus der Gegenwart gesehen war auch dies eine Perspektive, die uns vereinte. Also auch selbstverständlich, dass wir uns schon bald, 1950, in Paris zusammenfanden. Paul Celan, Herbert Wochinz, Hundertwasser und ich bildeten eine Art Vorposten, dem noch viele nachfolgen sollten, um jenen ersten Schritt der Kunst Österreichs aus den dunklen Tagen der Nazi-Ära in die Zukunft einer freien Kunst zu lenken."*
Die Ursache für diese Vorherrschaft der französischen Kunst – zu Beginn des Jahrhunderts war es ja eher die deutsche Kunst – lag im starken Engagement der Künstler in der französischen Widerstandsbewegung, vor allem der kommunistisch dominierten, gegen Hitlerdeutschland. Sie waren links und hatten ein starkes humanistisches Engagement, unabhängig vom künstlerischen Ausdruck. Ihre Stilmittel reichten vom Realismus Fernand Légers und dem Surrealismus eines Masson bis zur Abstraktion der „École de Paris". Von Tal-Coat oder dem Katholiken Manessier bis zu Miró und Picasso. Philosophen und Schriftsteller gehörten dazu, wie Sartre und André Breton aber auch Filmstars, Modeschöpfer, Wissenschafter, Chansonniers und Kunstdrucker.

Die Amerikanisierung der europäischen Kunst kam erst später, so wie die Einführung von Coca-Cola und dem Santa Claus im roten Mantel. Eine bedeutende Exporthilfe dazu war die US-Politik des Antikommunismus. Realistische Künstler gerieten unter dessen Pression. Gleichzeitig erkannten führende Männer in der amerikanischen Politik, wie nützlich es für die USA und den Kreuzzug für den freien Westen sein kann, eine möglichst unpolitische Kunst als Waffe im Kalten Krieg gegen das politische Engagement der europäischen Künstler zu setzen. Denn es waren ja nicht nur Künstler im besetzten Frankreich gewesen, sondern Künstler in allen vom Faschismus gefährdeten Ländern und deren Vertriebene wie zum Beispiel Oskar Kokoschka in London.

Den abstrakten Expressionismus konnten die USA als kulturell up to date in Konkurrenz auch zur politisch suspekten Kunst der Pariser setzen. *„Die abstrakten Maler der ‚École de Paris' waren, wie sehr sie es auch aufteilen, entformen, verdichten oder umbilden mochten, vom Gegenständlichen nie ganz losgekommen"* (Holger Cahill im Katalog „Moderne Kunst aus USA"). Diese Unterscheidung zwischen französischen und amerikanischen Abstrakten war eine unbedingte politische Notwendigkeit. Denn nur so konnte die Einteilung in kommunismusabhängige und -verdächtige Kunst Europas einerseits und freie, amerikanische Kunst andererseits erfolgen und diese als politische Waffe eingesetzt werden. Jede Form von gegenständlicher Kunst, auch die Surrealisten, waren ja offensichtlich antiamerikanisch. Gleichzeitig mit McCarthys Hysterie gegen „unamerikanische Umtriebe" steigerten sich die Aktivitäten für die Abstrakten in Europa.

Eine der durchaus vernünftigen Informations- und Umerziehungsmaßnahmen von der nationalsozialistischen Kultur zur westlichen Moderne waren Stipendien an amerikanischen Universitäten, auch für Maler. Einer, der ein solches Stipendium bekam, war Fritz Janschka. Ein phantastischer Realist der ersten Stunde, in enger Freundschaft mit Wolfgang Hutter verbunden, beeinflusst von Edgar Jené und beeindruckt von Albert Paris von Gütersloh. Er bekam ein Stipendium, um für ein Jahr in die USA zu gehen.

Er ging und blieb. Er wurde Professor am Brywn Mawr College, einer der feinsten Adressen in den Vereinigten Staaten. Sein Werk aber blieb österreichisch, europäisch. Er illustrierte James Joyce und Gütersloh und zeichnete hunderte imaginäre Porträts von Dichtern der Weltliteratur.

Von 1945 bis zum Ende der fünfziger Jahre wurde Europa kulturpolitisch betreut. Dieser Betreuung verdanken die Wiener Künstler auch einen ihrer großen Augenzeugen. Yoichi Okamoto kam als Leutnant der US Army nach Wien und wurde der offizielle Bildberichterstatter von US-Hochkommissar General Mark Clark. In dieser Zeit entstanden die bedeutenden Porträts und Dokumentationen vor allem der Art-Club-Künstler. Ab 1954 war er Leiter der Fotosektion des USIA, der US Information Agency in Washington. Ab 1962 wurden Europa und auch die Kunst uninteressant, und die Aktivitäten wurden nach Afrika und Asien verlagert.

Die Generale, die diese Kunstschlachten des Kalten Krieges schlugen, waren Thomas W. Braden und Portier A. McCray. Thomas W. Braden war von 1949 an vier Jahre lang Beauftragter für kulturelle Angelegenheiten beim Geheimdienst CIA. In einem Artikel der „Saturday Evening Post" verteidigte er seine Kulturpolitik: *„I am glad, the CIA is unmoral."* Er war der Überzeugung, dass mit der Kunst mehr Stimmung für die USA zu machen sei, als mit 100 Reden von John F. Dulles oder Eisenhower. So trat die CIA als Konzertveranstalter und Ausstellungsorganisator abstrakter Kunst auf. McCray studierte mit einem Rockefeller-Stipendium an der Yale University bei Rockefellers Architekten W. Harrison, wurde 1946 Leiter der Wanderausstellungen des Museums of Modern Art und ging 1951 nach Paris, um die Ausstellungsabteilung des Marshallplan-Büros zu leiten.

Das Scherzwort von der „Marshallplan-Kunst", das in der Wiener Kunstszene über die Abstrakten kursierte, ist also gar keines. Rudolf Hausner: *„Ich lernte den Surrealisten Victor Brauner in Paris kennen, als ich die Ausstellung der phantastischen Kunst im Künstlerhaus vorbereitete. Als ich ihn fragte, was er in Paris vorgefunden habe, als er aus der Emigration zurückgekommen war, sagte er: ‚Die Marshallplan-Kunst ist in Europa ausgebrochen.'*

Die gegenständliche Kunst war durch die Nazikunst und ihr Pendant im sowjetischen Einflussbereich desavouiert worden. So wurde das Informel als Bekenntnis zum freien Westen, als Staatskunst herausgestrichen. Die abstrakte Kunst ist gleichzeitig mit den CARE-Paketen und ERP-Krediten gekommen. Sie war nur in den Marshallplan-Ländern zu lokalisieren."

1952 konnte McCray ausschließlich für bildende Kunst über ein Fünfjahresbudget von 625.000 Dollar verfügen, was in Sachen Kunst damals ein bedeutender Geldbetrag war. Allerdings wenig im Vergleich zu den etwa 20 Millionen Dollar jährlich, die in die katholische Kulturarbeit flossen. Mittel, die später in die berüchtigte Loge P2 umgeleitet wurden. Der Dollar war das Dreifache des heutigen Betrages wert und die Kaufkraft ein Vielfaches. Alle Ausstellungen mit starker abstrakter Beteiligung hatten als „US representation" offiziösen Charakter.

Im Katalog der Ausstellung „Junge Maler der Gegenwart" 1959 in Wien schreibt Julien Alvard: *„Kurz, es wird siegen, wer am meisten Staub aufwirbelt, die Malerei gehört den Mannskerlen. Zum ersten Mal in der Kunstgeschichte? Nein. Denken wir nur an die, die sich den Muskulaturen des Michelangelo verschrieben haben. Es gab auch die Weibsbrocken der Rubens oder Renoir, aber von denen spricht man nicht mehr oder man ist degoutiert."*

Wolfgang Kudrnofsky: *„Das Abstrakte wurde zur Rekonvaleszenz-Droge für die europäische Nachkriegsgesellschaft."*

Das alles spielte sich in der administrativen Ebene der Kulturpolitik ab und erreichte zwar die Sachverständigen, Zuschauer und Kritiker, nicht aber die Künstlerquartiere der Nachkriegsjahre. Erst als der Kunsthandel sich dem amerikanischen Markt vor allem mit der Pop-Art zuwandte, wurde es hart.

Bis dahin war das, was Fuchs machte, zwar eine Gegen-den-Strom-Kunst, aber die Anerkennung war gleichrangig armselig neben der, die alle anderen Bestrebungen erhielten. Fuchs wollte hinaus aus Wien, alles hier aufgeben, auch seine familiären Probleme. Hatte der 19-Jährige hier doch eine Frau, zwei kleine Kinder, die eine oder andere Geliebte, finanzielle Sorgen und einen manischen Hang zu seiner künstlerischen Arbeit. *„So kam meine Sehnsucht nach Paris einem Fluchtgedanken gleich, dem Wunsch, meiner aussichtslosen Lage in Wien zu entfliehen."*

Also nichts wie weg und ab nach Paris. *„Ich fand zu neuer Liebe, zu noch einer und zu einer ganz besonderen. Dieser reiste ich nach – nach Paris und wieder zurück nach Wien. Aber so entdeckte ich Paris, sein herrliches Leben, ja, das war ein Leben. Das Interesse für Kunst – auch für die meine –, die lichte, geistsprühende Stadt konnte ich nicht mehr vergessen. Dorthin wollte ich, dort leben, arbeiten, ausstellen und ein großer, berühmter Maler werden. Die Erinnerung an Paris ließ mich nicht los. Die Bilder der leuchtenden Boulevards, der Terrassencafés und eleganten Galerien quälten mich, und Wien schien mir hassenswerter denn je, eine Stadt, von Lemuren bevölkert. Paris aber empfing mich mit all seiner Härte und geleitete mich flugs in seine vielen Schattenseiten; und doch, ich war meines Lebens sehr froh, und meine Arbeit ging voran."*

Im Sommer 1948 kam es zu einem ersten Aufenthalt in Paris, und gleich wurde eine erste Ausstellung organisiert. Fuchs war immer mit einer Mappe seiner Arbeiten unterwegs, wenn nicht sogar mit seinem ganzen „Atelier". In einem zum Werkzeugkasten adaptierten Reisenecessaire, wie es auch Hundertwasser hatte. Nur hatte der auch immer noch ein paar Farbklischees seiner Bilder dabei, falls irgendwer eines in einem Kunstmagazin reproduzieren wollte. Alle Platten und Bilder von Ernst Fuchs dieser Zeit, die etwa die Größe eines Schulheftes haben, wurden in weiche Tücher gepackt, in diesem Necessaire transportiert. Radierungen und Bilder entstanden, wie die in Teilen gemalte „Hochzeit des Einhorns", zur Gänze in Kaffeehäusern.

„Nachdem ich einige der bedeutendsten Galerien aufgesucht hatte, um dort meine Arbeiten zu zeigen, stieß ich auf eine Galerie am Boulevard Saint Germain des Prés, die ‚Galerie du Siècle', deren Direktor ein äußerst kunstverständiger Grieche namens Christodulou war. Im November 1949 sollte meine Ausstellung eröffnet werden, um alles bis dahin Geschaffene zu zeigen."

Fuchs musste zwar alle Bilder in Wien verkaufen, um sich die Reise zu finanzieren. Aber er stellte in Paris die unverkäuflichen Leihgaben aus. Er kam zurück nach Wien, um nur möglichst rasch wieder nach Paris zu reisen. Er animierte seine Kollegen, ihm in dieses schönste, von Künstlern überfüllte Armenhaus zu folgen.

Es dauerte, aber es gab Versuche. Die frühesten waren 1951 von Arnulf

Rainer zusammen mit Maria Lassnig. Der Surrealistenpapst André Breton, dem Rainer seine Arbeiten zeigte, die eine individuelle Ausformung der automatistischen surrealistischen Prinzipien sind, ist Rainer zu pastoral, zu feierlich, zu indifferent. Rainer war enttäuscht, aber interessiert an dem, was sich sonst in Paris tat. In der Ausstellung „Véhémences confrontés" (= heftige, ungestüme Gegenüberstellungen) wurde gezeigt, was später Tachismus heißt: Jackson Pollocks „Organico-Psychiques", Wols, Hans Hartung. Schon im März 1951 stellt Rainer in Frankfurt seine neuen Arbeiten vor: „Automatik / optische Auflösung / Blindmalerei / Zentralgestaltung".

Beeindruckt vom Informel in Paris ist auch der Kärntner Hans Staudacher: *„Abstrakte Kunst ist Handschrift, Farbe, Tanz, Spiel, Zeichen, Einfall, Rede, Wort, Überfluss, Bewegung, Geschwindigkeit. Sie ist übertragbar, nicht zu verstehen. Sie ist Übermut – und das deshalb, weil sie Macht hat. Malerei und Poesie erzählen nicht mehr, sie handeln."*

Hundertwasser ist einer der frühesten in Paris, mit ihm lebte Fuchs auch einige Zeit in einer Wohngemeinschaft. Hundertwasser war jener Wiener Künstler, der überhaupt und nur international dachte. Ab 1949 reiste und malte er in Italien und Frankreich und eroberte langsam von hier aus die Welt. Als er 1952 im Art-Club-Keller in Wien ausstellte, verschickte er Einladungen an Zeitungen, Kritiker, Galerien und Museumsleiter in der ganzen Welt. Josef Mikl: *„Ich habe ihn gefragt, ob er blöd ist. Ob er glaubt, dass aus Frankreich oder Japan einer da herkommt, in den Strohkoffer."* Hundertwasser aber zeigte die Konsequenz, die er sein Leben lang durchhielt. Er verkaufte die Briefmarkensammlung der Großmutter, um das Porto für den internationalen Versand der Katalogblätter zu haben.

1954 ging aber auch Arik Brauer nach Paris. *„Ich bin 1954 von Wien weg. Ich ging nach Israel, habe dort geheiratet und bin dann nach Paris. Es war immer mein Wunsch, in Paris etliche Jahre zu leben, vielleicht auch für immer. Es war die Metropole. Was ich wollte, war hin nach Paris, nicht weg von Wien. Dort war damals die große Welt, da sind die Dinge passiert. In Wien sind sie eben nicht passiert oder geschahen später. Ich habe nicht Anerkennung erwartet. Das konnte ich mir nicht vorstellen. Meine Voraussetzungen* *waren so andersartig, dass man es sich heute gar nicht vorstellen kann. Nach 1945 war die bloße Tatsache, dass ich überhaupt noch lebe, so phantastisch, dass ich mir gar nichts anderes mehr wünschen konnte. Nach Paris bin ich gar nicht wegen der Karriere, sondern weil mir das alles gefallen hat. Fuchs war vor mir dort. Es hat mich enorm beeindruckt, wie die Leute leben, die alle so waren wie ich. In Wien war ich Außenseiter, obwohl ich hier aufgewachsen bin, und man hatte Langhaarigen Steine nachgeworfen. Ich möchte das klar sagen: Ich bin nicht weg von Wien, weil ich angefressen war. Ich hatte nie das Gefühl, dass mir irgendwer irgendetwas schuldig ist. Ich habe nie ein Stipendium bekommen, obwohl ich es bitter notwendig hatte. Ich habe von der Luft und dem Singen gelebt. Es ist mir alles ganz normal vorgekommen, so wie es war.*" Brauer lebte zusammen mit seiner Frau Noemi vor allem vom Singen. Er trat in Nordafrika erfolgreich in Beduinenzelten und Kaffeehäusern mit Wiener Heurigenliedern auf und hatte in einem Kellerlokal auf dem Place Contrescarpe großen Erfolg mit jemenitischen und israelischen Liedern in Paris.

Sein erstes Bild in Paris verkaufte er an die Galerie Flinker. *„Ich dachte mir: Brauer, pass auf, dass dir nicht der Kiefer zittert, der Preis, den du jetzt forderst, hängt dir dein Leben lang nach. Ich forderte viereinhalbtausend neue Francs. Ich dachte, ich habe Halluzinationen, als Flinker, ohne zu handeln, die Scheine aus der Tasche zog.*" Flinker zeigte in der Folge zwei Ausstellungen Brauers, die beide ausverkauft waren. *„Mir war es in dieser Zeit gelungen, eine gute Position auf dem Pariser Kunstmarkt zu erobern."*

Waren es oft nur ganz banale, außerkünstlerische Gründe, dass Fuchs reiste, so waren es immer Entdeckungs- und Eroberungsfahrten in Terrain, das er für sich und seine Kunst besetzen und beackern wollte.

Ob auf der Flucht vor einer Frau oder der Suche nach einer, immer findet sich auf dem Weg eine Station, wo Fuchs seine Arbeiten zeigt.

Der innere Drang und Zwang, nach Israel zu reisen, war ein Anlass für Werke, die in der spirituellen Situation Israels entstanden.

Die meisten Reisen, die man als Vergnügungsreisen bezeichnen möchte, machte Fuchs im Zusammenhang mit Großausstellungen der Maler der „Wiener Schule des Phantastischen Realismus": nach Hannover, Japan, Israel oder den USA.

Einer der wichtigsten Verleger von Ernst Fuchs in den sechziger Jahren, Charles Orengo, hatte seinen Sitz in Monaco. Für ihn machte der Künstler die graphische Folge zu „Samson". Jetzt lebt und arbeitet der 70-jährige Fuchs selbst dort.

Fuchs ist fast Franzose geworden. Im Herbst 2000 erhielt er eine hohe Auszeichnung des französischen Staates für besondere künstlerische Leistungen, die vor ihm auch Salvador Dalí erhalten hat. Aber wie er bei der Verleihung der Insignien „Officier dans l'Ordre des Arts et des Lettres" sagte: *„Ich bin und bleibe Wiener. Leider."*

Die Welt ist für Fuchs fast zu klein. Nur Paris ist groß genug. Er wollte die Welt erobern, Paris hat ihn erobert. *„Dass die Kunst wichtig war, dass der Mensch sie schlechthin zum Leben zählte und brauchte, das konnte man in Paris spüren. Deshalb war es besonders schön, und ich blieb. Zwar ging ich viel per Autostopp auf Reisen, kehrte aber immer wieder nach Paris zurück, obwohl das Leben dort oft schrecklich schwierig war. Paris hatte ein Charisma der Kunst, das mächtig auf mich wirkte. Schon nach wenigen Wochen – ob ich nun in Spanien, Italien, England oder Deutschland war – packte mich eine Art Heimweh nach Paris, und ich musste zurück. Und heute noch geht es mir so."*

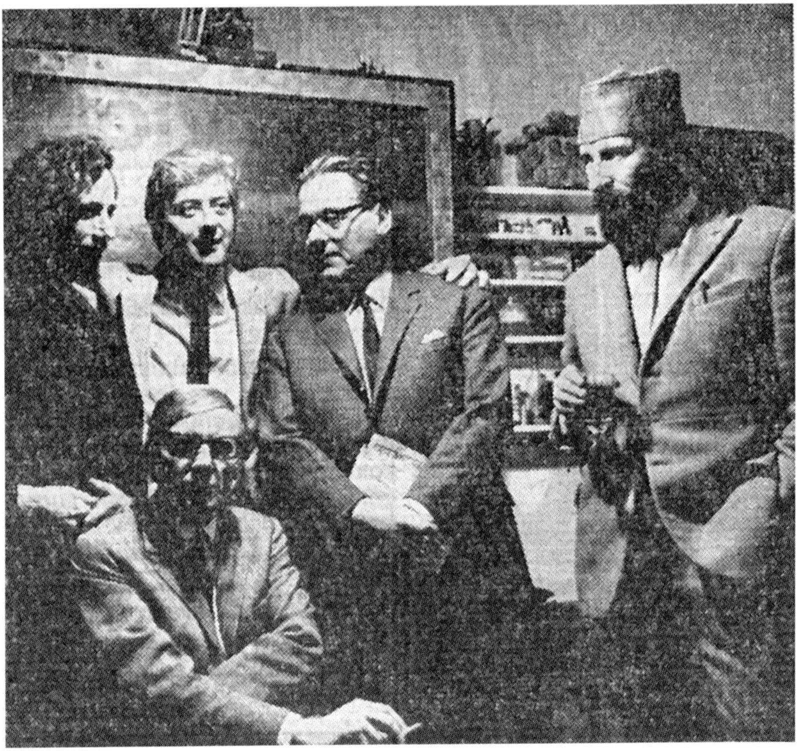

Arik Brauer, Wolfgang Hutter, Johann Muschik, Rudolf Hausner (vorne) und Ernst Fuchs anlässlich einer Ausstellung in Israel. (Privat).

15. Die Schule phantastischer Realisten

Ernst Fuchs 1946: der 16-jährige Patriarch – Die Kerntruppe um Fuchs: Brauer, Hausner, Hutter, Lehmden – Wiener Phantasten sind keine Surrealisten

„Da Wiens Name patentamtlich nicht geschützt ist, kann niemand eine bei Ernst Fuchs ausstellende, gefällig formierte Gruppe von Malern hindern, sich auf Anregung ihres bärtigen Propheten ‚Schule von Wien' zu nennen." Arnulf Neuwirth erregte sich über die Formierung der Gruppe der Wiener Surrealisten unter dem Namen „Wiener Schule des phantastischen Realismus".

Während der ersten Art-Club-Ausstellung in Turin 1948 erregte die kleine Gruppe der Wiener Phantasten großes Aufsehen. Ernst Fuchs: *„Das sah man in Wien begreiflicherweise nicht gern. Doch diese ersten Erfolge haben uns sehr bestärkt und das Dasein im Untergrund etwas erträglicher gemacht. Wir hatten das, was man Sendungsbewusstsein zu nennen pflegt. In mir hat sich dieses Bewusstsein geradezu gigantisch ausgeprägt. Der anachronistische Charakter unserer Bemühungen wurde allen offenbar, und unsere Entwicklung erfolgte von Anfang an keineswegs im Verborgenen. Mit Ausnahme von Albert Paris von Gütersloh, der unsere Orientierung nach dem Können der alten Meister rückhaltlos guthieß, umgab uns nur Hohn und Unverständnis. Wollte man doch gerade in Wien aller Welt beweisen, dass man die Jahre des Krieges ‚nicht hinter dem Mond' geblieben war. Fast alle Maler begannen schlagartig, ‚Abstraktionen' zu pinseln. Der eben gegründete Art Club bestand mit Ausnahme unserer Gruppe aus mehr oder weniger abstrakt malenden Künstlern, die alle der Meinung waren, dass von nun an die Malerei der Zukunft nie wieder figürliche Darstellungen zeigen würde. Die Vorboten*

einer Malerei des ‚Informel' machten sich schon im Jahr 1948 bemerkbar und verschärften unsere Isolation.
Vom heutigen Standpunkt aus war unser Entschluss, sich dem allgemeinen Kunstgeschehen so diametral entgegenzusetzen, nur dann zu verstehen, wenn man die gewaltsam unterbrochene Tradition des österreichischen Geistes, von der wir allerdings damals keine Ahnung hatten, in Betracht zieht."
Dieses Sendungsbewusstsein, von dem Ernst Fuchs sprach, das Gefühl der Isolation in einer vorwiegend abstrakten Kunstwelt und das Wissen um die geringe eigene Produktion durch die selbstgewählte langsame Technik, gegenüber den Schnellmalern der Abstraktion, führte, wie man es von Randgruppen der Gesellschaft kennt, zur Bandenbildung, in diesem Fall zur Gruppenbildung der „Wiener Schule des phantastischen Realismus".
Und Ernst Fuchs war eine der treibenden Kräfte dazu, mit der Einsicht, dass nicht jeder für sich, sich isoliert präsentierte. Rudolf Hausner: *„Es gab zwei kulturpolitische Auffassungen über die Entwicklungsmöglichkeit der Wiener Schule innerhalb unseres Fünferkreises. Die eine hat Ernst Fuchs vertreten: Eine Bewegung machen, viele Nachfolger haben, in Massen auftreten. Das Gegenteil davon habe ich vertreten, wie in vielen Dingen Fuchs und ich an den entgegengesetzten Enden sitzen."*
Ernst Fuchs war der Jüngste im Kreis der Wiener Phantasten. Geboren 1930, war er, wie Wolfgang Hutter sagt, *„jünger als wir alle. Aber es gab nie einen jungen Ernst Fuchs. Er trat mit 16 als Patriarch auf, hat nie auch nur eine Sekunde an sich gezweifelt, was wir anderen immer taten und immer noch tun."*
Auch andere zweifelten nicht an ihm. Alfred Schmeller, später Sekretär des Art Club und noch später Direktor des Museums des 20. Jahrhunderts, lässt 1947 in seiner Kritik über die ‚Große Österreichische Kunstausstellung' kein gutes Haar an der österreichischen Kunst und nimmt in einem Aufwaschen gleich die Engländer, Russen, Franzosen und Amerikaner mit, die auch nur *„brav, geschleckt, fad, blass, steril, hausbacken"* sind. Den *„Kitsch-Leichen des Hauses der Kunst"* stellt er die „Formengespenster des Art Club" gegenüber, als einzigen lässt er gelten, *„der junge Ernst Fuchs, an Genie und Originalität weit seine Zunftgenossen überragend"*.

Der fast 70-jährige Gütersloh sagte später über den jungen Ernst Fuchs, dass er einer der „dekoriertesten Veteranen des Surrealismus“ sei. Gütersloh wählte seine Worte professionell sorgfältig. Er weiß, was er meint, wenn er es so sagt. Und es zeigte von Selbstbewusstsein, wenn der 17-jährige Ernst Fuchs seinem Professor durchaus respektvoll ein Blatt widmet: *„meinem teuren Berater“.*

Hausner: *„Fuchs war schon früh ein Missionar, schon lange bevor er die kulturpolitischen Tendenzen verbal formulieren konnte, hatte er in dieser Richtung gearbeitet.“*

War der 15-, 16-jährige Fuchs nur das Zentrum eines inneren Kreises von „Neu“-gierigen an der Akademie, so war der 18-jährige derjenige, der aus Paris kam und wieder auf dem Weg dorthin war. Der Rainer und Brauer überredete, auch dorthin zu gehen, der Informationen aus erster Hand brachte, der Kontakte zu Galerien, Kritikern und Werkstätten hatte.

Die später als die „großen Fünf“ oder die „Gründer“ der „Wiener Schule“ bezeichneten Brauer, Fuchs, Hausner, Hutter und Lehmden waren natürlich nie eine geschlossene Gruppe, keine Arbeitsgemeinschaft, keine Künstlervereinigung, keine eigentliche Bewegung, auch keine Kunstrichtung und hatten auch keinen einheitlichen Stil. Ausgenommen eine „altmeisterliche“ Technik.

Anfangs waren manche sehr intensiv dabei, wie Fritz Janschka oder Kurt Steinwender, der dann als Curt Stenvert einen ganz eigenen Weg als Objektmacher und Filmer ging. Oder Ältere wie Anton Krejcar, der von 1945 bis 1952 bei Dobrowsky studiert hatte, sich aber aus der Gruppe heraushielt oder herausgehalten wurde, oder Charles Lipka, der seine eigene Vergangenheit einbrachte und vegetabile Formen wie versteinertes Holz zeichnete. Im Lauf der Zeit versuchte sich mancher an die Gruppe heranzumachen, andere übernahmen die Wortmarke. Die Fünf hatten eine zwar aufmerksame, aber nur lose Bindung aneinander. Manchmal ging man miteinander in den Clinch; Außenstehende konnten das leicht für ein Nahverhältnis halten.

Hausner: *„Man muss das so verstehen. In der Zeit und Umgebung, in der wir uns gefunden hatten, war es ganz klar, dass wir einander sympathisch waren. Und dass wir das Gefühl hatten, zusammenzugehören. Man weiß, wie der*

Art Club ausgesehen hat. Der große abstrakte Flügel, ein kleiner expressionistischer, und dann gab es eben uns vier, fünf Leute. Klar, dass wir uns verstanden haben. Im Großen und Ganzen waren wir immer Freunde, mit vorübergehenden Trübungen. Wie das so ist bei Freunden, die auf einer Rennbahn am Start stehen, es kommt dann vor, dass einer aushaut und den anderen trifft, wo es weh tut."

Die Kerntruppe ist bekannt: Rudolf Hausner, Erich Brauer, Ernst Fuchs, Wolfgang Hutter, Anton Lehmden.

Ernst Fuchs: *„Rudolf Hausner stößt im Frühjahr 1946 zur Gruppe. Die Freundschaft zwischen Hutter, Brauer, Lehmden und mir hat da schon bestanden. Als junger Bursch braucht man nicht lang, da genügen zwei, drei Monate, und man ist irrsinnig zusammengeheizt und unzertrennlich. Hausner war da beeinträchtigt, da er beträchtlich älter war als wir. Damals hat der Altersunterschied natürlich eine enorme Rolle gespielt. Er war für uns ein viel reiferer Mann und hat mehr gewusst über Kunst als wir alle, hat sich auch dementsprechend vorsichtiger verhalten."* Hausner, Jahrgang 1914, also doppelt so alt wie der 15-jährige Fuchs, konnte in dem Kreis um Ernst Fuchs als Vorkriegsmaler gelten. Er malte in einem am Expressionismus orientierten Stil einer Art von neuer Sachlichkeit.

Er fand aber sehr rasch, ausgelöst durch Kriegserlebnisse, zu einer surrealen Sicht- und Malweise. Seine „Arche des Odysseus" war nicht nur sein gemalter persönlicher Schrecken, es war auch der Schrecken der Kunstausstellungen, es wurde bis zu seinem letzten und endgültigen Zustand unzählige Male bis zur totalen Kenntlichkeit übermalt.

Der weitgehend unbekannte kommunistische Kritiker W. Hosnedl: *„Eine Synthese aus fliegenden Untertassen, Initi- und sonstigen -alien, Innereien und Schweinereien und sehr viel Nonsens. Odysseus 1950 – ein Paralytiker? Irgendetwas würgt im Hals. Ich glaube, hier hört der Spaß auf. Einen kleinen Schritt weiter beginnt die Provokation."* Und der kommunistische Publizist Bruno Frei nimmt *„meinen lieben Freund W. Hosnedl"* in Schutz: *„Er macht sich zum Sprachrohr des einfachen Menschen. Hier handelt es sich um eine Malerei, die bewusst darauf verzichtet, verstanden zu werden, und die Künstler tun, was in ihrer Macht steht, um dieses Ziel zu erreichen. Man kann in den Unsinn einen Sinn hineininterpretieren."*

Rudolf Hausner war nicht der Erste im Kreis der Wiener Surrealisten, aber er war der älteste unter ihnen. Geboren 1914, studierte er bereits vor dem Krieg. Er, der während des Dritten Reiches Malverbot hatte, malte seine Bilder im Kopf. Als Hausner 1945 wieder beginnt, auf Leinwand zu malen, kann er sich von diesem Blick nach innen nicht mehr lösen. Hausners Bilder sind exakt, er schätzt das Handschriftliche nicht, er liebt die anonyme Malerei. *„Der Kringel der Persönlichkeit ist mir lästig."* Hausner ist es, an dessen erstem Bild sich die leidenschaftlichsten Diskussionen entzünden.

Der erste aus dem Kreis der späteren „großen Fünf", auf den Fuchs stößt, ist Erich Brauer. Im Januar 1929 geboren, kam er als 16-Jähriger aus einem Sammellager für jüdische Kinder. *„1945 betrat ich die noch rauchende Akademie der bildenden Künste. Die breiten Stiegen, die vielen Staffeleien, die schönen Studentinnen – ich war beeindruckt, und es kostete mich zwei Semester, um zu begreifen, dass mir das Modellzeichnen mit Presskohle keine Freude machte. Die Bilder meiner Phantasie wollte ich auf der Fläche erscheinen sehen, und zwar so fein und überzeugend gemalt, dass der Beschauer an ihre Wirklichkeit glauben musste. Ich wollte immer eine realistische Malerei machen. Bestärkt wurde ich durch einen schmalen Jüngling, der mit kurzen Hosen über die Treppen floh und Studenten wie Professoren mit eigenartigen surrealistischen Bleistiftzeichnungen erschreckte: Ernst Fuchs.*

Er hat eine große Rolle in meinem Leben gespielt. Er hat etwas in seinem Wesen, was Jüngere und Ältere um ihn versammelt. Er ist immer ein Rabbi gewesen, der Chassidim um sich schart.

Wir sind unsere eigenen Wege gegangen, aber Fuchs hatte eine unheimliche Ausstrahlung. Er hatte auch eine unwahrscheinliche Wendigkeit. Er war immer schneller in Paris als ich und auch ganz anders. Ich war mit dem Rad dort, er hat jemanden gefunden, der ihm die Reise bezahlt. So war es auch in Gesellschaft. Er wurde von den Erwachsenen als junger Künstler angesehen, so sah er auch aus. Mich haben s' als Bürscherl angeschaut, als Knaben, der noch nicht dazugehört."

Brauer hat in einem Stil begonnen, der von Brueghel beeinflusst war. Später, als der Vordere Orient für ihn immer wichtiger wurde, als er mehr nach Israel übersiedelte, trat eine märchenhafte Beschreibung in den Vordergrund. Er hat natürlich nicht nur den Stoff, sondern auch die Vortragsweise übernommen, zum Beispiel ist vieles aus der persischen Miniaturmalerei hineingeflossen. Brauer kam nicht von der Kunstgeschichte und hat sich durch sie nicht beeinflussen lassen. *„Ich war nie abstrakt, ich habe durchaus begriffen, worum es dabei geht. Die Abstraktion ist im deutschsprachigen Raum um zehn oder 20 Jahre zu spät gekommen. Ich war immun dagegen. Ich war immer für eine erzählende Kunst. Weil die figurative Malerei nicht eine Mode ist, sondern weil es eine Sprache des Menschen ist, seit er auf zwei Füßen gehen kann und so lange er auf zwei Füßen gehen kann."*

Er versuchte, über ein aktuelles Märchen etwas über die Existenz des Staates Israel zu sagen. „Wasserlecker in Sinai" oder „Der große Regenmacher", alle seine Bilder sind letzten Endes politische Wunschbilder, obwohl man es ihnen nicht auf den ersten Blick ansieht. In Wirklichkeit gilt sein intensives Sehnen der Fruchtbarkeit dieses Landes. Seine Bilder quellen über von Blüten und Vegetabilem, von Mücken und Insekten, von Geziefer, das im Unterholz herumkriecht. Eine üppige Flora und Fauna. Brauer wünscht es einem Land, das im Grunde genommen nur aus Steinen besteht. Das heißt, er tut das, was in den Kibuzzim gemacht wird: die Erde fruchtbar machen. Das kann man in Israel praktisch nur in ganz kleinen Portionen. Brauer macht es in seinen Bildern global. Seine Bilder sind Fruchtbarkeitsbekenntnisse, Wunschbilder.

Erich „Arik" Brauer weiß, dass seine Bilder in Form und Inhalt Bilder Israels sind. Aber *„die Malerei, die ich betreibe, wurzelt in Wien"*.

Erich Brauer übersetzte seinen Namen nach seiner ganz privaten Entdeckung Israels, als er 1964 begann, in Ein-Hod ein Haus zu bauen, in Arik Bar'or und verschmolz das Israelische und das Wienerische dann zu seiner endgültigen Form Arik Brauer. Brauer ist ein Naturbursche, Bergsteiger, Radfahrer, Hausbauer in der Wüste, Volksmusiksänger, in dem Sinn, in dem die Musik heute als „Weltmusik" verstanden wird. Später artikuliert Brauer seine Anliegen auch in Protestliedern, er lebt singend und malend.

Brauer: *„Das heißt, ich male so, wie ich atme. Unter meinen Augen verwan-*

delt sich die Wirklichkeit in das, was sie tatsächlich ist, nämlich in einen Garten paradiesischer Schönheit. Es gibt eine wunderbare Phantasie, die in den Kindertagen das ganze Leben ausmacht, in den Jugendjahren noch einmal hell aufflackert, um dann langsam und kraftlos einzuschlafen. Diese lila schillernde Phantasie musst du dir suchen und sie wecken."

Anton Lehmden wurde 1929 in der Tschechoslowakei geboren. 1944 bewarb er sich um die Aufnahme an die Wiener Akademie. Zum Kriegsende erlebt er die Schrecknisse der letzten Kämpfe unmittelbar. Er wird vom Krieg gezeichnet, an beiden Händen schwer verstümmelt. Trotz dieser behindernden Verletzung kommt er wieder an die Akademie. Er freundet sich mit Erich Brauer, mit dem er die Klasse Andersen besucht, an. Rudolf Hausner erinnert sich: *„Lehmden schaut in dieser Zeit aus wie ein koptischer Ministrant mit Mittelscheitel, schulterlangem Haar, und er ist außerordentlich schweigsam."*

Ernst Fuchs: *„Die ersten Zeichnungen von Lehmden waren große Zeichnungen in Holzkohle. Das waren Klotzköpfe, wie Pfähle. Ungeheuer beeindruckende Blätter. Über den Köpfen flogen schwarze Vögel. Sehr surreal. Seine Signatur waren vier Kreuze. Er hat jede Auskunft verweigert, was das bedeuten soll, sicher aber, dass das Christentum abnimmt. Seine Lieblingsgestalten waren Beethoven und Rembrandt. Er war ungeheuer finster. Er hat diese Zeichnungen noch, ich hab sie für ihn aufgehoben, er zeigt sie nur nicht her."*

Seine Bilder sind Weltlandschaft, Katastrophen, Kämpfende, Panzerschlachten, Erdereignisse, Tod und Vergehen. *„Man sieht auf Lehmdens Bildern die Erde sich selbst Wunden schlagen und sich selber heilen"*, sagte Albert Paris von Gütersloh.

1958 schrieb Hutter über seinen Malerfreund: *„Der Maler Anton Lehmden leidet mit, und das ist es, was ihn berechtigt, jene Bilder zu malen. Lehmden ist gegen den Krieg. Und deshalb ist er von ihm fasziniert, läuft ihm nach in Gedanken und im Traum. Er will ihn beschwören und wegzaubern. Lehmden kann hochdramatische Ereignisse malen, und er malt sie so unsentimental, dass wir als Beschauer nie die Sehnsucht bekommen, das Geschehen möge sich dem nächsten Akt zuwenden."*

Wolfgang Hutter, geboren 1928, war der erste Gütersloh-Schüler, der erste mit eigenem Atelier bei Gütersloh, der erste, der mit der Bildwelt

Güterslohs in Kontakt kam. Er wuchs in dieser Bildwelt auf – er ist sein Sohn.
Hutter schwankte zwischen der Abstraktion und dem Phantastischen. *„Ich pendle immer zwischen der Faszination der Ästhetik der Abstrakten und der unerhört delikaten Literatur der Surrealisten."* Er ist aber immer bemüht, nicht *„in die Sklaverei der Theoretiker zu geraten, die eine reine Malerei suchen, aber nur Farbhandlungen gefunden haben"*.
Rudolf Hausner: *„Hutter malt immer Paradiese. Ich glaube, dass seine Bilder Kompensationen sind. Das ist etwas ganz Legitimes, das gibt es in der Kunst immer wieder. Das hat es in der religiösen Kunst gegeben, das gibt es auch in der politischen Kunst. Es gibt die Paradiese der Arbeiter und Bauern im Bild, obwohl man nicht darin leben kann. Wie viele Maler haben wunderschöne Frauen gemalt, mit denen sie nur leider nie im Bett liegen konnten."*
Hutter ist ein ungemein erotischer Maler, anders als Fuchs. Bei Fuchs sind die Akte mythische Gestalten, in der Hyperphysis ihrer Formen direkt auf die angeborenen Auslösemechanismen gerichtet, von geschlechtlicher Deutlichkeit. Hutter: *„Gegen die damals als Boom über uns hereinbrechende deutsche und französische abstrakte Malerei hat sich in uns irgendetwas widersetzt, nicht gewehrt – das wäre zu hart gesagt. Warum sollten tatsächlich Weg und Zukunft der Malerei darin liegen, je nach Geschicklichkeit Flächen anzutragen, zu teilen, sie je nach Temperament, ruhig, kalt, launig-spritzig herzurichten oder zuzumalen? Das war's nicht. Wir waren vielleicht fürs Erste zu neugierig, zweitens waren wir geil. Für uns gehörte die Erotik wesentlich mit dazu. Wer einen Busen liebt, die Brustwarze schön findet und die Fülle prächtig, wie es in die Taille übergeht und sich fortsetzt, kann das nicht durch optische Zerlegung darstellen wollen. Man ist gezwungen, Licht und Schatten herzunehmen, um zu erreichen, dass es sich wölbt, dass es sich rundet. Um diese optische Vorstellung zu erzielen, mussten wir in die Kunstgeschichte zurückgehen, weil sich dazu so wenig in der zeitgenössischen Malerei angeboten hat. Und wenn man dann sein Auge bei Lucas Cranach, Altdorfer oder bei Albrecht Dürer geschult hat, dann kommt einem eine Max-Ernst-Malerei vor wie eine gemalte Ackerfurche."*
Hutter malte auch die großformatigsten Bilder in einer geradezu ma-

nisch peniblen Weise. Wie bei Mondrian entstehen die Flächen in Hutters Bildern durch ein dichtes Nebeneinander winzig kleiner Pinselstriche. Hutters Kunst ist ein „präzises Vergnügen". Dazu Hutter in einem Interview der Hamburger Zeitung „Die Welt": *„Ich habe das Gefühl, das Präzise war in der Kunst eine Zeit lang abhanden gekommen. Wenn wir uns umschauen, ist alles, womit wir zu tun haben – Auto, Flugzeug, Schreibmaschine –, vollkommen präzise gebaut, hat eine ordentliche Oberfläche, ist gebrauchsfertig. Es wäre völliger Unsinn gewesen, hätte zum Beispiel Dürer all seine Ideen und Schriften, seine ‚bildlichen Schriften' in einer verwaschenen Form dargestellt. Und genauso meine ich, dass alles, was ich tue, nur dann einen gewissen Wert hat, wenn ich es in der möglichst besten Technik bringe. Die Präzision ist für mich eine Frage des Überlebens."* Hutter hat ein nahezu erotisches Verhältnis zu den kleinen Pinseln und der Palette mit den in zahlreichen Nuancierungen aufgetragenen einzelnen Farben. Er kostet jede Phase, jedes einzelne Detail seiner Bilder aus, ist dabei aber schon reizbar ungeduldig, begierig, das Nächste zu beginnen.

Bei Hutter ist es die technische Präzision, bei Hausner die Malerei ohne handschriftliche Schnörkel, und Brauer wollte die Bilder seiner Phantasie so fein und überzeugend malen, dass der Beschauer an ihre Wirklichkeit glauben musste. Ernst Fuchs' Interesse an Material und Technik der alten Meister wurde geradezu manisch und ist es eigentlich heute noch.

Es ist dieses Interesse an der Magie der Technik, die die Fünf verband. Einer Technik, die es ihnen erlaubte, ihre Ideen, Philosophien und inneren Bilder wiederzugeben. Gemeinsamkeit verband sie zu einer Gruppe, die sich als die Wiener Schule der phantastischen Realisten ausgab. Und Fuchs agierte, wo immer er konnte, um dieses Gruppenbild unter die Leute zu bringen.

Dazu kam der missionarische Eifer eines Kunstkritikers. Johann Muschik glaubte, eine eigene Stilrichtung zu erkennen, und wollte sie als Institution etablieren. Er versuchte, den phantastischen Realisten seinen philosophischen Qualitäts- und Herkunftsstempel aufzudrücken.

Zuerst unterschied Muschik die „Wiener surrealistische Schule" von den internationalen Surrealisten, weil er nicht an eine Affinität glaubte zwischen dem, was da in Wien passierte, und dem Surrealismus Bretons.

1951 beklagte Albert Paris von Gütersloh in einem Artikel, *„dass der wienerische Surrealismus nur aus Mangel eines treffenderen Namens so heißt, also fast keine Ähnlichkeit mit dem anderswo noch Geübten oder schon Abgestorbenen hat“*. Und stellt zu den „jungen und geistvollen Künstlern“ fest: *„Sie können nämlich handwerklich viel zu viel, um nur flüchtig, mit bebenden Fingern, Visionen zu notieren [...]. Kurz: es kommt unterm magischen Tüchlein noch immer wieder die geliebte, vielleicht auch hassgeliebte Realität zum Vorschein.“*

Damit war ganz klar formuliert, was Muschik später als die Wesenszüge des phantastischen Realismus feststellte. 1956/57 bezeichnet sie Alfred Schmeller in „Continuum“ als *„Phantastiker mit realistischer Belichtung“* und als *„Phantasten mit realistischem Handwerkszeug, sogenannte Surrealisten“*.

Johann Muschik machte sich zum Taufpaten. Er gibt dem Kind einen Namen: Wiener Schule des Phantastischen Realismus. *„Meine Theorie war von Anfang an, dass es kein Surrealismus ist. Warum kein Surrealismus? Weil der Surrealismus die Ratio ausschaltet aus dem schöpferischen Prozess. Die Wiener Schule schaltet die vernünftige Überlegung überhaupt nicht aus. Dann: der Surrealismus ist im Kern Automatismus, wie es A. Breton definiert. Kein Mensch kann sagen, dass die Wiener Schule etwas mit Automatismus zu tun hat, mit der Telefonkritzelei als künstlerischem Ausdrucksmittel. Die Wiener Schule geht von ganz anderen Prämissen aus. Das ist wie bei Kolumbus. Bis zu seinem Lebensende hat er geglaubt, er habe den Seeweg nach Indien entdeckt, in Wirklichkeit hat er einen neuen Kontinent, Amerika, entdeckt.*

Die Maler der Wiener Schule haben lange geglaubt, dass sie Surrealisten sind. Ich habe ihnen immer gesagt: ‚Einen Schmarren seid's ihr Surrealisten, ihr seid's ganz etwas anderes. Eure Bilder sind überlegt, die Ratio ist nicht ausgeschaltet, es gibt keinen Automatismus, ihr malt in altmeisterlicher Manier. Bei euch geht es immer um die Probleme der wirklichen Welt.‘ Wenn Dalí Surrealismus sagt, ist es die farbige Momentfotografie der konkreten Ir-

rationalität, sehr geschwollen ausgedrückt. Aber was er meint, ist klar: Wie es aufsteigt in der Halluzination, im Wahnsinn, das wird abgemalt. Das ist Surrealismus. Es gibt kein Bild der Fieberphantasien in der Wiener Schule. Die Hauptmerkmale der Wiener Schule des Phantastischen Realismus sind Akribie und Totalität.

Der Surrealismus macht alles Mögliche, Malen und Spritzen, Kleben und Reiben, Montieren und Basteln. Die Wiener Schule macht nur akribische Malerei. Das Unglaubliche an der Geschichte aber ist, man erkennt und anerkennt das überall in der Welt, außer in Wien. In Wien muss ich heute noch streiten, ob es die Wiener Schule überhaupt gibt. In Paris haben die das sofort gesehen, in Israel, in New York, in Rom, überall, nur in Wien versteht man es heute noch nicht. Wahrscheinlich sind vor mir die Worte ‚phantastisch' und ‚realistisch' schon millionenmal gebraucht worden, aber ich war der Erste, der einen Begriff ‚Phantastischer Realismus' mit ganz bestimmten Merkmalen begründet hat. Aus dem Material heraus, weil ich gesehen habe, dass das was anderes ist als der Surrealismus."

Gäbe es einen Fahrtenschreiber, der die Entwicklung der öffentlichen Meinung, wie sie so schön von der Presse gemacht wird, über die Wiener Schule des Phantastischen Realismus der letzten 50 Jahre in kurvigen Linien aufzeichnet, es wäre eine konstant gegenläufige Kurve zu merken. Gleichzeitige Bewunderung und Ablehnung, Anerkennung im Detail, Negierung im Grundsätzlichen.

Während die „Fünf" konsequent versuchten, durch 50 Jahre und länger ihre Malerei zu verwirklichen, wirft man ihnen grundsätzlich immer irgendetwas vor, meist den entscheidenden Kunstfehler der fehlenden Tagesaktualität und unzeitgemäßer Kunstausübung. Ein Phänomen übrigens, das für alle Spielarten des Manierismus wie des Surrealismus in seinen internationalen Erscheinungsformen gilt. Er und seine wesentlichsten Vertreter werden immer als wichtige, aber unaktuelle Nebensache jeder gerade aktuellen Malerei betrachtet, wenn nicht gar als Scharlatane wie Salvador Dalí oder als Salonmaler wie Léonor Fini klassifiziert.

Der japanische Kunsthistoriker Otsuro Sakazaki schrieb 1972 anlässlich der Ausstellung in Japan: *„Wie Wieland Schmied, Förderer des ‚Phantasti-*

schen Realismus', 1965 in seinem Vortrag erwähnte, könnte man fünf schwache Punkte dieser Malerei nennen:
Die Künstler des phantastischen Realismus sind oberflächlich, weil sie nur auf Leinwand oder Holz malen.
Sie sind provinziell, weil sie ausschließlich in Wien wirken.
Ihr Schaffen ist auf die Tradition angewiesen, und das Kunsthistorische Museum und die Albertina sind die Quelle ihrer Schöpfung.
Sie beschränken sich auf das Gegenständliche.
Der phantastische Realismus ist literarisch.
Wieland Schmied widerlegte im einzelnen die oben genannten Behauptungen, aber ich brauche seine Argumente nicht zu wiederholen. Stattdessen würde ich folgendes sagen: Wird ein Werk dadurch, dass es international bekannt ist, zur Konzeptkunst? Ist wirklich nur die Leinwand oberflächlich und ein ‚objet' plastisch? Wer entscheidet, dass das Nichtgegenständliche der Gegenwartskunst Herr sei? Ist es der Künstler oder der Kritiker? Dass eine Malerei literarisch ist, bedeutet, dass ihre Aussage eine Philosophie enthält. Das beweist die Bewegung des Surrealismus."
Ernst Fuchs betont immer wieder: *„Wenn jemand unsere Kunst versteht, sind es die Japaner."*
In Österreich sieht die Sache mit dem Verhältnis zum phantastischen Realismus chronologisch so aus:
1946 stellt Neuwirth die *„greisenhaft erstarrte Form"* in Frage und wirft ihnen vor, dass sie *„sogar demonstrativ die Ausdrucksweise alter Meister gebrauchen"*.
1947 wirft man den phantastischen Realisten vor, *„die jungen Leute gefallen sich in der Übernahme eines fix und fertigen Vokabulars und geben dies für Revolution aus."*
1948 *„kann man natürlich streiten, ob das noch Malerei oder schon illustrierte Literatur ist, wofür bereits die haargenaue und damit aller modernen Farb- und Formentwicklungsweise abgekehrte Detailbehandlung zu sprechen scheint"*.
1954 als Surrealismus das Thema der Biennale von Venedig war und Hutter den UNESCO-Preis erhielt, war es laut Jorg Lampe *„ein Weltbegräbnis für den Surrealismus"*.

1959 fragte Karl Maria Grimme angesichts der Präsentation im Belvedere: *„Hat der Surrealismus noch Gegenwartsbedeutung?"*
1962 sieht Schmeller *„die Grenzen der phantastischen Malerei"*.
„Wiener Schule, das gibt's nicht!" war noch 1960 ein beliebter Wotruba-Ausspruch.
1963 stellt die „Wochenpresse" eine *„phantastische Hochkonjunktur"* fest.
1965 feierte man sie als siegreiche Heimkehrer aus dem deutschen Ausland. Schmeller verkündet: *„Der Erfolg ist nicht mehr aufzuhalten."* Sotriffer nennt sie *„Meister der Akribie"*, der „Express" *„alte Meister von heute und andere Könner"*.
1972 ist es *„Kommerzialisierung der Kunst"* und die *„Musterstückkollektion von fünf Einmannkunstmanufakturen"*.
Wolfgang Hutter resümiert: *„Eine der stärksten Bewegungen, die in Wien passierte, ist von der Kritik als raschest absterbende Nebensache klassifiziert worden. Dann waren die Kritiker eine Zeit lang ruhig, ‚schmähstad' sozusagen. Und dann, als wir das geworden sind, was wir heute sind, haben sie gesagt: Nun wiederholen sie sich nur noch, jetzt ist es aus, sie haben sich erschöpft."*
1980 stellt Rudolf Hausner anlässlich der Eröffnung seiner Einzelausstellung fest: *„Die Wiener Schule gibt es nicht mehr! Es gibt fünf große Lebenswerke. Jedes für sich allein."*
Arik Brauer: *„Die Wiener Schule ist keine Organisation, die sich zusammensetzt und Dinge beschließt und durchführt. Es sind Leute, die sich kennen und hin und wieder Dinge gemeinsam durchgeführt haben. Wir haben uns immer gut vertragen, obwohl das unter Künstlern sehr problematisch ist. Fuchs hat schon die Tendenz, Leute nach sich zu ziehen, aber er ist nicht hingegangen und hat Leute für die Wiener Schule angeworben. Sie waren auf einmal da. Es ist eine selbstverständliche Sache: Alles Starke hat ein Echo. Etwas Zweites ist: Wo Geld verdient wird, tauchen dann viele Leute auf, die auch Geld verdienen wollen. Dadurch kommt es zu einer Verwässerung. Aber das war immer so. Wenn man den abstrakten Expressionismus nimmt, da gab es nicht hunderte, sondern tausende."*

16. „Macht's was!" – Gestalten vom „Sexhausergürtel"

1958 eröffnet Fuchs die Galerie Fuchs –
1959 findet die Museumsausstellung ohne Fuchs statt –
Die Schule der Wiener Schule entsteht

„*Ernst Fuchs war ein konstruktiver Arbeiter an seiner Karriere, der aber auch die anderen immer ermunterte, umherzurennen. Burschen, schaut's, dass was verkauft's, schaut's, dass ausstellen könnt's*", erinnert sich der Wiener Graphiker Rudolf Schönwald.

Arik Brauer: „*Mein erstes Bild verkaufte ich in der Galerie Fuchs, 1958.*"

Fuchs nutzte seine Reisen nicht nur, um zu malen, zu radieren oder zu drucken oder wegen seiner Beziehungen zu Frauen. Er knüpfte Verbindungen, verhandelte mit Galerien, stellte aus, verkaufte und fand Kontakte zu Verlegern und Werkstätten.

Im Juni 1958 eröffnete Ernst Fuchs im ehemaligen Altwarenladen seines Vaters, mit dessen Gewerbeberechtigung für „Handel mit Waren aller Art", eine Galerie für phantastische Kunst. Schöne, alte Gewölbe, nicht groß, zwei Räume mit etwa 65 m^2, weiß gekalkte Wände, der Boden asphaltiert in glänzendem Schwarz. Ein „*Rasthaus an der Straße der Träume*" nannte es Roman Schliesser. Schon dass sich die Boulevardzeitung mit Kunst beschäftigte, war ein Sieg der Idee von Ernst Fuchs.

„*Für ihn ist Paris das Vorbild. Was er mit den Jahren erreichen möchte, ist die Verpflanzung einer Pariser Selbstverständlichkeit in das ohrenfreudige, aber bildunlustige Wien. Wenn in Paris bestimmte Galerien sich eines jungen Malers annehmen, ihn ausstellen und propagieren, so hat er meistens ausgesorgt*", schreibt die „Wochenpresse" zur Eröffnung.

Ernst Fuchs: *„Diese Galerie befand sich gegenüber dem Papagenotor des Theaters an der Wien und wurde zum Zentrum und Sammelpunkt aller Anhänger der phantastischen Malerei. In diesen Räumen organisierte ich zahlreiche Ausstellungen. Hier hatten alle jene Premiere, die man heute zur ‚Wiener Schule des phantastischen Realismus' zählt. Fast alle Nachfolger der fünf Gründer wurden von mir in diesen Räumen zum ersten Mal der Öffentlichkeit vorgestellt. Die bestand aber bloß aus ungefähr 200 Menschen, und äußerst selten war unter diesen auch ein Käufer. Im Grunde hatte die Wiener Szene sich nicht verändert. Trotz des längst eingetretenen Wohlstandes und trotz des Heranwachsens einer bedeutenden Malergeneration hatte sich in dieser Stadt kein Resonanzboden für diese neuen Schwingungen gebildet. So kam es, dass die Schar unserer Jünger trotz des Einsatzes, den ich für sie in dieser Galerie manifestierte, zu keinem nachhaltigen Erfolg vordrang. Was immer ich auch versuchte, die Zahl der Bewunderer, der Förderer und Sammler blieb während der acht Jahre meiner Tätigkeit gering, und meine Maler vegetierten mehr als dürftig dahin. Trotzdem glaube ich, dass mein Wirken in dieser Galerie nicht unwesentlich dazu beigetragen hat, den Durchbruch, die öffentliche Kenntnisnahme dieser Kunstrichtung, wenn auch erst zu einem späteren Zeitpunkt, einzuleiten. Diese Ausstellungen zu organisieren, Kataloge zu verlegen, die erläuternden Texte zu schreiben und endlich auch die üblichen Eröffnungsempfänge zu geben, das alles war eine zeitraubende Nebenbeschäftigung, die aber trotz ihrer Beschwernisse doch nie als Belastung empfunden wurde, weil sie meinem Hang zur Vielseitigkeit entsprach."*

Das mit den 200 Interessenten trifft natürlich auch auf die anderen Galerien zu. Zum Beispiel auf die 1954 gegründete Galerie St. Stephan. Sie galt als kirchennahe Organisation, als politisch „schwarze" Institution.

Josef Mikl: *„Es ist nie einer gekommen von der Partei, ausgenommen der Busek und der Steinbauer. Es ist überhaupt von keiner Partei einer gekommen. Höchstens der von der ‚Entarteten Kunst'. Aber was das Gemeine ist: dass du heute ständig auf der Straße Leute siehst, die sagen, wir kennen uns ja von der St. Stephan. Wenn alle Leute, die behaupten, dass sie dort waren, bei den Eröffnungen gewesen wären, dann wären nicht 14 Leute dort gewesen, sondern 140. Wenn man sich Fotos von den Eröffnungen anschaut, dort stehen ein paar Leute."*

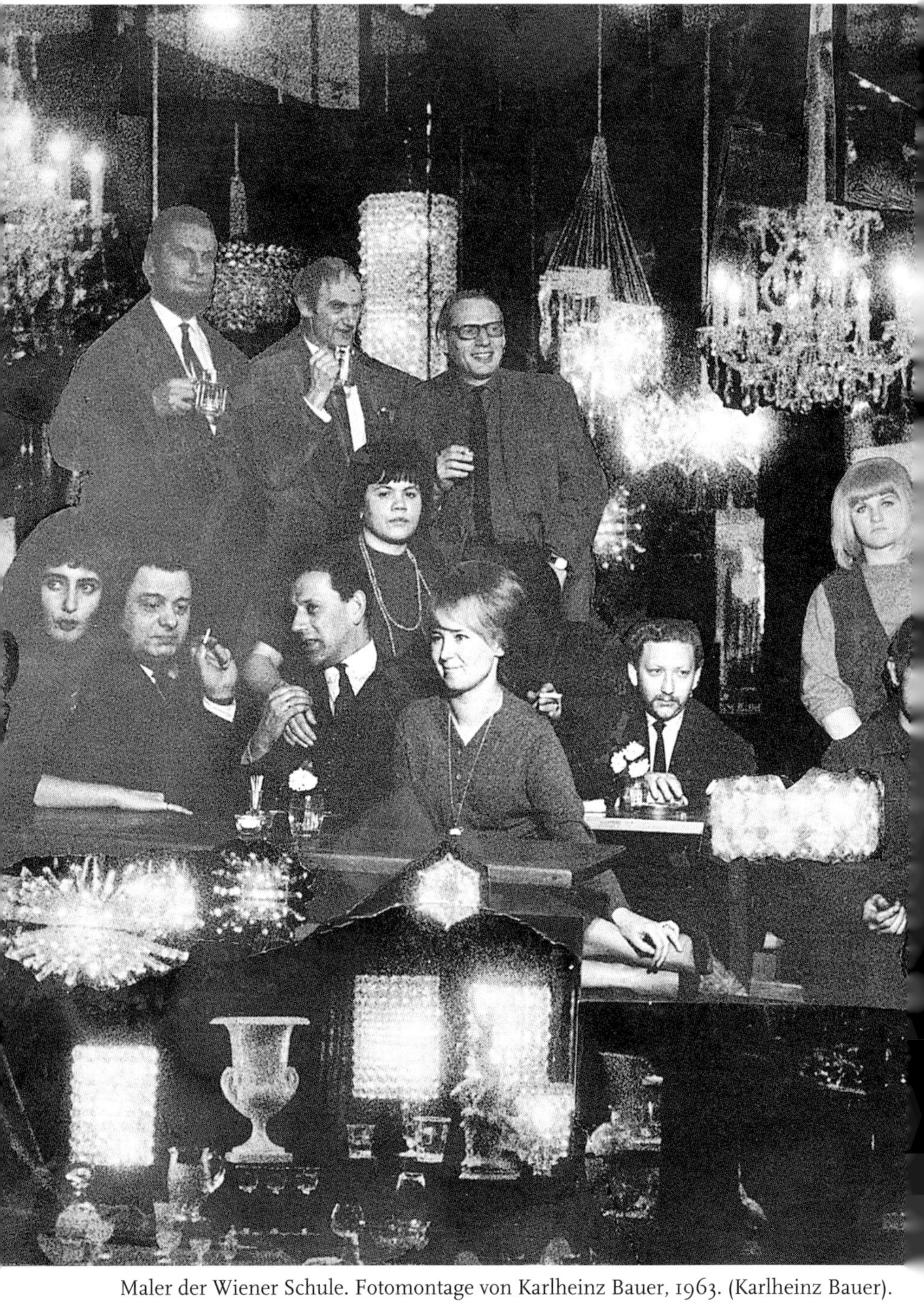

Maler der Wiener Schule. Fotomontage von Karlheinz Bauer, 1963. (Karlheinz Bauer).

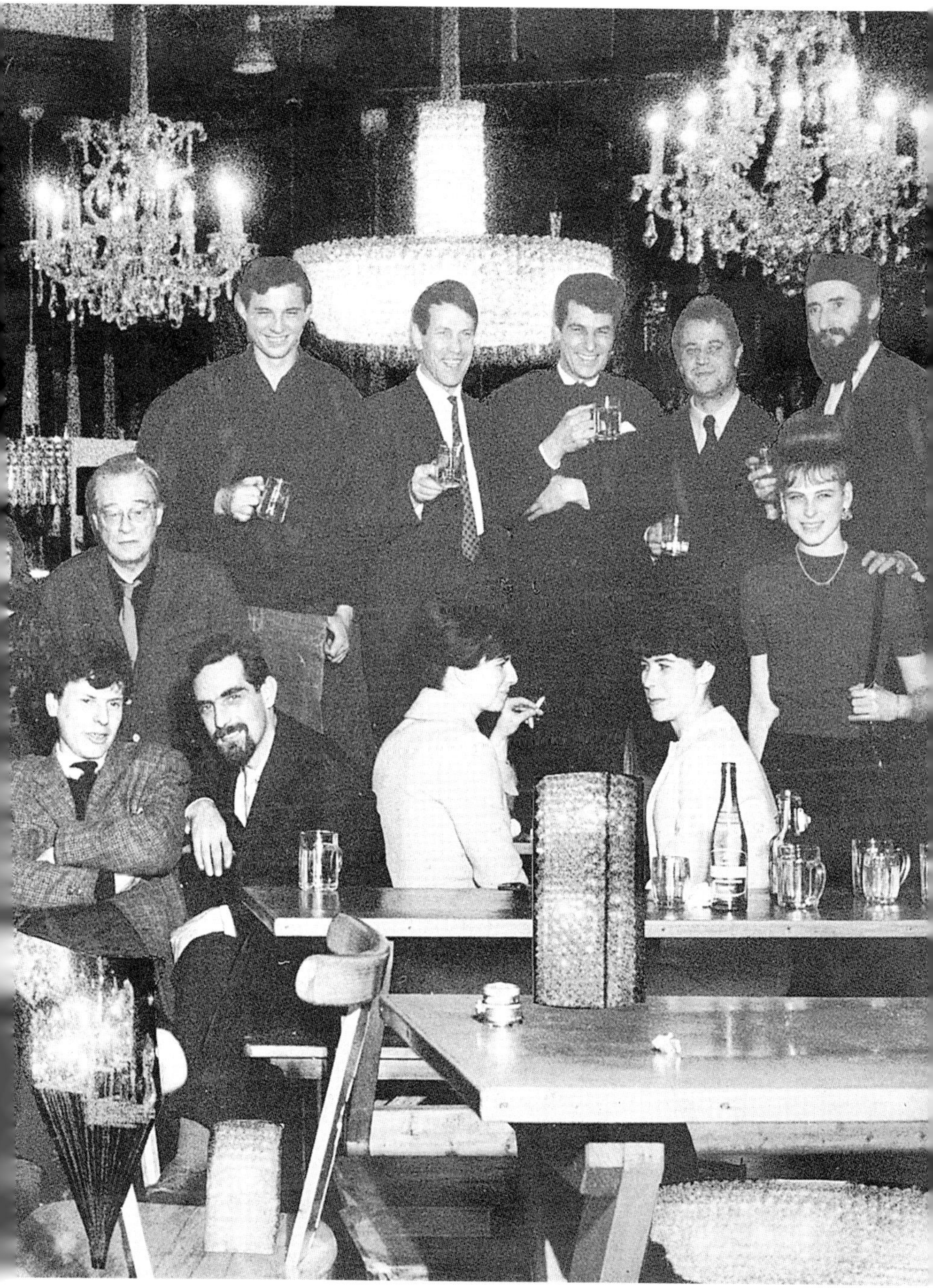

Das Programm von Ernst Fuchs, damals ein für Wiener Verhältnisse weitgereister 28-Jähriger: *„Neben Österreichern vor allem Italiener und Franzosen. Die Ausstellungsdauer des Einzelnen ist kurz, zwei bis drei Wochen, denn wenn sich jemand nicht durchsetzt, dann nützen ihm auch zwei Monate nichts."*

Die erste Ausstellung vom 10. bis 24. Juli 1958 zeigte Georg Chaimowicz. Ein Realist mit jüdisch-phantastischem Einschlag, ohne ihn maltechnisch auch nur in die Nähe der Phantasten zu bringen. Heute ist er ein emotionaler Abstrakter mit antifaschistischer Gestik. Die Ausstellung war als Vorschau einer Ausstellung in der Pariser Galerie André Weil deklariert. Das stellte geglückt eine Achse zur Internationalität her. Den Einleitungstext schrieb der Lyriker Wieland Schmied.

In geschicktem Schlagabtausch folgten dann im August eine Art von Sciencefictionbilder des französischen technisch-surrealen Malers Le Maréchal, mit einem Katalog im Stil einer Tageszeitung. Die Schlagzeilen: *„Von der Technik zum Abgrund. Poetische Sciencefiction in Bild und Text."*

Im September zeigte Erich Brauer seine erste Kollektive. Vorwiegend Bilder zum Preis von 2500 bis 6000 Schilling. Die Presse feierte ihn einmütig.

Im Oktober folgte Kurt Regschek, im November eine Fuchs-Entdeckung: Richard Matouschek, „mit elf feingestochenen Ansichtskarten aus der Unterwelt", wie Ernst Fuchs im Katalogtext schrieb. Arnulf Neuwirth in der „Presse" sah es anders: *„Gestalten vom Sexhausergürtel"* in Anlehnung an den Hurenstrich Wiens, den Sechshausergürtel. *„Die Zeichnungen sind voll von Sexualität. Voll von verdrängter Sexualität, von krankhaftem Exhibitionismus. Sie sind, ehrlich gesagt, obszön, gehören in eine Klinik, nicht in eine Galerie. Wenn Fuchs die Linie Regschek – Matouschek weiter abwärts geht, werden die Holzwürmer seine vielversprechend gestartete Galerie bald aufgefressen haben."* Fuchs hatte Matouschek, den einäugigen Zweimetermann, der als Jugendlicher bei der SS war, im Stehausschank „OK" gefunden. Er imponierte dort den Sandlern am Biertisch weniger mit Farbstiftzeichnungen im Stil von Franz Marc, vor allem aber mit hyperrealistischen Porträtstudien von Frauen im Orgasmus. Er lebte hauptsächlich von Zuhälterei. Veranlasst von Fuchs nahm er einen Berufswechsel vor. In der Ausstellung war nichts von diesem Hyperrealismus zu sehen, hier waren fein gezeichnete ver- und entschlüsselte Übersetzungen menschlicher Bedrängnis zu sehen. Aber erkennbare sexuelle Thematik im Surrealismus wie in jeder Kunst war den Kritikern immer suspekt.

Im Dezember folgte eine Verkaufs-Accrochage mit Werken von Fuchs selbst, von Brauer, Lehmden und von elf anderen, darunter Hundertwasser. Es war – 1958! – die erste Ausstellung mit dem Titel *„Wiener Schule des Phantastischen Realismus"*.

Im Januar folgte die erste Einzelausstellung des 58-jährigen Charles Lipka: Phantastische Pflanzenarchitekturen und Strunkmänner.

Und vier Tage vor der Eröffnung der ersten Ausstellung von Raimund Georg Ferra im Februar 1959 platzte die Bombe: Die Galerie Fuchs soll geschlossen werden. Die Galerie, die „wie die biblischen Lilien" (Fuchs) ohne Einnahmen aus Verkaufsprovisionen bleiben wollte, hat 22.000 Schilling Schulden.

In der Zeitung „Express" klagte Fuchs: *„In Wien hat man zwar Geld für Schnitzel und Heurigen, aber keinen Groschen für die Kunst."* Der Elektriker hatte wegen ausstehender 2500 Schilling die Pfändungsklage eingebracht. Fuchs: *„Zu pfänden gibt es bei mir nichts, man kann mich höchstens einsperren."* Von den rund 350 Bildern, die in den acht Ausstellungen gezeigt worden waren, waren 25 verkauft worden. Das teuerste hat 6000 Schilling gekostet. Erstanden hat es Ferdinand Karger, ein Nachtlokalbesitzer, bei dem die meisten Künstler ihre Bilder schon vorher im Halbdunkel des Lokals „Adebar" hängen hatten.

Das „Salzburger Volksblatt" kommentierte die drohende Schließung: „Es wird wohl Gründe haben, dass diese modernen Kleckserеien nicht gekauft werden."

Aber schließlich fand sich ein Geldgeber, die Galerie ging weiter, ständig von dringlichen Mahnungen wegen offener Rechnungen begleitet.

Auch die Galeriebetreuer konnten kaum mit regelmäßiger Entlohnung rechnen. Fuchs, der nur selten in Wien war, lenkte die Geschicke der

Galerie aus Paris. Was bedeutete, sie pflegte eine durchaus zeitgemäße Form der Künstlerselbstverwaltung. Also saßen die Künstler meist selbst in der Galerie, was aber auch den Vorzug eines guten Kontaktes zum Publikum hatte. So spendeten einige junge Dauergäste der Galerie gemeinsam dem Richard ‚Dandy' Matouschek eine Kupferplatte. Seine so entstandene erste Radierung wurde in der Wohnung eines Druckereiarbeiters aus der Nationalbank und autodidakten Graphikers, Fred Nowak, auf der Wäschemangel gedruckt. Nach der Miniauflage ging die Platte an Raimund Georg Ferra, der auf der Rückseite der Platte seine erste Radierung versuchte.
Neben den Künstlern selbst hatte in der Galerie Fuchs auch der Literat der „wiener gruppe", Konrad Bayer, als Galeriesekretär gearbeitet. Er hatte büromäßige Vorkenntnisse, da er Bankangestellter gewesen war. Fuchs bezahlte ihn mit „selbstgemachten 150-Schilling-Scheinen" – Radierungen wie „Leda", „Versuchung des Einhorns" oder „Hesekiel". Gute und teure Blätter später. Und mit Abzügen einer Geburtsanzeige für das Kind des Jazzers Rolly Kovach. Der hatte die Radierung bestellt, hatte das Kind gezeugt und auch bekommen, aber nie die Drucke abgeholt. Jetzt versuchte Bayer, die imaginären oder virtuellen 30-Schilling-Radierungen mit mäßigem Erfolg bei der Gemüsefrau am benachbarten Naschmarkt in konvertierbare Währung zu tauschen.
Die Ausstellung Raimund Georg Ferras kam also doch noch zustande, gefolgt von asiatisch anmutenden, spinnig getüftelten Graphiken Robert Doxats, der in einer mit Türmchen und Pagoden aus leeren Eierschalen gefüllten Wohnung lebte und später Mönch im Chorherrenstift Klosterneuburg wurde.
Und genau zu Beginn des zweiten Jahres, im Juni 1959, folgte die zweite Ausstellung von Georg Chaimowicz. Gezeigt wurden nicht nur die vorzüglichen Akte und dunklen Bilder, es gab auch überfüllte Leseabende mit Rudolf Henz, Felix Braun, H. C. Artmann, Franz Theodor Csokor und das erste Auftreten des Dichters Conny Hannes Meyer. Pantomimisch aufgebaute Rezitationen, aus denen sich das Kellertheater „Die Komödianten" entwickelte.
Danach wurde eine Schau „Englische Graphik" mit S. W. Hayter ge-

zeigt. Im September stellte nach Le Maréchal der Bildhauer Stephan Pral aus und in einer Fünf-Tage-Ausstellung der Maler, Bildhauer und Kaffeehausbesitzer Karl Anton Wolf. Elsa Olivia Urbach eröffnete ganz spektakulär, auf der Trompete spielend, ihre Ausstellung im Oktober.
1961 schrieb die kommunistische Wochenzeitung „Tagebuch": *„Trotz persönlicher Opfer stellt er seine Galerie vielen aufstrebenden Talenten kostenlos zur Verfügung. Diesmal hat er auf der Einladung junger Lyrik Platz eingeräumt. Das soll fortgesetzt werden. Außerdem wird bei der Eröffnung noch unbekannte Lyrik vorgetragen und auf Einleitungsreden verzichtet."*
1963 warnte der Maler Adolf Frohner, damals Kunstkritiker des „Volksblattes", vor Verflachungstendenzen im Galerieprogramm. *„Aus einem Refugium des Avantgardismus in Wien ist, wie schon so oft, ein Verkaufsstand des Kunstgewerbes geworden. Wie wird es nun weitergehen? Kommen nun die Bilder aus den Eissalons an die Reihe oder besinnt man sich eines Besseren? Auf dem Spiel steht mehr als eine kleine Galerie. Es geht hier um die moderne Kunst."*
Die „Galerie Fuchs" bestand bis 1967, nachdem sie 1964 eine Aktionsgemeinschaft mit dem Wiener Sexualpsychologen und späteren Managementkonsulenten Fischhof eingegangen war. So firmierte die Galerie Fuchs danach als „Galerie Fuchs-Fischhof – archetypische, visionäre und magische Kunst". Der Anspruch ist allgemeiner als in der Gründungsphase: *„Wir veranstalten Ausstellungen der europäischen Avantgarde. Sie werden eine neue, faszinierende Welt kennen lernen. Ihr Besuch und Ihr Interesse wird uns ermöglichen, weiterhin richtungweisende Künstler zu fördern."* Dieser Text war dreisprachig auf den Einladungen abgedruckt. Die erste Ausstellung der neuen Formation war eine Langzeitausstellung von November 1964 bis in den Februar 1965: das „Pintorarium".
Am 19. Mai 1967 meldete die Abendausgabe des „Express" mit fett unterstrichener Schlagzeile: *„Galerie Fuchs sperrt zu. Die Leute von der Straße kommen ja doch nur aus Langeweile."*
Aber es wäre nicht Fuchs, wenn er nicht doch noch eine Idee gefunden hätte, die faden Wiener für die Kunst zu interessieren, getreu seinem eigenen Motto: „Macht's was!" Die Zeitung weiter: *„Sensation für Kunst-*

liebhaber: Fuchs möchte seine Ausstellung, die bisher für jedermann zugänglich war, als sogenannte Appointment-Galerie einrichten. Allwöchentlich soll ein repräsentativer Maler der Wiener Schule gezeigt werden – und das nur ernsthaften Interessenten. Wer die ,Off-limits'-Galerie trotzdem besichtigen will, muss sich telefonisch einen Termin arrangieren. Selbstverständlich will Fuchs nicht auf das Publikum von der Straße verzichten. ,Der Ausländer wäre ein Mann von der Straße, an dem mir sehr gelegen ist. Für ihn ist die Wiener Schule vielleicht noch eine Novität!'"
1975 wurde die „Galerie Ernst Fuchs" nach einer sehr langen Schließzeit als „Posterstudio" mit vorwiegend eigenen Postern, Reproduktionen und Katalogangeboten kurzzeitig wieder eröffnet.
Bis 1967 wurden fast alle Wiener phantastischen Realisten hier gezeigt, und manche, die es zur Kunst drängte, wurden durch die Aktivitäten der Galerie erst angeregt, sich phantastisch auszudrücken.
Rudolf Hausner: *„Ich konnte nur finden, dass diese Leute, die er dort ausgestellt hat, im Großen und Ganzen doch zu sehr abhängig waren von uns, als dass man sie als gleichberechtigten Sechsten oder Siebenten hätte akzeptieren können."*
Ernst Fuchs: *„Ich war immer für die Gruppe. Weil ich gewusst habe, gerade in Wien würden wir ohne Gruppierung nie auch nur einen Hund herbeilocken."*
Jeder einzelne Maler der Wiener Schule ist von unverwechselbarer Eigenständigkeit. Aber schon die ersten Präsentationen geschahen gleichzeitig und wurden von der Kritik und dem Publikum nach Gemeinsamkeiten beurteilt. Das waren die Stärke und der Nachteil der Gruppe, es war der Topf, aus dem sie alle aßen und in den man alle warf.

1959 war ein starkes Jahr für die phantastischen Realisten. Fuchs war in Paris unterwegs und in Sachen Pintorarium aktiv, wenn er in Wien war. Bei der ersten Museumspräsentation aber war er nicht dabei.
Es dürfte sich dabei um eine Strafsanktion gegen Fuchs gehandelt haben, weil dieser zur gleichen Zeit seine Galerie gegründet hatte, um den Phantastischen Realismus auf eine breitere Basis zu stellen. Die Exklusi-

vität so freiwillig aufzugeben, war etwas, was den anderen nicht ganz geheuer war.
Vom Dezember 1959 bis Januar 1960 fand sie in der „Österreichischen Galerie“ im Belvedere statt, einem Museum, das erst 1953 eröffnet worden war. Vor der Errichtung des „Museums des 20. Jahrhunderts“ hatte sie auch den Rang eines Museums moderner Kunst.
Die titellose Ausstellung „Lemden / Hutter / Hausner / Leherb“ war die erste Museumsausstellung für eine Gruppierung zeitgenössischer österreichischer Maler. Es gab in den 15 Jahren seit Kriegsende bis dahin keine ähnliche Museumsweihe für eine andere Künstlergruppierung. Der Begriff „Weihe“ ist nicht zufällig gewählt, da bis in die siebziger Jahre eine Museumsausstellung nicht ein Akt der Information und Konfrontation mit dem Publikum war, sondern als eine offizielle Anerkennung des Künstlers oder seiner Richtung angesehen wurde. Und es gab diesen Ritterschlag nicht für die abstrakten Tendenzen und schon gar nicht für die im „Underground“ der völligen Ignorierung lebenden Realisten.

Dass die Ausstellung nur die Namen der Künstler anführte und nicht die Gruppendeklaration „Phantastische Realisten“, war im hofrätlichen Handstreich verhindert worden. Der im Ministerium verantwortliche Professor Hofrat Dr. Karl Garzarolli-Thurnlack hatte die Bezeichnung „Phantastische Realisten“ abgelehnt, da sie eine contradictio in adjecto sei und außerdem degoutant an sozialistischen Realismus erinnere. Im Vorwort des Belvedere-Kataloges liest man: *„Sie [die Künstler] halten es für richtig, das Gemeinsame ihrer Bestrebungen nicht mit einer Gruppenbezeichnung im Titel anzukündigen, sei es ‚Surrealismus‘ oder ‚Phantastischer Realismus‘.“*
Wesentlich für das spätere Erscheinungsbild als Gruppe der fünf phantastischen Realisten waren die Reaktionen auf diese Ausstellung. Bis dahin gab es nur die Unterscheidung in abstrakte und surreale, nicht aber in die „Ersten“ und „Begründer“ sowie die „Zweite Welle“ und die „Späteren“. Es gab keinen Anspruch auf die Stammaktien des phantastischen Realismus. Fuchs assoziierte sich mit allen, die nachkamen, und versuchte, eine Bewegung auf möglichst breiter Basis zu initiieren.

Die anderen waren dabei weit restriktiver. In diese Ausstellung einen anderen aufzunehmen, nämlich den „jungen" Helmut Leherbauer, war ein vorsichtiger Versuch, den Kreis zu erweitern.
Hausner: *„Die Ausstellung im Belvedere haben im wesentlichen Albert Paris von Gütersloh und die Mutter von Wolfgang Hutter organisiert. Bemerkenswert daran ist, dass zum ersten und einzigen Mal Leherb an einer gemeinsamen Ausstellung beteiligt war. Er ist eigentlich durch Zufall dazugekommen. Durch Hutter, der für dessen Schmeicheleien am ehesten zugänglich war und der sich von dem für öffentliche Spektakel Geeigneten eine tatkräftige Assistenz bei den Vorbereitungsarbeiten versprach. Aber wie es Hutter meistens geht, von den Leuten, denen er die meisten Wohltaten erweist, erfährt er dann die bösesten Schikanen. Genau so bei Leherbauer. Der hat sich in äußerst unliebenswürdiger Weise dann uns allen gegenüber verhalten. Er hat auf Weltmann gespielt, degoutante Reden gehalten und sich als orthodoxer Surrealist gebärdet."*
Leherbauer selbst hat seine Beteiligung an der Ausstellung damit begründet, dass *„Fuchs wegen seiner akut religiösen Periode ausgeschlossen worden sei"*.
Die Zeitungen unterschieden in ihrer Berichterstattung in diejenigen, die sie schon länger kannten, und in die neuen und jungen. Obwohl nur drei bis fünf Lebensjahre dazwischen lagen: *„Für Helmut Leherbauer war es entschieden zu früh, auszustellen. Er müsste sich doch zuerst einer gewissen zeichnerischen Disziplin unterwerfen, ehe er versucht, seinen etwas pubertären Phantasien Gestalt zu verleihen."*
Auch für den Kritiker Ernst Köller, der später der Apologet Helmut Leherbauers werden sollte, war er ein Neuling neben den seit mehr als zehn Jahren präsenten Fünf: *„Eine echte große Überraschung."* Helmut Leherbauer ließ sich künftig „Leherb" und „Maître" nennen.
Alfred Schmeller sagte es ganz deutlich: *„Der große Irrtum heißt Helmut Leherb. Wie dieser junge Maler in den Kreis der anderen kommen konnte, die immerhin schon vor mehr als zehn Jahren viel besser waren, als er heute, ist mir unerklärlich. Der Maler wird vielleicht nie museumsreif werden. Insofern verletzt er hier die Rangordnung. Das hätten aber auch seine Kollegen sehen müssen."*

Nach dieser Ausstellung, die als Vorstoß gegen *„Missbrauch und Leerlauf des abstrakten Lagers"* („Kurier") gewertet wurde, traten Hausner, Hutter, Lehmden, aber auch Brauer und Fuchs nur mehr als Gäste in von einer großen Zahl phantastischer Realisten beschickten Ausstellungen auf. Bei wichtigen internationalen Gruppenausstellungen blieben sie konsequent unter sich.

Die folgenden Jahre waren eine Hoch-Zeit der phantastischen Kunst in Wien. Es entstanden Galerien, welche die phantastischen Realisten zeigten.

Walter Zettl war Generalsekretär des Künstlerhauses geworden und versuchte als großer Entwicklungshelfer, die Phantasten als neues und aufregendes Element in diese Künstlervereinigung zu integrieren, was bei der reaktionären Struktur des Hauses ungeheuer schwierig war. Er verursachte damit einen Entwicklungssprung der Künstlervereinigung in die Moderne, wozu die Wiener Phantasten und der Surrealismus als Vehikel zur Profilierung dienten. Ein anderer Realismus als der konservative, durch die NS-Zeit belastete, als Gegensatz zu den Abstrakten der seit ihrer Gründung konkurrierenden Künstlervereinigung „Secession". Einige Wiener Phantasten, ohne Rücksicht darauf, ob aus der ersten oder zweiten Reihe, wurden Mitglieder. Zum Beispiel Elsa Olivia Urbach, die hundert Jahre nach der Gründung der Gesellschaft Bildender Künstler KÜNSTLERHAUS als erste Frau 1961 aufgenommen wurde.

Walter Zettl organisierte eine bedeutende Ausstellung, wodurch er die Wiener Phantasten in den Zusammenhang mit dem internationalen Surrealismus setzte. Rudolf Hausner und Johann Muschik, der Pate der Wiener Schule des Phantastischen Realismus, mischten als Organisatoren gehörig mit.

Nach bester Art-Club-Manier gab es einen ausführlichen großformatigen Katalog sowie ein großes Ehrenkomitee aus Minister, Wiener Bürgermeister und Botschaftern aus sechs Ländern. Im Arbeitskomitee waren die europäischen Manierismusspezialisten Gustav René Hocke, Autor des 1957 in Rowohlts deutscher Enzyklopädie erschienenen Standardwerks, und der Pariser Surrealisten-Papst Patrick Waldberg, der in seinem Vorwort klarmachte, dass er sichtlich nichts über phantastische Kunst in Wien wusste. Und es gibt einen Text von Johann Muschik, der grundsätzlich nachweist, dass es mit der phantastischen Kunst am Hof der Habsburger begonnen hat und was es mit dem Phantastischen Realismus in Wien so auf sich hat.

In Anwesenheit des Bundespräsidenten Dr. Adolf Schärf wurde die Ausstellung eröffnet. 156 Werke von 63 Künstlern von Francis Bacon bis Mac Zimmermann präsentierten den Wienern alle Spielarten des Phantastischen.

Alfred Schmeller schrieb in seiner Kritik über „die Grenzen der phantastischen Malerei", diese Ausstellung *„verfolgt offenbar die Absicht, die Gesichter dieser Richtung, eine etwas dickliche Dame mit leicht verschwommenen Zügen, die ‚phantastische Malerei', gesellschaftsfähig zu machen"*.

Die Wiener Schule war aber nicht mehr einzubremsen. In einem Barockpalais auf der Wieden, von dem die Legende berichtet, dass sich darin die Hofmannsthal-Richard-Strauss-Rosenkavalierszene der Überreichung der silbernen Rose abgespielt haben soll, wurde eine zweite „Galerie für Phantastische Kunst" eröffnet. In den Prunkräumen des Palais wurde für die Dauer von drei Ausstellungen, bis zum Abriss des Gebäudes, die Galerie „Zur silbernen Rose" etabliert. Phantasten, die sich vorher in der Galerie Fuchs präsentieren konnten, siedelten sich hier an und zeigten eine Reihe lebendiger Ausstellungen. Angeregt von dem Maler Peter Klitsch, bestand die Kerngruppe aus Kurt Regschek, Heinz Stangl, Elsa Olivia Urbach, Raimund Gregor Ferra und Helmut Kies.

Im Gegensatz zu anderen Ausstellungen der phantastischen Realisten wurden hierzu auch Bildhauer eingeladen. Im Juni 1962 nahm Otto Eder teil, im Oktober Kurt Ingerl mit Bronzen. Zu diesem Zeitpunkt waren noch keine Bildhauerarbeiten von Phantasten bekannt, da sich das Sammlerinteresse überhaupt sehr im Bereich der in Mappen zu sammelnden Graphik bewegte und nicht in der dekorativen Raumgestaltung.

Peter Baum, Kritiker bei den „Oberösterreichischen Nachrichten", Mitgestalter der Kultur-Wandzeitung „DU“ und nachmaliger außerordentlich aktiver Museumsdirektor in Linz, schrieb im Katalogblatt zu einer Gruppenausstellung: *„Die Tatsache leugnen zu wollen, dass die Zahl der Mit- und Nachläufer der ‚Wiener Schule des Phantastischen Realismus‘ nicht gerade klein ist, wäre unsinnig, doch sollte gerade in Anbetracht der mehrfach zu beobachtenden Stagnation der großen Fünf, jenen, die nicht zum Kreis der sich patentberechtigt wähnenden Auserwählten zählen, mehr Aufmerksamkeit entgegengebracht werden.“*

Das geschah durchaus.

In vielen kleinen Ausstellungen präsentierten sie sich an jedem Ort, der sich dafür eignete, Bilder an die Wand zu hängen. Aber auch echte Kunsthandelsgalerien etablierten sich. Die Antiquitätenhändler Lingens und Kettner stellten in ihrer Galerie im mittelalterlichen Haus „Zum Basilisken“ regelmäßig österreichische und deutsche Phantasten aus.

Dr. Bernhard Peithner-Lichtenfels nutzte als Erster die jüngere Kunstgeschichte Wiens kommerziell und zeigte ab 1961 in seiner kleinen Galerie in der Seilergasse österreichische Maler des 20. Jahrhunderts. Darunter auch kontinuierlich Einzelausstellungen von Phantasten und deren künstlerischem Umkreis. So zeigte er die erste Ausstellung mit den phantastischen Zeichnungen Rainers, dem Kernstück der Hundsgruppe. Die Galerie Peithner-Lichtenfels wurde eigentlich zur aktivsten Schau dieser Richtung bis in die siebziger Jahre. Zu jeder ihrer Ausstellungen erschien ein Katalog, die gesammelt einen guten Überblick über die Spielarten der phantastischen Kunst ergaben.

Ganz gleich, wie die Klassifizierungen und Einordnungen durch Kritiker und Galerien erfolgten, die Künstler fühlten sich der Richtung zugehörig. Die Idee des phantastischen Realismus war für sie ein Sammelbecken, in dem sie sich individuell sehr unterschiedlich verwirklichen konnten, und in dem sie sich nicht als isolierte Einzelne gegenüber der anerkannten, alles umfassenden Kunst der Abstrakten fühlten, sondern als Zugehörige einer zwar in Fraktionen aufgeteilten, aber geeinten Bewegung dagegen.

Die Stadt Wien hatte im Kulturamt hinter dem Rathaus einen Ausstellungsraum, in dem regelmäßig kleine, aktuelle Ausstellungen gezeigt wurden. Irgendwann später wurde der Raum zur Formulardruckerei zweckentfremdet. Aber im Mai 1963 zeigte das Kulturamt hier noch eine Ausstellung „Phantastische Aquarelle“ aus eigenem Besitz. Der Katalog dazu ist ein billig hektographiertes Blatt. Vertreten waren dabei: Erich Brauer, Robert Doxat, Albert Paris von Gütersloh, Roman Haller, Rudolf Hausner, Friedensreich Hundertwasser, Wolfgang Hutter, Anton Krejcar, Helmut Leherb, Anton Lehmden Charles Lipka, Kurt Mikula, Gerhard Swoboda und Elsa Olivia Urbach.
Auffällig daran war, dass Ernst Fuchs fehlte, trotz seines Werkkomplexes von 80 Druckgraphiken und vielen hundert Zeichnungen und anderen Arbeiten auf Papier. Im Vergleich etwa zu Hutter, dem reinen Maler, dessen wesentliches graphisches Werk erst später entstand und von dem nur wenige Aquarelle existieren. Andererseits wurde Hundertwasser den Phantasten zugeordnet.
Bei der nächsten Kulturamtsausstellung zu diesem Thema, einer Wanderausstellung mit Katalog 1970, war die Situation bereinigt. Hundertwasser war nicht mehr dabei, und der Katalog führte insgesamt 19 phantastische Realisten auf. Man konnte natürlich auch in dieser offiziellen Schau eine Reihe von Künstlern vermissen: Raimund Gregor Ferra, Helmut Kies oder Richard Matouschek. Aber da hatten durchaus persönliche Aversionen des veranstaltenden Magistratsbeamten eine Rolle gespielt. Andere wiederum wollten nicht mehr so klassifiziert werden.
Wer sich allerdings nie zur Gruppe gezählt hatte, aber durchaus einen Bereich der phantastischen Kunst abdeckte, war der Maler, Teppichkünstler und Bühnenbildner Hubert Aratym. Ebenso Karl Korab, geschult in der Schule des Sehens, wie es die Wiener Museen sind, war beeindruckt von Hieronymus Bosch und entwickelte daraus seine frühesten Arbeiten, die er in einer ersten Ausstellung der Galerie der „Jungen Sammler“ zeigte. Sehr bald aber setzte er sich von der Richtung ab und wurde zum markanten Einzelgänger mit unverwechselbarer Natursicht. Rudolf Hausner: *„Der Sechste war für uns eigentlich Karl Korab. Korab hat die Wertschätzung von uns allen genossen. Nur war da die Animo-*

sität gegen die Wiener Schule am Platz schon so weit gediehen, dass er sich gesagt hat, da mach ich allein besser weiter, als mich mit den so beschimpften Leuten zu assoziieren. Es ist interessant, dass er in dem Buch von Muschik über die Wiener Schule nicht enthalten sein wollte."

Zwar immer im Umkreis von Ernst Fuchs und der Wiener Phantasten angesiedelt, aber nie wirklich zugehörig, ist der 1938 geborene und früh verstorbene Robert Klemmer. Was er entwickelte, tendierte eher zu dem, was später Pop-Art hieß.

Peter Patzak, der als phantastischer Maler begann, stieg um und wurde Filmemacher.

1968 zeigte Peter K. Dolezal eine Ausstellung „Nach der Wiener Schule".

Mit zunehmendem Alter ließ der Wille zur Assoziierung bei den ehemals Jüngeren und den früher schon Älteren nach. Jeder wollte lieber als Solitär in seinem kleinen Bereich gelten, als ein kleiner Bestandteil eines internationalen Konglomerats.

Ernst Fuchs aber ließ und lässt nicht locker. 1994 war er Ehrenpräsident einer internationalen Großausstellung phantastischer Kunst in der Zitadelle von Venedig.

Und am Beginn des 21. Jahrhunderts beginnt Ernst Fuchs ein lang geplantes Konzept zu realisieren, dessen erste Maquette von 1987 stammte, ein Museum phantastischer Kunst in Wien. *„Ein Museum des Reichs des Kreativen. Laser, Kybernetik, Hologramm, elektronische Medien, Photographie, akustische, optische Phänomenologie als synästethische Erfahrungswelt, um den Zusammenhang von Maß und Ton wieder erfahrbar, erlebbar zu machen."* Es soll ein Museum phantastischer und visionärer Kunst sowie der Wiener Schule des phantastischen Realismus werden.

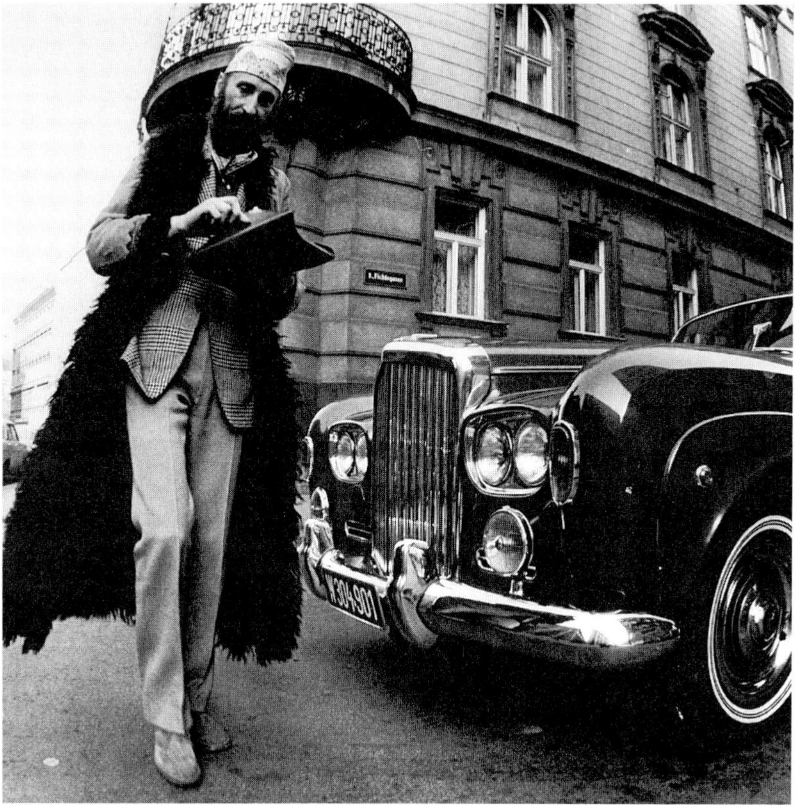

Ernst Fuchs und sein Rolls-Royce, 1972. (Michael Horowitz).

17. Der Erfolg ist phantastisch

1965 der Triumph der Wiener Schule – 1972: die erste Museumsausstellung in Wien kommt aus Japan – Professor Fuchs

In den Vagabundenjahren in Paris lud einmal Hundertwasser, *„der das gleiche Los des Herumzigeunerns mit mir und den vielen anderen ‚Existenzialisten' teilte"*, Fuchs zu einem Abendessen zu Freunden ein. *„Es waren seine Freunde, er hatte mich einfach mitgenommen. Wir sprachen von den großen Taten der Zukunft, die uns gehörte und die wir im Begriffe waren, zu tun. Wir sprachen so, als gehörte die Welt uns, lag uns zu Füßen, jetzt!"*

Ende der fünfziger Jahre wurde Fuchs verstärkt gesellschaftlich zur Kenntnis genommen. 1959, zurück aus den USA, ein erster Erfolg und eine fördernde Anerkennung in Wien. Zuerst hatte er den Wettbewerb für die Rosenkranzkirche gewonnen und den Auftrag erhalten, danach erhielt er einen Förderungspreis. Der von der damaligen Zentralsparkasse ins Leben gerufenene „Wiener Kunstfonds" erteilte Monatsstipendien an 20 Künstler. Für Musik erhielt es u. a. Gerhard Rühm und der „Concentus musicus", für bildende Kunst u. a. Ernst Fuchs. Ein Jahr lang 500 Schilling monatlich. Dies entsprach fast einem halben Monatsgehalt einer Bürokraft.

Der Erfolg kam in den sechziger Jahren. 1962 wurde der ehemalige Österreich-Pavillon der Weltausstellung 1958 in Brüssel, als sinnvolle Entsorgung eines Provisoriums, als „Museum des 20. Jahrhunderts" in Wien eröffnet. In der mit Spitzenwerken der Kunst dieses Jahrhunderts von Werner Hofmann eingerichteten Ausstellung wurde unter dem Titel „Konservative Tendenzen" neben deutschen Expressionisten,

Kokoschka und Boeckl auch ein Porträt von Albert Paris von Gütersloh gezeigt. Im Katalog dazu ein Zitat des Malers: *„Ich bin das Beispiel eines üblen Reaktionärs, weil das Bilden von Figur kein selbstgeglaubter Vorwand für mich ist, liberal die Wahrheit und vag Gott zu suchen."*

Unter „Suche nach dem Symbol" zeigte Hofmann zwei Hundertwasser-Werke, Leihgaben aus Privatbesitz, Hausner, Hutter und Lehmden aus Bundesbesitz, Fuchs aus Privatbesitz und kein Werk von Brauer.

Werner Hofmann, auch vom legendären Jahrgang 1928, ist also gleichaltrig wie die meisten dieser Künstler. Von 1950 an war er an der Albertina, war Sekretär der Wiener Secession, ging an die Columbia University nach New York, bereitete ab 1960 das „Museum des 20. Jahrhunderts" vor und war dessen Direktor mit bedeutenden Ausstellungen bis 1969. Dann ging er – unter dessen Direktion das Museum eine der wichtigsten Sammlungen in Europa hätte werden können –, mit Recht frustriert von der Wiener kulturpolitischen Situation, an die Hamburger Kunsthalle.

Arik Brauer: *„Leute wie Werner Hofmann, ein wirklich gebildeter, gescheiter Mensch, Leute wie er, haben den Sprung von der Biedermeiermalerei und Nazimalerei zur modernen Kunst vollzogen. Sie haben die Moderne aus dem Untergrund geholt und durchgeboxt. Das ist eine geistige Tat, die man einmal im Leben vollbringt. Wir waren dabei eher lästig. Wenn jemand im Museum die Abstrakten durchsetzen will, dann sind ihm Figuren wie der Fuchs oder ich eher lästig."* Der Start zum großen Erfolg begann also nicht im Wiener Museum.

Fuchs verlor aber nie das Ziel seiner großen Zukunft aus den Augen. Er machte die unterschiedlichsten Dinge, um zu überleben und zu leben und die von ihm Abhängigen gelegentlich zu erhalten. Aber die Idee, es mit etwas anderem als seiner Kunst zu versuchen, kam ihm – wie auch den anderen – nie. Die Geschichte „Vom Tellerwäscher zum Millionär" lässt sich mit ihm nicht schreiben. Es war die vom Maler zum Malermillionär und die vom Hungerleider zum schwachen Esser. Er war immer völlig anspruchslos in seinen persönlichen Bedürfnissen, ist kleinlich bis knauserig in persönlichen Geldausgaben. Jedoch verschwenderisch und unmäßig in seiner Obsession, seine Kunst zu realisieren.

Seine Umgebung sah das nicht so gerne und hätte es lieber anders gehabt.
Als Fuchs zum Beispiel erfuhr, dass das Verhältnis zwischen Salvador Dalí und seinem Sekretär, dem ehemaligen englischen Geheimdienstmann Captain John Peter Moore, auseinander gegangen war, machte er ihm ein Angebot. Er fragte ihn, ob er mit seinen Kenntnissen und Verbindungen nicht diese Funktion bei ihm übernehmen wolle. Moore war nicht abgeneigt. Er kannte Fuchs und sein Werk, wusste, dass dies durchaus mit seinen Kontakten korrespondieren könne. Die erste Frage, die er stellte, war, was Fuchs so zum persönlichen Leben im Jahr braucht. Fuchs meinte, nicht viel, und nannte eine wirklich bescheidene Summe. Seine Frau Eva-Christina widersprach entschieden und nannte eine kühne Summe. Der Captain konnte nur verstört antworten: „Aber das ist ja das Dreifache von dem, was Dalí hat.“ Es kam nie zu einer Zusammenarbeit.
Der große, phantastische Erfolg kam für Fuchs und seine Gruppierung in den sechziger Jahren. Es war ein Erfolg, verursacht durch einen österreichischen Gastarbeiter im benachbarten Ausland.
Wieland Schmied, gleichaltrig wie die Wiener Phantasten, war studierter Jurist und praktizierender Lyriker. Als Kulturjournalist und Kunstkritiker war er voll ins Wiener Kunstleben integriert. 1963 wird er Direktor der Kestner-Gesellschaft Hannover, einem der einflussreichsten Kunstvereine Deutschlands. Er war ein freudiger Exporteur seiner Wiener Künstlerfreunde und hatte damit ungeheuren Erfolg. Er zeigte Schwieriges, wie den auf Schwarzweiß fixierten Zeichner Kurt Moldovan sowie die Bildhauer Avramidis und Wotruba. Ebenso zeigte Schmied für Deutschland Aufregendes, wie die Ausstellung Hundertwassers, die vom ersten Werkkatalog des Künstlers begleitet wurde. Die „Wiener Schule des Phantastischen Realismus“ brachte er auf die Titelseiten der Zeitungen, bis hin zum „Spiegel“, zu „Panorama“ und zu „twen“, und katapultierte sie nach dem Norden. Nicht vieles in der Kunstszene hat die deutsche Seele damals mehr bewegt als die Phantasten, die zu diesem Zeitpunkt schon fast 20 Jahre aktiv waren.
1964 hatte Schmied im sozialistischen Wiener Forum-Verlag ein Buch

über die fünf Wiener Phantasten mit Interviews von Hermann Hakel und einem ersten Grundsatzessay veröffentlicht.
Vom März 1965 an bis zum Jahresende war es ein „stiller Triumph der Wiener Surrealisten“, wie die „Bremer Zeitung“ schrieb. Still ist eine kühle norddeutsche Untertreibung. Die Zeitungskommentare kamen von Leuten, die nicht durch das enge Miteinander, welches die Wiener mit den Wienern durch fast 20 Jahre gepflegt hatten, gefärbt waren. Hier waren sie frisch, erstaunt bis überrascht, manche aggressiv, manche schwelgerisch. Man „zerriss sich die Goschen“, wie man in Wien sagt, oder wie es die deutsche Presse feiner formulierte:
„Die Darbietung in Hannover kam in Pro und Kontra einer Sensation gleich, der Besuch war außerordentlich stark. Dass die Zeitungen sehr ausführliche Auseinandersetzungen mit diesen Werken brachten, hängt mit der ungeklärten Kunstsituation zusammen. Die gegenstandslose Malerei zeigt in endlosen Variationen Ermattungserscheinungen. […] Was es an neofigurativer Kunst gibt, überzeugt nur selten. Da mussten die Wiener mit ihrem phantastischen Realismus, einem Surrealismus ohne Revolte, stärkste Aufmerksamkeit erregen.“
Abgesehen von allem anderen wirkte die Ausstellung wie ein Katalysator auf die deutsche Kunstszene: Er löste Reaktionen aus.
Durchwegs werden die altmeisterliche Malerei und ihr thematischer Gehalt gegen die Abstraktion ausgespielt. Nämlich auch von Verfechtern der Abstrakten wie Hans Kinkel in den „Stuttgarter Nachrichten“, für den es kaum wahrscheinlich ist, *„dass eine Kunstübung, die so ‚anachronistisch und romantisch daherkommt, wie es ihr wohl in Wahrheit zusteht‘ (zit. W. Schmied), das Vakuum der nachinformellen Ära, den Bankrott der von Tachismus und action painting hinterlassenen Mitläufer, das Unbehagen an der bildnerischen Gestik des Nichts aufzuheben vermag.“* Auch wenn Kinkel zugibt: *„Der erste Rundgang verweist jeden Anflug von Langeweile in den Bereich der Illusion. Selbst die Skepsis gegenüber der Verbindlichkeit der verdächtig strapazierten Begriffe Phantastischer Realismus vermag kaum die optische Verwunderung, das mehr oder minder nachdrückliche Erstaunen vor den Originalen zu sabotieren.“*
Und H. Th. Flemming stellt in der „Welt“ fest: *„Sie glauben nicht daran, dass das Formale höheren Rang gewinnt, wenn es des Inhaltlichen ermangelt.*

Durch diese Auffassung sind sie auf eine unvermutete Weise in tieferem Sinn aktuell. Ihre Bilder strömen keine Langeweile mehr aus, wie die der zahllosen Schnellmaler unserer Tage.“

Die Ausstellung zog im Triumphzug durch Deutschland, wie keine Schau österreichischer Kunst vorher oder in den folgenden Jahren. Nach Hannover kam sie im Mai 1965 nach Leverkusen. *„Der pseudofürstliche Ausstellungsplatz Leverkusen ist nicht wiederzuerkennen. Wo früher Monochromes von den Wänden gähnte, da prallt einem derzeit die inkarnierte Farbfreude entgegen. Das Kolorit kann sich vor Nuancen und Argumenten gar nicht lassen“* (Horst Richter).

Für zehn Tage ging die Schau nach Frankfurt, wo Heinrich Sydow, der erste Händler, der sich in Deutschland für die Wiener Phantasten stark gemacht hatte, eine Schau organisierte. Dann ging sie weiter nach Berlin, im Juli sah man sie in Pforzheim, danach in Kassel.

Und dann geht es zurück zu den Leihgebern. Kristian Sotriffer in der „Presse“: *„Verwunderlich ist in diesem Zusammenhang nur, dass diese Ausstellung nicht von Wien ausgeht, wo sie schon seit mindestens drei Jahren fällig gewesen wäre. Noch verwunderlicher ist, dass nicht einmal sicher ist, ob sie zum guten Schluss auch hier zu sehen sein wird. Denn das Museum des 20. Jahrhunderts (Anm.: Direktor Dr. Werner Hofmann), das natürlich dazu prädestiniert wäre, sie zu übernehmen und sie eigentlich vor der Kestner-Gesellschaft hätte inszenieren sollen, will sie nicht haben.“*

Die Ausstellung kam nach Wien und wurde hier im Dezember 1965 gezeigt. Nicht in einem Museum, sondern mit mattgoldener Einladung wurde in das neue Verwaltungsgebäude der Zentralsparkasse der Gemeinde Wien gebeten. Verdienstvoll das Engagement von deren Generaldirektor Neubauer und seinem Sekretär Ambrosch und bezeichnend für die Wiener Museumslandschaft. Es ist aber auch interessant, festzustellen, dass diese Aktivität in den später publizierten umfangreichen Katalogen der Zentralsparkasse (heute Bank Austria) nicht einmal erwähnt wird, ja in den dort veröffentlichten Künstlerbiographien glatt verschwiegen wird.

Ergänzend dazu gab es in einem Autosalon an der Ringstraße die Ausstellung „Porträt eines Anfangs“ zu sehen. Früheste Arbeiten von

Brauer, Hutter, Fuchs, Lehmden, Hausner, ergänzt um Arbeiten der frühen Weggefährten, dem in die USA ausgewanderten Fritz Janschka und dem späteren Filme- und Objektmacher Curt Stenvert. Da war wirklich das Feinste vom Feinen in Museumsqualität zwischen Autos ausgestellt. Die Werkschau einer der wichtigen Kunstformationen der zweiten Hälfte des 20. Jahrhunderts als Bettgeher in Geldinstitut und Autohandel.

1969 fand eine große Ausstellung in Israel im Tel-Aviv-Museum statt.

1966 organisiert Felix Landau eine Ausstellung der „Viennese School of Phantastic Realisme" in den USA. Aus den Zeitungen lächeln glückliche Cowboyhutträger. Tatsächlich hat sich niemand in den USA weiter um die Künstler gekümmert. Kein Schauspieler kann dort einen Job bekommen ohne einen Agenten. Und ohne eine funktionierende amerikanische Galerie bekommt ein Künstler keinen Fuß auf den Boden und kein Bild in ein Museum. Aber die Fünf haben in Deutschland und Österreich gut verkauft und naturgemäß nur wenig produziert, also wurde der amerikanische Markt vernachlässigt und die Popularität nicht genutzt. Außerdem wollte keiner von ihnen einige Monate im Jahr in Kalifornien oder New York leben. Und persönliche Präsenz ist ebenso unerlässlich wie ein permanentes Management. Dalí etwa hat jedes Jahr mindestens vier Monate in den USA verbracht und an seinem Marktanteil gearbeitet.

Nur Brauer und Fuchs hatten einen Marktanteil. Landau zeigte sie an der Westküste, und die Brüder Jean und Joachim Aberbach, die sich schon um Hundertwasser mit größtem Einsatz und totaler Hingabe bemühten, zeigten Brauer und eine große Fuchs-Ausstellung 1974 in New York. Die Aberbachs waren in den zwanziger Jahren in die Vereinigten Staaten gegangen, verdienten unter anderem im Musikbusiness mit den Rechten an der Filmmusik zu „Vom Winde verweht" und mit denen an Elvis Presley.

1972 wurden die Bilder der Wiener Schule in einer Ausstellung im Wiener „Museum des 20. Jahrhunderts" gezeigt, wo Alfred Schmeller die Nachfolge Werner Hofmanns übernommen hatte.

Er übernahm ein in Japan fein gepacktes Paket der „phantastischen Fünf" als bestbesuchte Ausstellung in sein Haus. Auf Einladung der Zeitung „Asahi Shimbun" war eine umfangreiche Präsentation in einigen japanischen Städten gezeigt worden. Organisationshilfe in Wien leistete wieder das Büro von Rudolf Hausner, denn so sehr er auch gegen den Phantastischen Realismus als Massenbewegung war, für eindrucksvolle Gruppenausstellungen des inneren Kreises wurde er immer wieder aktiv.

Gemeinschaftsausstellungen brachten den Erfolg, aber auch die Belastung für jeden Einzelnen. Hausner: *„Dadurch, dass wir zusammengestanden sind, erzielten wir Breitenwirkung. Und das, was man an den vier anderen gelobt oder beschimpft hat, hat auch auf den Fünften ausgestrahlt."*

Es muss gesagt werden: Auch diese Ausstellung wurde nicht vom offiziellen Österreich organisiert und dann exportiert. Auch nicht vom kommerziellen Kunsthandel. Das soll nicht unerwähnt bleiben, da ja den Phantasten immer besondere Geschäftstüchtigkeit vorgeworfen wurde. Man ließ sie nur kurz auf dem Rückweg zu den Leihgebern die Bilder im Museum auspacken, zusammen mit dem schönen japanischen Katalog.

Gerissen hat sich um diese Ausstellung in Wien in Wirklichkeit nur das Publikum. Für die Profis waren es *„Phantasten mit Ermüdungserscheinungen"* (Claus Pack), oder sie ätzten wie die „Kärntner Tageszeitung": *„Die Wiener Schule lehrt die Kommerzialisierung der Kunst."*

Was Rudolf Hausner dazu sagte, deckte sich mit der Meinung der anderen: *„Die Wiener-Schule-Maler werden als Kommerzialräte der modernen Kunst bezeichnet, die einen Artikel herstellen, den niemand mag. Aber auch ich habe 15 oder 20 Jahre lang konsequent das gemalt, was ich wollte, und ich würde es auch weiter tun, wenn ich nicht die Preise erzielte, die ich bekomme. Um mein Verhältnis zur Malerei und zum Geld zu beschreiben, Folgendes: Ich habe lange Zeit gemalt und so gut gemalt wie ich nur konnte, ohne etwas zu verkaufen. Jetzt kann ich meine Bilder verkaufen. Ich male ein Bild für einen Auftraggeber und nehme das halbfertige Bild mit nach Rom, um es ihm zu zeigen. Ich habe länger gebraucht als vereinbart. Der künftige Besitzer ist begeistert und will es gleich übernehmen. Erst jetzt habe ich Gelegenheit, ihm*

zu erklären, dass es unfertig ist. Er hat sich die unfertigen Stellen erklären lassen und war einverstanden mit der Verzögerung. Ich habe weitere zweieinhalb Monate an dem Bild gearbeitet, bis ‚Adam Maßstäblich' fertig war.
Bei den Preisen, die ich für meine Bilder jetzt bekomme, bei der Anzahl von Leuten, die auf Bilder warten, hätte ich doch sagen können: Gut, dem Sammler gefällt das Bild, was soll ich mehr Zeit darauf investieren? Aber nicht nur der Betrachter oder Besitzer des Bildes muss befriedigt sein, sondern ich auch und die Malerei. Und die hat von uns dreien den härtesten Kopf. Und die hat ganz bestimmte Qualitätsansprüche, denen ich mich nicht entziehen kann. Ich bin gezwungen, das zu erfüllen, was dieses Qualitätsbedürfnis von mir verlangt. Ich habe noch kein Bild aus der Hand gegeben, an dem ich weniger als ein Jahr gearbeitet habe. Und ich könnte nicht früher aufhören, bis dieser merkwürdige, im Bild steckende Wille zu einer bestimmten Vollendung erfüllt ist. Mein Verhältnis zur Malerei ist sicher ein zwangsneurotisches.
Ich bin kein Asket, ich bin ein sinnlicher Mensch. Wenn ich früher kein Geld hatte, so war ich trotzdem ein sinnlicher Mensch, nur verhindert, meine Sinnlichkeit auszuleben. Und nun füge ich mich in den mir zur Verfügung stehenden Rahmen.
Es zeigt doch, wie echt das Engagement sein muss, wie wichtig es ist, dass man sich ständig, über Jahre hinweg mit bestimmten Problemen beschäftigt und immer wieder neu bearbeitet."
Auch Fuchs arbeitete lang und immer wieder und länger als geplant an Bildern. Ein erfolgreicher Porträtist der High Society und Prominenz, der er ist, könnte sein Geld auf die Schnelle verdienen. Aber die Bilder stehen in den Ateliers, und gleichzeitig malt er an mehreren, lässt sie ruhen, verbessert, ändert, arbeitet weiter, gibt sie nicht heraus, quält seine Modelle mit zusätzlichen Sitzungen. Die Bilder verlangen es, nicht die Auftraggeber. Er ist den Bildern verantwortlich. Im Fernsehinterview zu seinem 70. Geburtstag sagte Fuchs: *„Ich habe das Gefühl, die Bilder sind dazu da, in einem die Versuchung zu wecken, ewig leben zu wollen, damit sie irgendwann einmal fertig werden."*

1987 wünschte sich die belgische Administration für die Landespräsentation Österreichs bei der Europalia '87 neben Ausstellungen des

Kunsthistorischen Museums und der Albertina – und einer ganzen Reihe anderer – auch eine Ausstellung der phantastischen Realisten. Wieder ist es Walter Zettl, der schon im Künstlerhaus die große Surrealismus-Ausstellung initiiert hatte, der als Exekutivsekretär des Außenministeriums für die Ausstellungen der Europalia diese Phantastenschau durchsetzte; gegen den erklärten Wunsch österreichischer Kunstkuratoren und auf ausdrücklichen Wunsch der belgischen Veranstalter. In Mechelen, wo die Schau gezeigt wurde, trafen die fünf Phantasten zu einem gemeinsamen Essen nach langer Zeit und zu ausschweifenden Gesprächen über die gemeinsame Zukunft zusammen. Es waren schon 20 Jahre nach den gemeinsamen internationalen Erfolgen vergangen, und jeder war in seiner eigenen, individuellen Karriere befangen. Aber animiert durch die internationale Begeisterung, die der Gruppe, die an die heimische öffentliche Ignorierung gewöhnt war, entgegenschlug, wurden Projekte besprochen. Mit der anwesenden Kulturministerin Hilde Hawlicek wurde beim Essen das Projekt eines gemeinsamen Museums Phantastischer Kunst skizziert. Gemeinsam, aber doch sehr individualisiert. Man einigte sich auf Pavillons ohne allzuviel Gemeinsames. Eine Diskussion ohne jede reale Basis, wird es doch kaum realisiert werden.

Jeder der fünf phantastischen Realisten hatte seine eigene Richtung zum Erfolg eingeschlagen.

Hausner, der Älteste und der mit den wenigsten Werken, hatte sich im deutschen Kunsthandel etabliert. Einerseits mit wenigen, sehr teuren Bildern, andererseits mit einem graphischen Werk, das die Bilder multiplizierte.

Lehmden und Hutter hatten ihre Exklusivsammler außerhalb des Kunsthandels. Lehmden konzentrierte sich auf die Investition in sein Renaissanceschloß, das er zum Rahmen für eine permanente Ausstellung seiner Werke gestaltete. Hutter zeigte in regelmäßigen Abständen Großausstellungen seines Werkes, meist im Zusammenhang mit seiner Professur an der Hochschule. Hutter wie Lehmden freuten sich über das Interesse an ihrem Werk, hatten aber keinen missionarischen Eifer, ihre Bilder in die Welt zu exportieren.

Brauers Lebensinhalt war gleichermaßen auf Wien und Israel aufgeteilt. Die Öffentlichkeit seiner Bilder erfolgte immer wieder über die Musik, die er und seine Familie, Kinder und Enkelkinder machten, und über Ausstellungswünsche, die an ihn herangetragen wurden.
Fuchs ist der einzige, der ein aktives Management für die Öffentlichmachung seiner Bilder hat und betreibt. Rudolf Hausner: *„Fuchs ist der Handlungsreisende in Sachen seiner künstlerischen Religion. Der Johannes der Täufer und der Paulus in einem, der ganz Kleinasien bereist und überall seine Gemeinden zurückläßt."*
Fuchs zeigte immer wieder große Ausstellungen seiner Werke. Da lässt sich eine Kontinuität von der großen New Yorker Ausstellung (1974), über die Kunstmeile der Madison Avenue bei „Aberbach" bis zur Schau in der „Galerie Verière" der Pariser Avenue Matignon verfolgen. Jährlich fand mindestens eine große Retrospektive statt, wie die 1988 in Venedig oder die 1993 im Staatlichen Russischen Museum in St. Petersburg.
Und Fuchs kann es nicht lassen, darauf hinzuweisen, dass die phantastische Kunst keine Kuriosität, vernachlässigbare Größe oder Einzelleistung sei, sondern eine weltweit verbreitete Kunstform.
Das größte Projekt dieser Art entstand zusammen mit Maurizio Albarelli 1994 in der Zitadelle von Venedig. Im Jahr vorher startete Fuchs im Schloß Grafenegg mit Albarelli und einem Kreis von Leuten aus Italien, Frankreich, den Niederlanden, Spanien, Portugal und Brasilien, die sich von ihm enthusiasmieren ließen, die Idee eines Weltkongresses der Phantastischen Kunst. Er sollte in St. Petersburg stattfinden. Dann wurde Material für eine große Ausstellung gesammelt. In kürzester Zeit wurden 2700 Künstler aus allen Ländern nominiert. Michel Random fand den Namen „Du Fantastique Au Visionaire", und eine erste Auswahl wurde in Venedig gezeigt.

Alle fünf sind Professoren, ein wichtiges äußeres Zeichen der Anerkennung und des Erfolgs. Zwar versprach der Bildhauer und starke Mann in der Wiener Kulturszene Fritz Wotruba, der mit seiner Frau Marian Fuchs schon sehr früh förderte, Ernst Fuchs eine Professur an der Wiener Akademie, aber dazu kam es nicht. Hausner erhielt eine erste

Professur in Hamburg, später dann neben Lehmden und Brauer eine an der Akademie für bildende Kunst in Wien. Hutter wurde an die damalige Hochschule für angewandte Kunst – jetzt Universität – berufen. Fuchs bekam seinen Professorentitel von der israelischen Bezalel-Kunstschule. Aber er ist der einzige, der für alle „der Professor" ist.
Den äußeren Wohlstand zu zeigen, ging mit dem öffentlichen Erfolg Hand in Hand. Man war es der Öffentlichkeit schuldig, sozusagen. Für Fuchs waren es zwei Rolls-Royce, die er PR-mäßig vorführte, obwohl er privat nur einen Steyr-Puch 500 fuhr. Hausner, um bei den Statussymbolen Auto zu bleiben, fuhr einen Jaguar und einen Mercedes 600. Das erwarteten die Käufer der Bilder von ihren Künstlern. Und dass sie sich bei gesellschaftlichen Ereignissen zeigen und am Opernball tanzen.
Fragte André Müller 1978: *„Sie leben wie ein Fürst, aber stecken dennoch andauernd in Geldschwierigkeiten. Wie kommt das?"*
Ernst Fuchs antwortete: *„Weil ich sofort alles, was ich verdiene, in Kunst investiere. Ich glaube fest daran, dass es außer der Kunst keinen Wert gibt. Alle Werte müssen in Kunst umgesetzt werden, sonst fressen sie einander sofort wieder auf, wie das in jeder Bank tagtäglich geschieht. Das Geld frisst sich auf."*
Geld ist für die Presse eines der wichtigsten Themen, wenn über Künstler außerhalb der Kulturberichterstattung geschrieben wird. Und auch die Kunstkritik ist nicht unbeeinflusst. Nur das Image des armen Künstlers verspricht künstlerische Qualität. Gut verdienen, wird unterstellt, ist nur durch künstlerische Prostitution machbar. Schreibt die Illustrierte „Stern" 1975: *„In derlei Schaugeschäft muss er sich tummeln, denn die große Zeit der ‚Wiener Schule' des Phantastischen Realismus ist längst vorbei, und auch Fuchs ist längst nicht mehr so in. Nebenbei ist der Massenmaler kräftig in die Werbung eingestiegen, was er als Versuch wertet, angewandte Kunst zu machen: Er bemalte Straßenbahnzüge, wirbt für die Schönheit von Farbfernsehern, entwirft Inserate für Banken und veredelt Armaturenbretter von Nobelwagen mit feinen Hölzern. Am besten wirbt er für sich selbst: Kaum ein Empfang, eine Premiere, eine Fete ohne Fuchs. In Wien nennt man das ‚Adabei'. Doch am liebsten kündet Fuchs von Fuchs. Dieser vielseitige Darsteller seiner selbst lebt seit je auf großem Fuß. Das Klappern zahlt sich aus.*

Obwohl der Maler ständig über Schulden klagt, schätzen Fuchs-Freunde seinen Jahresverdienst auf 200.000–400.000 Mark.
Er gibt heute bisweilen verschämt zu: ‚Seit einigen Jahren geht es mir richtig gut.' Abgesichert wird der goldene Boden, indem sich Fuchs bei seinem konservativen Publikum mit rückständiger Weltsicht empfiehlt: dass etwa die k. u. k. Monarchie untergegangen ist, hat der Meister bis heute nicht verwunden."
Fuchs lebte mit dem Hang zu monarchistischen Insignien seit seiner frühesten Kindheit, er spielte mit deren Erscheinungsformen im weltlichen wie im religiösen Bildvokabular. 1966 porträtierte er den jungen Fürsten Schwarzenberg, der später unter Vaclav Havel Kanzler in der Prager Burg wurde. Der Hotelier und Großgrundbesitzer Schwarzenberg hatte in die Wiener Galerieszene investiert und sich bei Künstlern umgetan. Das war nicht die Seitenblicke-Gesellschaft, sondern das waren freundschaftliche Bekanntschaften. Mit zunehmender gesellschaftlicher Akzeptanz intensivierte sich auch der Umgang des Adels mit Fuchs. Und Fuchs genoss die Reverenzerweise der Elitären. Und man drängte ihn auch dazu, weil es gut für das Geschäft sein soll.
1978 sagte Fuchs im Interview zu André Müller, der ihn fragte: *„Gefühlt haben Sie sich wie ein König. Sozialist zu werden, das kam Ihnen nie in den Sinn?"*
„Nein, nie. In politischen Belangen bin ich Monarchist, und weil ich das nicht richtig ausleben kann, bin ich aus Protest Anarchist. Ich bin ja nicht gegen die Demokratie. Ich lebe in dem futuristischen Wahn, dass es eines Tages eine echte Demokratie geben könnte, weil ich dem Menschen – so wie mir selbst – zubillige, dass er die Fähigkeit hat, zu entscheiden, was für ihn richtig ist und was nicht. Inwieweit ich damit Recht habe, lese ich jeden Tag in der Zeitung. Aber das kann meinen Glauben an die Möglichkeit einer echten Demokratie nicht erschüttern, so wie Todesanzeigen mich nicht erschüttern können in meinem Glauben, dass die Unsterblichkeit eine der vielen Möglichkeiten der Existenz ist."

18. Das Geschäft ist phantastisch

1948 der erste Verkauf – Verkaufen, um zu überleben – Die Geschäfte der sechziger Jahre – Verleger und Papierhändler

Ernst Fuchs: *„Für mich war der erste Verkauf eine Sensation. 1948 besuchte ich eine große Schiele-Ausstellung in der ‚Neuen Galerie'. Ich hatte eine Mappe mit* [Fuchs hatte immer eine Mappe mit seinen Arbeiten bei sich], *die ich Frau Dr. Künstler zeigte, und sie hat mir für 70 Schilling etwas abgekauft. Ich war stolz. Ich hab mir schon gedacht: Eines Tages bin ich berühmt, eine Tages werde ich Geld verdienen, aber wann das sein wird, habe ich nicht gewusst, und es war eigentlich egal. Es hat halt 20 Jahre gedauert. Aber wir haben die Richtung nie gewechselt, obwohl ab 1948 klar war, dass mit dieser Malerei nichts zu machen ist, es nichts zu erreichen gibt. Die Abstrakten sind gewachsen wie die Schwammerln. Mikl ist uns nahegestanden, er hat mir solche Zeichnungen gezeigt, und auf einmal hat er gemalt wie Mondrian."*

Fuchs hatte nie an seinem Erfolg, wann immer er auch sein werde, gezweifelt. Das verband ihn mit allen Künstlern. Die Arbeit des Künstlers war mühsam, entbehrungsreich, anstrengend, aber nie war es eine Sisyphusarbeit, nie war sie sinnlos. Der Erfolg teilte sich für Fuchs immer in zwei Gleise. Das eine ging in die Richtung künstlerischer Erfolg. Das bedeutete Kenntnisnahme, Akzeptanz, Anerkennung. Das andere ging in die Richtung wirtschaftlicher Erfolg. Das bedeutete Unabhängigkeit, bessere Lebensverhältnisse, Anerkennung durch die Gesellschaft, die Möglichkeit der Investition ins eigene Werk und wiederum in die Verstärkung des künstlerischen Erfolges.

Die beiden Gleise könnten durchaus parallel verlaufen. Aber er würde ernsthaft nie für die Richtung wirtschaftlicher Erfolg die künstlerische

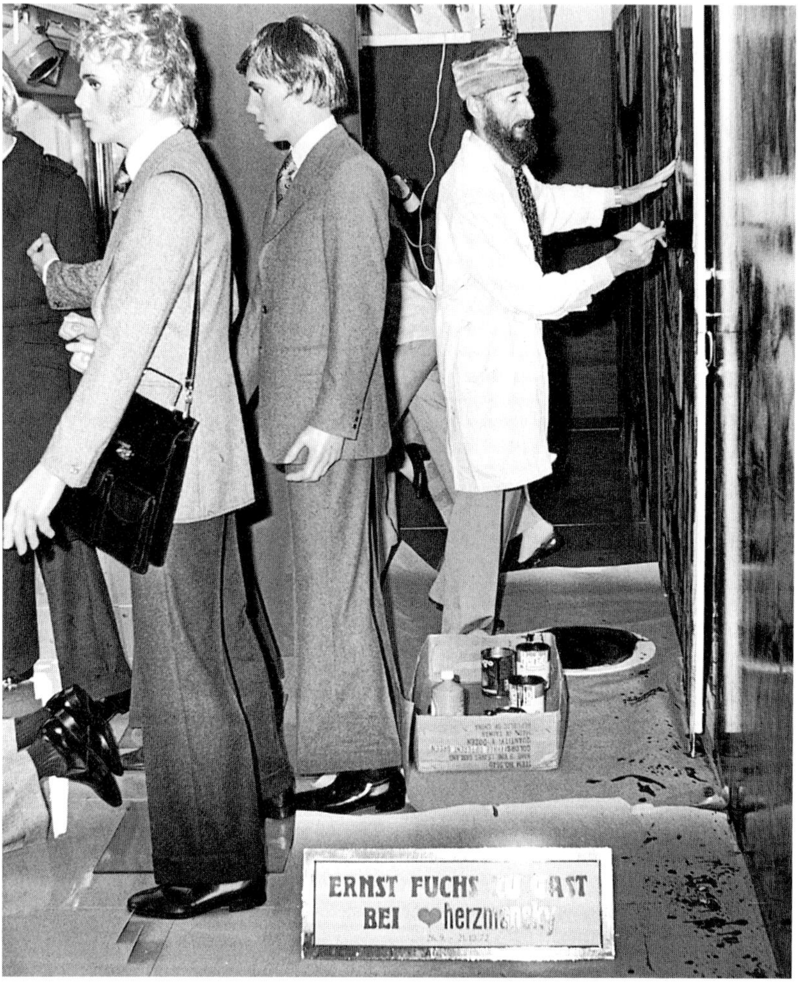

Ernst Fuchs im Kaufhaus Herzmansky. (Kaufhaus Herzmansky).

Richtung verlassen, obwohl für Fuchs der wirtschaftliche Erfolg immer wichtig war. Ernst Fuchs: *„Kurt Steinwendner, 1945 mein bester Freund, beträchtlich älter als ich, ist mir in vielen technischen, praktischen und künstlerischen Fragen zur Seite gestanden. Wir verbrachten viele Stunden in gemeinsamer Arbeit. Er bringt mir bei, dass man von Kunst auch leben muss, dass dadurch die Kunst erst ihre Wirksamkeit erhält."*

Aber nicht nur ein kluger, etwas älterer Künstlerkollege sagte dies zu Fuchs, auch Leute aus der Wirtschaft berieten ihn in dieser Richtung. Der Industrielle Manfred Mautner-Markhof, der Fuchs, wie auch andere Künstler, von den frühesten Anfängen an förderte, empfahl den 18-Jährigen weiter. *„Er bemühte sich, mir aus dem Kreis seiner Geschäftspartner Porträtaufträge zu verschaffen, was aber nur in einem Fall Erfolg hatte. Ich durfte ein Porträt des Direktors der Horniphon-Werke malen. Er gab mir manchen guten Ratschlag und brachte mich dazu, meine Stellung als Künstler auch von kaufmännischer Sicht her zu überdenken und neu zu gestalten."*

Die Käufer seiner Bilder, die eine vergleichsweise hohe Summe zahlten, waren rar, selten, wenn man ehrlich ist, bis auf Ausnahmen gar nicht vorhanden. Fuchs musste sehr früh lernen, dass auch Kleinvieh Mist macht, wie es die Erfinder der Nickel-Odeons ausdrückten. Die großen Männer in Hollywood erkannten, dass man große Projekte der Filmindustrie nicht mit großen Summen, sondern mit den 10-Cent-Tickets, also den Eintrittskarten für einen „Nickel", zum Geschäft machen kann. Fuchs hatte keine Hemmung, seine Graphiken, fein gestochene Radierungen, billig zu verkaufen. Ja, er forcierte dieses Geschäft und tauschte sozusagen die selbstgemachten in konvertierbare Banknoten. In Schilling, Lire, Mark und Franc. Das tauschte er dann gleich wieder in Kaffee, Essen, Dienstleistungen, in Zeichenmaterial, in neue Abzüge seiner Kupferplatten und in Nachtquartiere, wenn es mehr war. Geschäfte zu machen, war fürs Überleben notwendig.

Es rettete auch manche Verkaufsausstellung. *„Meine Ausstellung 1952 in der ‚Galerie 55' brachte mir nur einige Zeitungskritiken, eine davon sehr positiv, aber nur wenige, finanziell unbedeutende Verkäufe. Es fand sich zwar eine Menge neuer Freunde meiner Kunst, doch waren diese meist Künstler oder Intellektuelle, also zu wenig bemittelt, um ein Bild kaufen zu können.*

Hier erfüllte meine Druckgraphik, die ja viel billiger war, eine wichtige Funktion. Ich verkaufte manches Blatt an Künstler oder verschenkte es und kam so in das Leben derer, die mich wirklich verstanden. Meine materielle Situation aber veränderte sich kaum.“

Erst sehr spät entwickelte sich ein Markt. *„Immer fand ich Menschen, die sich trotz der Herrschaft abstrakter, vornehmlich tachistischer Malerei für meine Kunst interessierten. Sogar Kunsthändler waren unter ihnen.“*

Fuchs war aber unter dem Druck der Geldnöte nicht immer kunsthandelskonform. Bei seiner ersten Parisreise konnte er eine Ausstellung vereinbaren. Um die Reise und das Leben der Familie während seiner Abwesenheit zu finanzieren, hatte er nur eine Möglichkeit: Er musste seinen Förderer Mautner-Markhof überzeugen, dass er seine zukünftige künstlerische Karriere ermögliche, wenn er diese Reise finanzierte. Und so verkaufte er in Wien alle seine Bilder und war glücklich darüber, da er ja so das Geld für die Reise und den Aufenthalt in Paris hatte. Weniger glücklich war die Galerie in Paris, die zwar einen Besucheransturm erlebte, aber nichts Verkäufliches hatte.

Die Verantwortung den Kindern gegenüber ließ ihn einen einfachen Entschluss fassen: *„Mehr Geld musste her, das unstete Leben, das Herumziehen, musste ein Ende haben. Zurückgekehrt nach Paris, suchte ich nach einer ‚kommerziellen‘ Galerie an der Rive Droite. Die Rive Droite stand im Ruf, von reichen Amerikanern durchschwärmt zu werden, und ich hegte die Hoffnung, dass diese meine Bilder zu hohen Preise kaufen würden. Auf meiner Suche fand ich eine vornehme Galerie, welche ‚Cadre d'Ore‘ hieß und ihre für den Tourismus bestimmten, etwas zu gefälligen Bilder phantastischen Genres im Schaufenster zeigte. Ich legte meine Mappe vor und wurde eingeladen, der Galerie einige Bilder zum kommissionsweisen Verkauf zu überlassen. Der Direktor, ein sehr höflicher Spanier, der immer wieder darauf hinwies, mit Dalís Lehrmeister (wer der wohl gewesen sein mochte?) persönlich und bestens bekannt zu sein, stellte mein großes Bild ‚Die Verwandlung der Lucretia‘ in die Auslage. Einige Tage später, als ich die Galerie betrat, um mich nach eventuellen Verkäufen zu erkundigen, fand ich ein Kuvert vor. Es war von der Malerin Léonor Fini an mich adressiert und enthielt die Einladung, sie zu besuchen. Der Herr Direktor sprach mit Stolz von dem großen*

Gefallen, das mein Bild bei der schon damals Weltberühmten erregt hätte, und versicherte mir, dass ich ‚von Glück reden' könne. Nun, ich konnte wirklich von Glück reden, denn Léonor Fini erwies sich als wahre Freundin und war besonders hilfreich. Durch sie verkaufte ich die ersten Bilder und Zeichnungen zu wirklichen Preisen und lernte berühmte Zeitgenossen kennen, die in ihrem Haus verkehrten. Außer Malern lernte ich in ihrem Haus den Dichter Jean Genet kennen. Genet fand einige meiner Blätter der unentgeltlichen Inbesitznahme für würdig und entnahm sie der Sammlung eines Schweizers namens Wild (den er scheinbar weniger würdig als sich selbst hielt, sie zu besitzen – wer weiß?), an den ich sie durch Léonors Vermittlung hatte verkaufen können. Léonor, die damals gerade ein Porträt von Jean Genet malte und mit ihm sehr befreundet war, fand diese Tat ‚abominable' (abscheulich). Bei aller Bewunderung für seine Dichtung ging die Freundschaft nicht zuletzt dieser ‚Kunstliebe' Genets wegen in Brüche. Jean Genet war ein phänomenaler Kunstbetrachter, der sich ungewöhnlich viel Zeit zum Ansehen der Bilder nahm und das Gesehene durch die Äußerung ausgefallener Assoziationen kommentierte. Er wollte meinen Bildern einen Aufsatz widmen und nahm ein umfangreiches Paket von Fotografien, welches den größten Teil meines mühsam aufgestellten Werkverzeichnisses ausmachte, mit nach Holland – doch bis heute ist mir von diesem Aufsatz nichts bekannt geworden. Durch meine Freundschaft zu Léonor Fini fand ich auch neben dem Zugang zu besseren Sammlern jene Galerien, die damals als die besseren galten und geneigt waren, meine Bilder zu zeigen."

Ab 1960 war eine regelmäßige Einkommensquelle ein Vertrag, den Ernst Fuchs mit dem Verleger Charles Orengo abschloss. Er bezahlte für die 20 Radierungen zu „Samson" in anständigen und regelmäßigen Raten.

Daran schloss 1965 der Erfolg der großen Wiener Phantasten-Ausstellung in Deutschland und das daraus resultierende Interesse des Kunsthandels an. In München bemühte sich der Kunsthändler und Auktionator Wolfgang Ketterer. Er zeigte Einzelausstellungen von deutschen Surrealisten wie Hans Bellmer, Mac Zimmermann, Edgar Ende, Caspar Walter Rauh sowie dem Kritiker und Collagenkünstler Franz Roh. So öffnete er seine Infrastruktur als bedeutendes deutsches Auktionshaus den frühen Werken der Wiener mit ausführlichen Katalogen. In seinem Verkaufskatalog bot er die frühen Zeichnungen und wichtige Teile des graphischen Werks an. Er verlegte die Holzschnitte der „Kataklysmen“ und machte eine Faksimilemappe der großen Zeichnungen von 1946 bis 1947. Das Werk von Fuchs kam unter die Leute.

In Wien war die Situation eigenartig. Einerseits gab es die Galerie Fuchs lange Zeit, andererseits wurde er hier kaum gehandelt. Lange Zeit war Wien als fast galerienfrei zu bezeichnen und beherrscht von den Künstlerorganisationen Secession und Künstlerhaus, St. Stephan für die Abstrakten, die „Junge Generation“ als sozialdemokratisches Gegenstück, die „Zentralbuchhandlung“ als kommunistische Galerie, die Galerie des Berufsverbandes und die „Kleine Galerie“ der Volksbildung. An kommerziellen Galerien gab es die Traditionsgalerie Würthle unter der Schirmherrschaft von Wotruba, die Buchhändlergalerie Wolfrum, die Künstler-Familiengalerie „Im Griechenbeisl“. Später noch die winzige Galerie des ehemaligen Verlegers und künftigen Collage-Künstlers Willy Verkauf, die noch winzigere Galerie Peithner-Lichtenfels und die Galerie Ariadne. Und das war‘s dann schon fast. In diesem dünn besiedelten Gebiet fand ein Marketingspezialist eine Marktnische und eine Reihe von Künstlern einen Händler. Einer von ihnen, dankbar dafür, Ernst Fuchs. In Wien hatte der ehemalige Radiokorrespondent der „Russischen Stunde“ in New York, danach Generalsekretär des kommunistischen Weltgewerkschaftsbundes und später Marketingmanager eines Supermarkts, Manfred Scheer, zum Kunsthandel gewechselt. Er übernahm die harten Methoden des Waschmaschinen- und Zitronenhandels ins Galeriegeschäft und hatte damit Erfolg. Er verließ sich nicht auf die Kunstkritik, sondern schaltete Kleinanzeigen. Er bündelte das Kundeninteresse auf die Präsentation von Graphiken in Anwesenheit des Künstlers. Angebote lauteten: *„Für den Sonderpreis von öS 10.000.– nur heute von Punkt 9 bis 10 Uhr.“* Wer fünf Minuten zu spät kam, hatte das Nachsehen. Das forderte den Jagdinstinkt. Er ließ die Kulturseiten links liegen und gewann die Gesellschaftskolumnisten mit der Anwesenheit von Prominenz. Das lasen die Leute, und so lernten sie Künstler von der menschlichen Seite kennen. Am besten bedient wurde dabei

Leherb, der, wenn man es recht nimmt, eigentlich ein Geschöpf des „Kronen-Zeitungs"-Adabei Roman Schliesser war, der über jede seiner Regungen berichtete. Scheers Marketing-Genie war flexibel und kreativ. Als er Galerieräume anmietete, die einen Lagerraum hatten, der nur knapp 1,5 Meter hoch war, deklarierte er ihn kühn zur „Kindergalerie", in die nur zugelassen wurde, wer klein oder ganz klein war.

Die Künstler, deren Arbeiten Scheer verkaufte, liebten ihn. Die anderen hassten ihn. Anzunehmen, beide aus demselben Grund: des Geldes wegen. Seine Verhandlungstaktik war ganz einfach. Hatte er Interesse, so griff er in die Hosentasche und nahm eine dicke Rolle Bargeld heraus. Es gab keinen Widerstand gegen dieses Argument, das half, Stromrechnungen und Ähnliches zu bezahlen. Scheer feilschte nicht und hatte nie das erniedrigende und entwürdigende Verhalten gegenüber den Künstlern, das sie zu Bittstellern degradierte. Er behandelte sie als Geschäftspartner. Da Ware, hier Geld. Scheer hatte keinen über Wien hinausreichenden Einfluss, aber vor Ort war er der Mann, der die Geschäfte machte. Für Ernst Fuchs war er zu dieser Zeit auch beim Erwerb der Wagner-Villa sehr wichtig. Frau Scheer, damals Bankangestellte, war Fuchs behilflich bei der Erledigung der Hypothekardarlehen.

In Frankfurt war der Galerist Heinrich von Sydow-Zirkwitz voll Enthusiasmus für die Wiener phantastischen Realisten. Er liebte schöne Frauen und die Phantasten. Er zeigte die Hannover-Ausstellung in Frankfurt, indem er kurzerhand das Hotel Intercontinental dafür anmietete. Das war Missionstrieb. Dazu schreibt der Frankfurter Kulturdezernent vom Rath: *„Die Ausstellung hätte beinahe nicht stattgefunden. Sie zu veranstalten, erfordert mindestens viererlei: eine Idee; Kunstwerke, mit denen sich die Idee verwirklichen lässt; einen Ausstellungsraum; Geld. Die Idee verdanken wir Schmied und Sydow, in Berlin gab es auch den Raum und das Geld – nicht so in Frankfurt. Dem städtischen Kulturdezernat hatte man die Mittel auf ein Drittel gekürzt. Die Stadt also wollte, aber konnte nicht. Andere, von Herrn von Sydow befragt, konnten, aber wollten nicht. Schamhaft verschweigen wir die Namen. Bis Heinrich von Sydow, ungebrochen, unentmutigt, an die Richtigen geriet."*

Der Faltkatalog, den er neben dem Katalog dafür auflegte, hatte eine Auflage von 10.000 Exemplaren. Er machte eine Luxusausgabe des kleinen goldenen Katalogs mit fünf Radierungen, eine kleine Mappe mit graphischen Miniaturen der „Fünf" und wurde Mitverleger bei Orengos „Samson". Dann verlegte er als eigene Edition die „Sieben Bilder und Sprüche der Sphinx". Lotte Cello verlegte in Norddeutschland die Graphiken zum Buch „Esther". Sydow war von konstruktiver norddeutscher Geschäftigkeit und Zuneigung vor allem zu Ernst Fuchs.

Ganz und gar süddeutsch hingegen war Dr. Richard P. Hartmann, Sohn des Komponisten Karl Amadeus Hartmann, ein zum Kunsthandel konvertierter Neurologe und Psychiater und zuletzt Leiter eines „Instituts für Bildsprache und Kunst".

Ein ungeheuer umtriebiger Mensch, der mehrmals seine gesamte wirtschaftliche Existenz riskiert hatte, um seiner Obsession Ernst Fuchs nachzukommen.

1966 zeigte er die erste Ausstellung unter dem Titel „ars phantastica" mit Arbeiten der „Fünf" und von deren frühen Weggefährten Janschka und Krejcar, deren Leitfigur Gütersloh, von dem sich selbst als Surrealisten ausgegrenzt habenden Leherb, den nie integrierten Altvorderen Charles Lipka und Franz Luby, den „Jungen" wie Kies, Proksch und Regschek und dem sich immer mehr absetzenden jungen Karl Korab; dazu frühe Arbeiten von Arnulf Rainer.

Hartmann missionierte für die Wiener Phantasten (wie übrigens auch für Alfred Hrdlicka) in München und auf den internationalen Kunstmessen. Er produzierte üppig ausgestattete Bücher, organisierte Manifestationen wie das „Pintorarium" und Ausstellungen und verlegte Graphiken, vor allem von Ernst Fuchs. Er war Herausgeber des bei Draeger in Paris gedruckten „Fuchs über Fuchs". Ein 2,5 Kilogramm schwerer Prachtband, für den Fuchs 17 verschiedene Radierungen machte, die in etwa 33.000 Exemplaren den Büchern beilagen.

Die einzelnen Auflagen und Zustände der Graphiken lassen sich leicht in dem zweiten, wieder 2,5 Kilogramm schweren, von Hartmann herausgegebenen Prachtband feststellen. Es ist das Werkverzeichnis der Druckgraphik von Ernst Fuchs; wieder mit beigegebenen Graphiken.

Damit eroberte Hartmann den breiten Markt des Rahmen- und Bilderhandels für Ernst Fuchs. Plötzlich war Originalgraphik auf dem Markt, die der Handel billig einkaufen und fein gerahmt mit anständigen Gewinn ohne große Investition verkaufen konnte. Das brachte die Graphik Ernst Fuchs' in die fein verästelten Kanäle der Bilderhändler, die sich nicht groß über Kunst informierten, aber spürten: Da ist etwas, wofür sich die Menschen interessieren. Das Gesamtvolumen, das der Handel umsetzte, dürfte bei über 80 Millionen Schilling gelegen sein. Nicht Fuchs und nicht Hartmann machten dieses Geschäft, sondern viele hundert Händler, die sonst nie das Werk dieses Künstlers in die Hände bekommen hätten. Aber dadurch sickerte das Werk von Fuchs in die von den Kunstmachern ignorierten Plätze. In Orte, wo vor allem die Kunstkuratoren – Kurator bedeutet Bevormunder – keinerlei Einfluss mehr haben. Hartmann gelang mit diesen Kleingraphiken, was Hundertwasser mit der farbigen Postkarte erreichte: allgegenwärtige Präsenz des Werkes.

Im Interview mit der Frauenzeitschrift „Brigitte" sagt Fuchs 1972: *„Man muss ehrlich genug sein, es zuzugeben: Ich kann nur etwas für die Reichen tun. Originale können sich nur wohlhabende Leute kaufen. Aber Bilder ansehen können sich schließlich viele."*

Nur einmal war Ernst Fuchs in Versuchung, Hartmann untreu zu werden. Als Fuchs ein finanziell phantastisches Exklusivangebot des amerikanischen Händlers und Investors Brusquiller annahm. Der Investor, der vorher für die bedeutende Galerie Maeght, dem Händler von Chagall, Miró und anderen Meistern des 20. Jahrhunderts tätig war, wollte alles kaufen, den amerikanischen Markt extensiv betreuen und ein Museum errichten. Aber es wurde nichts daraus, er starb unmittelbar nach Vertragsabschluss. Hartmann blieb lange ein Eckpfeiler im kommerziellen Leben des Ernst Fuchs.

Und nicht nur das. Er ist auch ein Bewahrer des Fuchsschen Werkes. Die von ihm mit beträchtlichem Aufwand, der nur äußeres Zeichen seines Engagements und Interesses am Werk von Ernst Fuchs ist, publizierten Bücher, sind das, was die Bilderwelt des Ernst Fuchs eigentlich allgemein zugänglich macht. So lange nicht das Gesamtwerk im

Internet abrufbar ist, sind es diese Bücher, die alle künstlerischen Perioden und ihre Wechsel dokumentieren.
Heute geschieht die Distribution mit Fuchs-Werken vor allem über seine Händler in Monaco, über den Kunsthandel von Dr. Cornelia Eibl und über Mitglieder der Familie.
Zu Kunst als Wertanlage, als Spekulationsobjekt äußerte sich Fuchs 1978 zu André Müller, der fragte: *„Würden Sie es zulassen, dass jemand ein Bild von Ihnen als Geldanlage in den Keller stellt?"*
„Wenn ich es verhindern kann, nicht. Ich arbeite doch nicht fünf Monate an einem Werk, damit es dann irgendwo im Keller herumsteht. Das wäre ja, wie wenn ein Chirurg an einem Kadaver eine zehnstündige Operation ausführen würde."
Und auf die Frage: *„Halten Sie Ihre Bilder für eine Geldanlage?"*
„Ich bin viel zu sehr Außenseiter, als dass meine Bilder ein Spekulationsobjekt wären. Keine Außenseiter sind Beuys und die Leute, die auf der documenta in Kassel ausstellen, auf der Biennale, wo ich noch nie war. Nein, einmal 1952 mit einer Radierung und zweimal bei der Bienal de São Paulo 1965 und 1969."
„Aber die sind doch alle viel billiger als Sie?"
„Eben deshalb sind sie ja zur Spekulation besser geeignet."

19. Die Angst Dalís vor der Reise im Cadillac

Das plastische Werk – Die Begegnung mit Dalí

Figueras, in der spanischen Provinz Gerona, ist die nächste größere Stadt, bevor man nach Port Lligat und Cadaques kommt, wo Dalí arbeitete.
Wer nach Figueras kommt, kommt wegen des Dalí-Museums. Das „Teatre-Museu Dalí" hat der Künstler zusammen mit Pérez Piñero konzipiert, es ist ein Gesamtkunstwerk aus alter und neuer Architektur, mit Deckengemälden, bizarren Plastiken auf dem Platz davor und Bildern von Dalí und Künstlern des Surrealismus. Im imponierenden Innenhof des Museums mit der netzartigen Kuppel über dem ausgehöhlten ehemaligen Theater steht der alte schwarze Cadillac von Dalís Frau Gala, von Dalí zum skulpturalen Objekt „El Cadillac lluvioso" oder auch „The Rainy Cadillac" gestaltet. Und auf diesem Auto steht als Kühlerfigur eine gewaltige, fast drei Meter hohe Bronze von Ernst Fuchs, die „Große Königin Esther". Mit dieser Bronze hat Ernst Fuchs „il Divino" das Leben gerettet. Wahrscheinlich.
Dazu muss man wissen: Dalí hat vier Monate im Jahr in Spanien, in Port Lligat, zugebracht, vier Monate hatte er seine Residenz in Paris, im Hotel Meurice, und vier Monate residierte er in New York im Hotel St. Regis. Das hatte neben manchen anderen Gründen auch den Vorteil, dass der Meister in keinem Land steuerpflichtig wurde. Die unangenehme Nebenerscheinung aber war, dass Dalí mit allem, was er in Paris benötigte, im riesigen Oldtimer-Cadillac die kurvenreiche Straße von

Cadaques zum Bahnhof nach Perpignan gefahren wurde, wo er den Zug nach Paris nahm. Und seine Frau Gala ließ es sich nicht nehmen, den Wagen selbst zu chauffieren. Dalí, immer in Todesangst um sein bisschen göttliches Leben, starb alle Tode auf der kurvenreichen Strecke. Besonders, wenn er daran dachte, dass seine kleine, zarte Frau, die sich damals auch schon den Achtzigern näherte und kaum über das Lenkrad hinaussah, den schweren Wagen durch die Haarnadelkurven der schmalen Bergstraßen lenkte. Dalí beschrieb die durchlebten Ängste ausführlich in seinen Erinnerungen und auch die glückliche Erlösung, als er auf der Bank im Bahnhof saß, umgeben von seinen Koffern und auf sicherem Boden. Er spann eine ganze Philosophie um diese vermeintliche Bewahrung vor dem unausweichlichen Tod, auch in Verbindung mit der Tatsache, dass in Perpignan das Ur-Meter-Maß begründet worden war, es also auch der Mittelpunkt der Welt sei. Und Dalí malte dazu eines seiner dichtesten Bilder: den „Bahnhof von Perpignan".

Dalí versuchte nun immer wieder, diese Form der Reise zu verhindern. Er bestach den Gemüsemann, dass er mit seinem Lieferwagen den Cadillac touchierte, und ein anderes Mal überredete er seinen Assistenten Bea, dass er den Motor manipulierte.

Keiner dieser Sabotageversuche aber war wirklich von dauerhaftem Erfolg. Bis Dalí in einem seiner kreativen Momente beschloss, mit dem Cadillac eine seiner frühen Kreationen, den „Rainy Cadillac" zu wiederholen und die Bronze von Fuchs als überdimensionale Kühlerfigur auf das Auto zu stellen. Niemals mehr würde Gala den Wagen bewegen können.

Die Formen der „Esther" waren für Dalí eine Transformation der Formen des Cadillac in eine andere Dimension. Er stellte sich vor, dass man das gewaltige runde Hinterteil der Bronze wie einen Kofferraumdeckel hochklappen könne.

Die oft und immer wieder erneuerte Bekanntschaft zwischen Dalí und Fuchs rührte aus der Begeisterung von Ernst Fuchs für das Werk Dalís

Ernst Fuchs arbeitet an der Granitplastik „Hypnosia". (Johann Klinger).

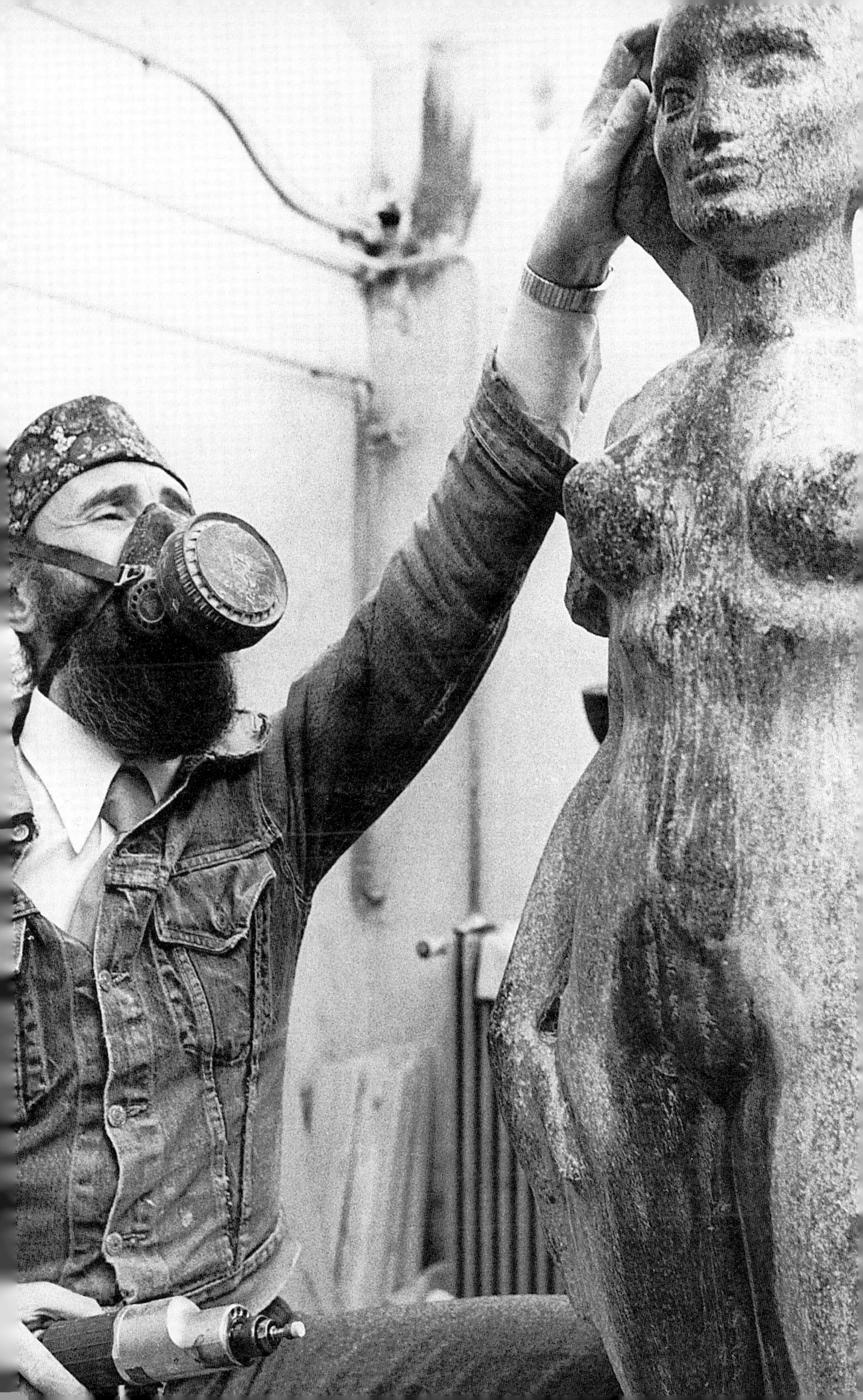

aus den ersten Jahren nach dem Krieg her. Fuchs war fünfzehn Jahre alt und versuchte sich in der groben, schwerfälligen Art der Expressionisten. Dann sah er die ersten Abbildungen der Surrealisten, von Max Ernst und Salvador Dalí. Er machte zunehmend die visionäre Thematik zu seiner und sah – besonders bei Dalí – jene exakte Formulierung der inneren Bilder, wie sie auch ihm der phantastischen Welt entsprechend erschienen. Der junge Fuchs verzichtete auf die grobe Gestik der expressiven Holzschnitte, Kreidezeichnungen und Tuschbilder. Auch war ihm diese Ausdrucksform zu handschriftlich und persönlich, denn eigentlich wollte Fuchs immer nur ein klares Bild seiner Vorstellungen und Visionen zeigen. 1947 sah er dann ein erstes Bild von Dalí, „Les jeux lugubres", in einer Ausstellung der französischen Alliierten in Wien. Fuchs: *„Da war der erste Dalí. Einer der besten, so klein nur, aber wir alle haben zum ersten Mal gesehen, wie fein diese Leute zeichnen und malen. Diese Akribie, hab ich mir vorgestellt, muss man haben. Bei Dalí habe ich eine Bestätigung gefunden."*

Im Mai 1951 sah Fuchs in der Tür der Pariser Buchhandlung „La Hune" ein Plakat, das eine Ausstellung Salvador Dalís bei André Weil ankündigte. Er wusste, dass das die Chance ist, den Meister des Surrealismus persönlich kennen zu lernen. Fuchs nahm seine Mappe mit fein ausgeführten Zeichnungen, Aquarellen und Radierungen und ging zu André Weil. In einer seiner Lebenserinnerungen liest sich das so: *„Das glückliche Einhorn prallt an der Tür, die sich eben öffnete, mit Dalí, dem glücklichen Nashorn, zusammen."* Dalí war von bezauberndem Charme und größter Höflichkeit. Fuchs kratzte die aus der Schulzeit verbliebenen Fragmente seines School-English zusammen, um seine Bitte vorzutragen: *„I show you my paintings."*

Fuchs war schon damals auf sein Können sehr stolz und, wie er sagt, überaus eitel – aber Dalís Lob war mehr überwältigende Überraschung als alles andere. Dalí lobte seine Arbeiten enthusiastisch: „Formidable, formidable!"

Und er stellte Fuchs seinen beiden Begleitern *„als den Dalí allemand"* vor, während er sich selber als den *„lateinisch-iberischen Dürer"* bezeichnete. Die beiden Begleiter Dalís waren der Marquis de Cuevas, der umarmte und küsste Fuchs, als hätte er seine Bilder wie ihn selbst seit jeher gekannt, und der Verleger Robert J. Godet. Dalí „befahl" beiden, dem jungen Künstler sofort zu helfen. Dass der Marquis es nicht tun würde, wusste Fuchs gleich. Aber dass Robert J. Godet sein erster Verleger würde, konnte der Maler aus Ottakring, der in Paris in Cafés übernachtete, weil er kein Geld für ein ordentliches Quartier hatte, nur hoffen. Godet, der gerade mit Dalí das „Manifiesto Mistico" gemacht hatte, zeigte Fuchs, wie man Bücher macht, und er stellte mancherlei Kontakte her. Er kam übrigens später auf eine seltsame Art ums Leben. Robert Godet war, wie es einem Freund des Magischen geziemt, in Tibet verschwunden, er stürzte sich im Sportflugzeug an den Hängen des Himalajagebirges zu Tode.

Es gab im Lauf der Jahre noch zahlreiche Begegnungen, Zusammentreffen und Gespräche zwischen Dalí und Fuchs. An den feinsten Orten: dem prunkvollen Hotel Meurice in Paris, wo Dalí residierte, im Ritz in Barcelona, in der Druckerei in Paris, in Figueras, wo das Theater-Museum Dalís entstand, in Cadaques und Port Lligat. Eines der ersten Gespräche fand in dem Pariser Dienstbotenzimmer statt, das Fuchs bewohnte. Er hatte damals seinen Sohn Michael bei sich. Das Baby war in einen kleinen Schlafsack gehüllt und lag neben der Staffelei, an der Fuchs arbeitete. Dalí besuchte Fuchs, stieg die Dienstbotentreppe in den 6. Stock hinauf, war ein bisschen irritiert über das greinende Baby neben dem malenden Fuchs. Und dann saß er einige Stunden dabei und beobachtete, wie Fuchs an seinem Bild arbeitete.

Das Entscheidende an dem Moment der ersten Begegnung war, dass sich „el Divino", der „Göttliche", und Fuchs, der „Prophet", begegneten, und dass ihr Werk letztendlich in der riesenhaften Kühlerfigur und dem „Rainy Cadillac" von Figueras zusammenfloss.

Die Bronze der „Königin Esther" schuf Fuchs von 1968 bis 1973. Seine Beschäftigung mit der Skulptur geht aber durch alle seine Lebensalter, schon bevor er zu modellieren begann. Er erinnert sich: *„Ich zeichnete sehr ausführlich, schnell und in Schattierungen, starkes Relief illusionierend."* Von seinem 13. bis zu seinem 14. Lebensjahr hatte er Unterricht in Bildhauerei genommen. Er begann zu modellieren und kopierte damals hellenistische Skulpturen, Medusa, den Hermes-Kopf, ganz im Sinne der klassischen Akademie, wie es noch im 19. Jahrhundert üblich war. Er hatte eine ausgezeichnete Lehrerin, Emy Steinböck, die ihre Ausbildung noch zur Zeit der Blüte der Wiener Sezession genossen hatte. Zu der riesenhaften, großformatigen Zeichnung „Gigant" von 1945 schrieb Fuchs: *„Wandbild und Skulptur sind mein Ziel."*

Eine intensive Beschäftigung mit der Plastik setzte aber erst am Ende der sechziger Jahre ein. Anlass war der Auftrag für die Gestaltung des Balletts „Der Golem" (1970) im Theater an der Wien. *„Die Maske des Golem, die ich mir plastisch, das Aussehen des Tänzers völlig verfremdend, vorstellte, sollte nicht, wie vorgeschlagen und wie es üblich war, aus Gummi zum Überziehen sein, sondern plastisch wie eine antike Totenmaske. Da es sich nach Vorlage meiner ersten Entwürfe zu diesem Kostüm zeigte, dass ich das technische Vermögen der Werkstatt überforderte, begann ich selbst, die notwendigen Vorlagen zu modellieren. Ich kaufte Ton, und binnen weniger Tage kehrte ich zum Anfang meiner Laufbahn zurück. Ich wurde wieder Bildhauer."*

Im Keller eines Biedermeierhauses und später in einem Souterrainlokal an der Seilerstätte in der Wiener Innenstadt hatte der gerade 40-Jährige seine eigenen Bildhauer-Ateliers eingerichtet. Hier modellierte er und schlug aus einem alten Granitgrabstein eine große stehende Figur „Hypnosia". Heute umfasst das plastische Werk von Ernst Fuchs mehr als 100 Objekte in den verschiedensten Materialien, von der großen Bronze bis zum – aus Edelstein gearbeiteten – Ring, zur Keramik und zur Bauplastik.

Vieles entstand auch im Zusammenhang mit den oder angeregt durch die Architekturarbeiten. Natürlich waren der Kauf der Ruine des Wagnerbaus am Rande des Wienerwalds und seine jahrelange Renovierung ein Auslöser beim „Handarbeiter" Fuchs. Hier bot sich für den Künstler die Umsetzung in die Dreidimensionalität seines sehr oft sehr plastischen zeichnerischen und malerischen Werkes. *„Alles, was ich zeichnete, war auch immer sehr plastisch schattiert und zeigte barocke, ausladende Formen."* In der Bauplastik wie in Medaillen und der freien Skulptur konnte Fuchs seine haptischen Emotionen ausleben.

Die Kleinplastik machte im Werk von Ernst Fuchs einen nicht gerade geringen Teil aus. Sie bot die Möglichkeit, durch den Guss in Bronze das dreidimensionale Werk von Ernst Fuchs zu vervielfältigen. Die erste große Edition verlegte Euro-Art von einer kleinen „Daphne". Eine zierliche Figur von kalypigischer Ausprägung mit einem aufgesteckten vergoldeten Blatt, dem Zeichen der sich in einen Strauch verwandelnden Daphne, das auch als Schmuckstück getragen werden konnte. Dem folgte ein Kopf David von wahrhaft Fuchsschem Format. Der wichtigste Multiplikator des skulpturalen Werkes von Fuchs aber wurde die Hilliard Collection und E. Hofers GFM – Gesellschaft für Münzeditionen in Salzburg. Schon die Prospekte und Ankündigungen der Skulpturen-Editionen waren ganz nach dem Herzen von Ernst Fuchs. Eine hervorragende grafische Gestaltung mit ausgezeichneten Fotos, und das Ganze setzt sich in den begleitenden Dokumenten fort. Das entsprach genau dem, was sich Fuchs unter einem Gesamtkunstwerk vorstellte. Da gab es eine Entstehungsbiographie mit fein gravierter Prägung auf Goldfolie und Widmungsblätter mit Arbeitsfotos sowie faksimilierte Handschriften und Werkskizzen, dazu ergänzende Gedichte von Fuchs, auf schwerem Bütten.

Der Umfang dieses Werkteiles von Fuchs reichte von der „Sphinx", die mit ihrer nur 35-cm-Länge von monumentaler Wirkung ist, bis zu einem technischen und spirituellen Meisterwerk: der Janus-Uhr, mit ihrem Tag-und-Nacht-Gesicht, ein Kunstautomat von barockem Zuschnitt.

Die kleinste und intensivste Form der Plastik ist die Medaille, die Münze. Sie ist auch der haptischste Teil der plastischen Kunst. Man kann über die Rundung einer Skulptur streichen, das kühle glatte Metall spüren, die Rauheit oder mühsam geglätte Oberfläche des Steins mit der ganzen Handfläche ertasten. Bei der Medaille setzt das Fingerspitzengefühl ein. Die sensiblen Nervenenden in den Fingern leiten das Bild, das sie da erfühlen, ans Gehirn weiter. Dazu kommt das Material, aus dem Medaillen traditionell gefertigt werden, die solcherart personifizierten Edelmetalle Gold und Silber. Ernst Fuchs: *„Das geprägte Gold erst macht anschaulich, welcher Geist Besitz ergriffen hatte vom höchsten Wert durch das Abbild, das dem Gold eingeprägt war. So verstanden, war die*

Münze nicht nur Wert durch ihre Materialität, den das Gold sicherte, sondern in ihrer Wertigkeit erst dann voll wirksam, wenn das Metall nach dem Bild der Gottheit oder des Königs geprägt war.
Es ist zwar heute nicht üblich, die Münzen und jegliche Metallformung dieser Art miteinzubeziehen in das, was wir Kunstwerk zu nennen gewohnt sind, mir scheint es aber trotzdem das erste und vornehmste aller Kunstwerke zu sein, geradezu ein Gradmesser der Höhe einer Kultur.“
Fuchs schuf über 80 Reliefs für Medaillen, von denen 24 Rundreliefs zu einer Serie von zwölf Medaillen zum „Alten Testament“ und zwölf Medaillen mit den Sternzeichen zu „Die Macht der Sterne“ zusammengefasst wurden.
Und sogar aus dem, was sich zuerst gar nicht als Skulptur anbot, machte Fuchs ein plastisches Werk. Es war naheliegend, dass Fuchs angeboten bekam, die Bibel mit Bildern zu versehen. Er hat sie nicht illustriert wie Chagall, der die Texte in Bilder wortwörtlich übertrug, oder wie Dalí, der sie in seine Bildsprache übersetzte. Fuchs musste Reproduktionen seines Werkes nur den jeweiligen Bibeltexten zuordnen. Sie sind wie eine zusätzliche Ebene zu den Texten und öffnen optisch den Zugang zu Botschaften und Inhalten. Und Fuchs konnte natürlich nicht widerstehen, das aufzunehmen und zu realisieren, was aus seiner Erinnerung hochstieg. Es sind die Bild- und Jubiläumsbände des 19. Jahrhunderts in ihren herrlichen goldgeprägten Einbänden, die der Fünfjährige auf dem Altwaren-Lagerplatz des Vaters sah, tiefreichende Erinnerung. Er gestaltete die Bibel, die in 20.000 Exemplaren auf den Markt kam, zu einem goldenen Objekt. Die Buchdeckel und Rücken sind mit einem Relief versehen, wie es Fuchs auch im Nymphæum, einem tief in die Vergangenheit der Bibelwelt reichenden Brunnenhaus der Villa Fuchs, verwendete. Der Buchblock mit Goldschnitt wird so mit dem Einband zu einer Einheit, einer Plastik, geschlossen, in jenem mystischen Gold, das nicht nur zu gestaltendes Metall ist, sondern auch die Farbe des Lichtes der göttlichen Erscheinung.
Und die Plastik schließt bei Fuchs alles zur Einheit zusammen. Idee, Zeichnung, Raum, Licht, Oberfläche, Material, Form, Berührung: die Plastik.

20. Schauplätze der dritten Dimension

1970: Der Beginn mit Golem – 1977: Gegen die Stagnation bei Wagner – Mozart als Volksfest

„Theaterarbeit: Nicht ein Bild hängt an der Wand und wird zum Fenster in die Welt der Vorstellung, sondern der Vorhang hebt sich, und die Vorstellung beginnt.
Alles, was mir als Entwurf vorgeschwebt hatte, das sollte nun als Architektur oder Plastik realisiert werden. Um an diese Aufgabe heranzukommen, gab es zunächst nur ein Hilfsmittel, das war die Bühne. Sie konnte wohl zuallererst der Schauplatz meiner Ideen und räumlichen Vorstellungen werden. So entstanden in der Folge Ausstattungen und Kostüme für Ballett, Oper und Theater. Endlich konnte ich im Raum das sehen, was bis dahin an die Fläche gebunden war; gleichzeitig fing ich an zu modellieren.
Der erste Auftrag, 1970, die Gestaltung des Balletts ‚Der Golem' des amerikanischen Komponisten Francis Burt zu übernehmen, und die Schließung meiner Galerie lagen knapp beieinander, auch geographisch. Der Golem wurde im ‚Theater an der Wien', Tür an Tür mit meiner Galerie, realisiert. Und das Erste, was ich durch diese Aufgabe wiederentdecken durfte, war die Skulptur. Durch die Arbeit an der Maske des Golem."
Die Golem-Maske und die finanzielle Möglichkeit, die der Auftrag, für das Theater zu arbeiten, bot, war ein starker Impuls für die verstärkte Beschäftigung mit der Plastik, und zwar eine aktive. Fuchs übergab nicht nur einige der zahlreichen Skizzen den Profis der Theaterwerkstatt, sondern machte sich selbst ans Modellieren.
Die Beschäftigung mit der Bühne und ihrer Technik, mit ihren Möglichkeiten und Materialien, mit dem Licht, der Bewegung, den Farben und

Stoffen, dem Zusammenspiel von all diesen Elementen mit Musik und Text und Bühnenbild gab Ernst Fuchs *„die Möglichkeit, meinen vielfältigen Ambitionen nachzugehen. Oper als Raum der Versammlung aller Künste ließ mich eintreten, und alles, was ich als Anlagen besaß, brach da erst hervor."*

Das erste Mal gab Fuchs seiner Lust auf die Theaterarbeit schon 1954 in Paris nach. Nichts zu essen, keine Wohnung, aber für das Theater große Entwürfe für große Stücke zu machen, das war sein's. Er konzipierte für Georg Büchners „Woyzeck" und „Leonce und Lena". Sie wurden nicht ausgeführt. 1956/57 bestand von Columbia Pictures der Plan, Richard Strauss' „Salome" in der Ausstattung von Ernst Fuchs in Hollywood zu realisieren.

Ernst Fuchs' Beziehung zur Musik war nicht nur die eines Hörenden, für ihn war sie ursprüngliche Lebensäußerung. Er komponierte und sang, davon gibt es einige Schallträger.

Ernst Fuchs' Beziehung zum Tanz und zur Darstellung war nicht nur die eines Zuschauers, für ihn war sie ursprüngliche Lebens- und Kunstäußerung.

Ernst Fuchs' Beziehung zur Literatur war nicht nur die eines Lesers, er war ein philosophischer Analytiker, und er schrieb selbst. Bisher entstanden rund 3000 Gedichte sowie Theaterstücke, Opern, Film-Treatments, tausende Seiten Werk- und Lebenstagebücher.

Der hamburgische Museumschef Heinz Spielmann meinte: *„Vielleicht ist es nicht falsch, den Impetus, der Fuchs zur Bühne führte, als einen Wesenszug seiner künstlerischen Konzeption anzusehen und die Malerei als eine andere Erscheinungsweise innerhalb dieser Konzeption. Bühnenarbeit ist für Fuchs nicht eine ‚angewandte' Form seiner Malerei."*

Ernst Fuchs: *„Die Arbeit für die Bühne ist seit eh und je mein Ziel gewesen, um das Gesamtkunstwerk wieder zu beleben, dessen Gedanke seit dem Ende des 19. Jahrhunderts fallen gelassen und durch Spezialistenwesen abgelöst wurde. Die Kunst wird aber eine Verbindung zum Volk erst dann zurückge-*

Ernst Fuchs und Modell mit Kostüm
zu „Josefslegende", 1975. (Jacques Schumacher).

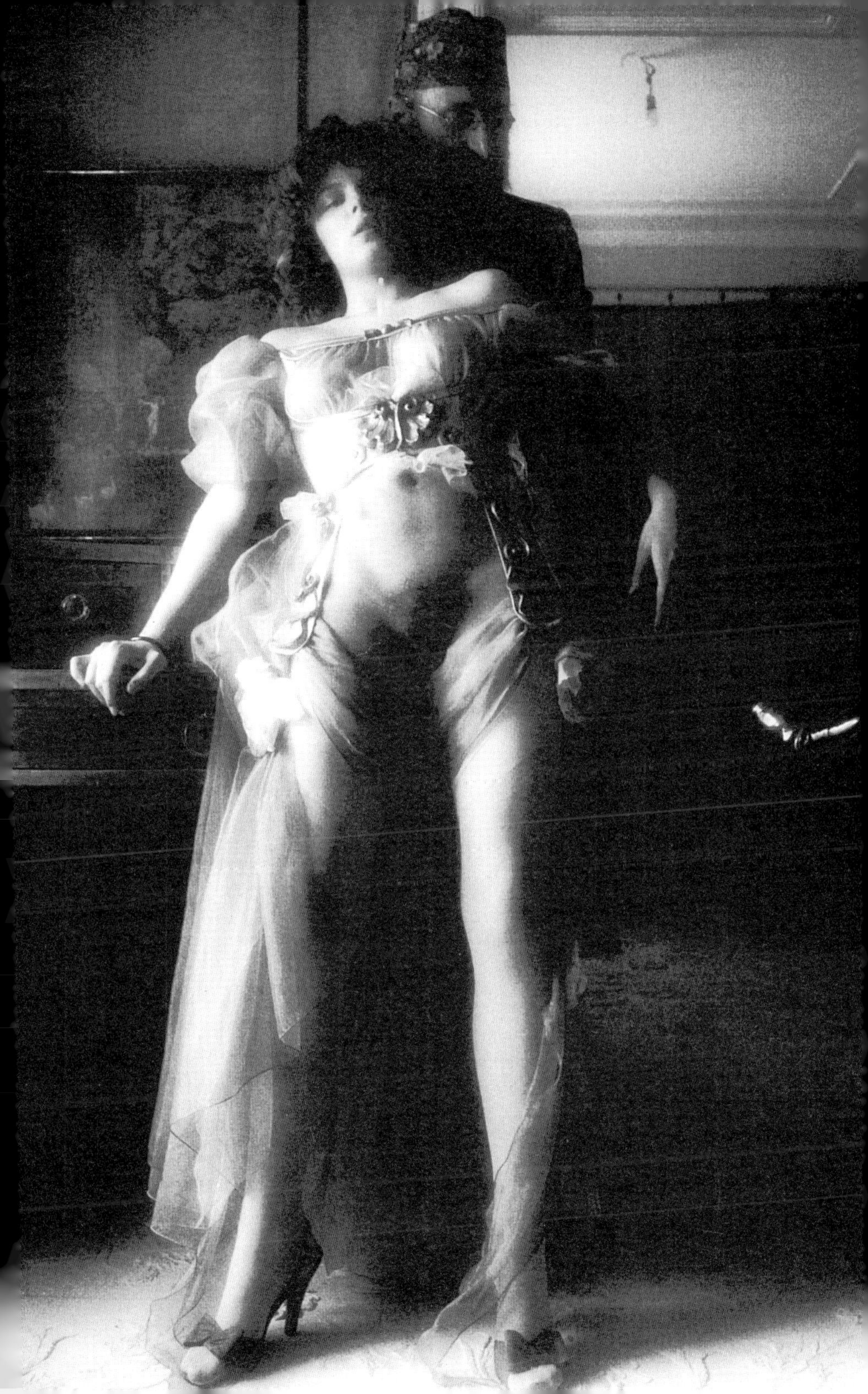

winnen, wenn es in der Zusammenarbeit aller Künstler zur Synthese kommt. Das Bild als Weltentwurf hat für mich sein Äquivalent und seine Erfüllung in der Oper, in der Oper als Gesamtkunstwerk.“
Spielmann: *„Fuchs versteht das Gesamtkunstwerk nicht nur ästhetisch und auch nicht allein in dem Bestreben, der Kunst in unserem Leben einen selbstverständlicheren Platz zu geben. Fuchs versteht das Gesamtkunstwerk in einem mystischen, in einem quasireligiösen Sinn. Diese Zielsetzung macht verständlich, warum ihn einige Bühnenthemen faszinieren, warum ihn andere kalt lassen. Sie erklärt darüber hinaus, warum manche Aufführungen durch ihn eine spezifische Interpretation erfahren.“*
Natürlich war die erste Theaterarbeit von Fuchs, der „Golem“, ein für die spezifische Interpretation von Fuchs besonders geeignetes Thema. Der Golem, das hebräische Wort bedeutet „ungeformte Masse“, ist nach der jüdischen Legende ein von Rabbi Löw um 1600 in Prag geschaffener künstlicher Mensch, der den verfolgten Juden helfen sollte. Gustav Meyrink hat um die Gestalt 1915 einen Roman geschrieben. Und Meyrink ist einer der Autoren, über die Fuchs zur Phantastik fand. Der Golem erscheint, von heute aus gesehen, wie die Paraphrase des Roboters. Das Ballett lebt von der Fortführung der Golem-Legende auf eine Situation hin, die der des Roboters heute entspricht. Ein Fuchs-Thema, auch durch die Gegenwartsbezogenheit der jüdischen Religion. Die jüdische Legende und die Meyrink-Novelle wären schon Grund genug gewesen, Fuchs anzuregen. Nun ist aber der Golem eine aus Lehm geformte Gestalt, also eine Plastik, der Leben eingehaucht wird. Und Rabbi Fuchs will Gestalten formen und ihnen Leben einhauchen.
Auch das zweite Ballett, für das Ernst Fuchs die Ausstattung entwarf, stellte – so Spielmann – auf vergleichbare Weise den Zusammenhang zwischen religiösen Kategorien einer frühen Ordnung und der Gegenwart her: das Ballett „Die sieben Todsünden“ mit der Musik von Fridolin Dallinger für das Theater an der Wien. Es kam Fuchs ohne Zweifel entgegen, dass die Anregungen zur Musik durch Bilder gegeben wurden, durch einen Kupferstichzyklus der „Laster“, den Pieter Breughel d. Ä. 1558 erscheinen ließ und der das Phänomen „Todsünde“ gleichfalls als ein zeitbezogenes erscheinen ließ. Dallinger hatte die Laster in ihrer

zeitgebundenen Erscheinungsform dargestellt, z. B. die Völlerei als Rauschgift, und er hat der Musik zudem moderne Tanzrhythmen zugrunde gelegt. Dies ermöglichte Fuchs, in der Ausstattung vielfältige Beziehungen anzusprechen, ähnlich wie in seinen Gemälden. Das dritte Ballett, das Ernst Fuchs ausstattete, führte ihn in den Themenkreis des Judentums zurück, die „Josefslegende“ für die Wiener Staatsoper.

Insgesamt arbeitete Fuchs in den sechziger und siebziger Jahren an drei Ballettausstattungen und an der Gestaltung von Opern in einem breiten Spektrum. Für das Stadttheater Klagenfurt gestaltete er die „Carmen“ von Georges Bizet und für das Theater in Graz, Krzysztof Pendereckis „Teufel von Loudon“.

Dann trafen zwei kongeniale Partner aufeinander. Der Regisseur August Everding lud Ernst Fuchs ein, für die Hamburger Staatsoper den „Parzifal“ von Wagner zu gestalten. Mit dem Gespür des Vollbluttheatermannes hatte Everding die Affinität, die künstlerische Schwägerschaft, zwischen Wagner und Fuchs als Tretmine für das Theater eingesetzt. Für Fuchs war es der erste Theatererfolg außerhalb Österreichs. Für Hamburg ein typisches Fuchs-Erlebnis und für Fuchs ein typisches Akzeptanz-Phänomen.

Fuchs und Everding wussten, dass das Abweichen von der inzwischen zur Standardlösung gewordenen minimalistischen, abstrahierenden und reduzierten Gestaltung von Wagners Musikdramen durch Wieland Wagner eine Chance und ein Risiko enthielt. Fuchs fand die Zustimmung des Publikums und die Ablehnung durch die professionellen Bühnenbildner. Die alten Wagnerianer hatten den prinzipiellen Einwand, die Wagnersche Musik sei zeitlos und könne kein optisches Äquivalent finden. Fuchs und Everding vertraten die Meinung, dass gerade die Beteiligung des nichtprofessionellen Bühnenbildners fruchtbar sein und dass diese Beteiligung die Aufführungspraxis Wagnerscher Opern und Musikdramen aus der Stagnation herausführen könne.

Heinz Spielmann, ein erfahrener Kenner und als Museumsdirektor Sammler von künstlerischen Bühnenausstattungen, schrieb zum „Parzifal“ von Ernst Fuchs: *„Gemessen an dem überzeugenden Ergebnis der Parzifal-Inszenierung, nehmen sich die früheren Opernausstattungen von*

Fuchs wie Vorarbeiten aus. Hier traf er auf die innere Übereinstimmung in der szenischen, dramatischen und künstlerischen Konzeption des Werkes mit seinen eigenen Vorstellungen, die ihn zu einer außergewöhnlichen Leistung anspornte: Mystik und intellektuelles Kalkül, Emotionalität und Reflexion – Gegensätze, die dem Parzifal eine Ambivalenz geben, wie keinem anderen Werk Richard Wagners. Fuchs erscheint diese Vereinigung der Gegensätze nur möglich als eine Vision, die sich einer symbolistischen Zeichensprache bedient, die einen Bogen von der naiven Legende zur psychologischen Dialektik spannt, als eine Vision, die nur als musikalisches und optisch erfahrbares Gesamtkunstwerk zu verwirklichen ist.
Die Bühnenbilder tragen dem Charakter des ‚Parzifal' als einem Bühnen-Weihespiel Rechnung. Sie sind ohne Ausnahme strikt axial-symmetrisch aufgebaut, sieht man von der Platzierung unwesentlicher Requisiten ab. Die hieratische Strenge hat den Maler jedoch nicht zum Aufbau einer schwerfälligen Monumentalarchitektur verführt. Die Szene bleibt transparent. Auf diese Weise kann sich der Wald verwandeln, können sich schwerelos die Zauber der Klingsor-Szene entfalten, kann die Gralsburg den Charakter einer sich ständig ändernden Traumarchitektur gewinnen. Für die Verwirklichung dieses phantastischen Realismus auf der Bühne reichen die Mittel der Bühnenmaler nicht aus. Das farbige Licht wird zu einem entscheidenden Medium und trägt wesentlich dazu bei, den Szenen ihre Leichtigkeit, Unwirklichkeit und Phantastik zu geben. Fuchs scheut sich durchaus nicht, diejenigen Mittel zu benutzen, die für Wieland Wagners ‚Parzifal' fast die allein noch zuträglichen waren; er benutzt jedoch das Mittel ‚Licht' nie abstrakt, sondern auf die Bühnen-Gegenständlichkeit bezogen. Erst dadurch erhält die Inszenierung ihre Sinnlichkeit, die bei der Aufführung von Wagners Musik so lange verpönt war und vielerorts noch verpönt ist."
Everding gab in seiner Beschreibung der Gestalten und Elemente des „Parzifal" einen Hinweis, der ebenfalls für die Kunst von Ernst Fuchs typisch war, die er immer wieder, oft im Widerspruch zu seinem Leben, durch sein Werk zu lösen oder zu sublimieren versuchte. *„Parzifal ist ein unmodernes Stück: Es verheißt sexuelle Befreiung durch Askese. Parzifal ist ein modernes Stück: Es verheißt sexuelle Befreiung durch Askese."*
Ernst Fuchs: *„Meine Vorliebe für das Wagnersche Werk, die mich auch zur*

Gestaltung des ‚Parzifal' geführt hat, wurde durch die visionären und symbolistischen Merkmale seiner Kunst und durch Wagners konstante Beschäftigung mit der Realisation des Gesamtkunstwerkes erweckt. Dieses Streben Wagners ist der Grund meiner Vorliebe für ihn. Wagners Werk hat schon während seiner Lebzeit großen Einfluß auf alle Künste ausgeübt, neben der Musik im besonderen auf Architektur und Malerei. Der Symbolismus und das, was wir heute Jugendstil nennen, wurden durch seine Vorstellungen vom Gesamtkunstwerk wesentlich inspiriert.
Man kann sogar von religionsgründerischen Tendenzen seines Werkes sprechen (man denke hier nur an die Theosophie eines Rudolf Steiner). In der Bewältigung des ‚Parzifal'-Themas sehe ich die Auseinandersetzung mit der Neogotik, mit Nietzsches ‚Übermenschen', aber auch mit dem Materialismus und seinen Begleiterscheinungen in der Kunst, dem Naturalismus und Realismus. Wagners Abwendung von der Selbsterlösungsidee, die er ja noch kurz vor dem ‚Parzifal' in einer Buddha-Oper gestalten wollte, diese Abkehr von der Selbstbefreiung, die ja das Grundmotiv alles Heroischen ist, wird im ‚Parzifal' als Selbstbekenntnis Wagners klar vorgetragen. Ein für Wagner überraschender Erlösungsgedanke wird sichtbar: die Erlösung nach christlichem Urbild. Diese Wendung von der Gnosis zur christlichen Heilslehre hat bei Wagner zu einer tiefgreifenden Auseinandersetzung mit der Sakralkunst des Christentums geführt. Dass diese Auseinandersetzung nicht nur in Text und Musik zu erfolgen hat, ist, wenn man Wagners Streben nach dem Gesamtkunstwerk bedenkt, selbstverständlich.
Meine Aufgabe als Bühnenbildner habe ich vor allem in der Veranschaulichung dieser Tendenzen zu lösen versucht. Was mir als Merkmal der Sakralarchitektur erscheint, habe ich versucht, in diesem Schlussbild zusammenzufassen. Die Paradoxie, das Unsichtbare doch sichtbar zu machen, ist der Reiz dieser Aufgabe. ‚Parzifal' als Architektur von Symbolräumen zu bauen, ist also die Grundlage meines gestalterischen Anliegens. Den musikalischen Räumen, die Wagners Musik in ‚Parzifal' eröffnet, einen möglichst adäquaten optischen Raum als optische Resonanz zu bieten, haben die Wahl der Farbe und der Formen bestimmt."
1977 wurde Fuchs vom Nationaltheater München mit der Ausstattung des „Lohengrin" beauftragt. Unabhängig davon arbeitete Fuchs an

einem Zyklus, dessen Hauptwerk der geharnischte Lohengrin war. *„Ich male immer, wenn ich die Eindrücke durch das Hören der Musik und die Beschäftigung mit dem Text festhalten will. Der Helm in diesem Bild ist als Kostümanteil realisiert worden. Der Sänger weigerte sich, ihn zu tragen – so etwas passiert einem Ausstatter natürlich. Aber letztendlich sind fast alle meine Ideen doch realisiert worden."* Der Prunk- und Zierhelm war mit goldenen Blüten versehen und von einem Schwanenpaar bevölkert.

Es war nicht so, dass Fuchs sein malerisches Werk für die Oper adaptierte oder sozusagen als ausschnittweise Vergrößerung auf die Bühne stellte. Er schuf dafür Neues, und Neues entstand durch diese Beschäftigung in seinem Werk. *„Neben meiner Beschäftigung mit Richard Wagner gingen mir Atlantis und die Sagen von den Asen durch den Sinn. Ich habe mich so intensiv mit diesen Götterkindern, den Halbgöttern und ihrem Leben beschäftigt, dass ich den Gedichtzyklus ‚Der Asenpurpur' geschrieben habe. Das wirklich Sagenhafte in Wagners Musik, das mythologische und das metageschichtliche Element passte zu jener Zeit sehr gut in meine Bilderwelt."*

An der Wiener Volksoper wurde Jacques Offenbachs „Hoffmanns Erzählungen" von Fuchs ausgestattet. Daneben entstand ein Radierzyklus der Figurinen.

Noch während der letzten Proben zum „Parzifal", 1976, überlegte man mit Fuchs in Hamburg eine Inszenierung der „Zauberflöte" von Wolfgang A. Mozart. Ein Experiment, abseits der bisherigen Bühnenarbeiten von Ernst Fuchs. Es wurde unter der musikalischen Leitung von Horst Stein genau ein Jahr später realisiert.

Hanns Theodor Flemming führte dazu mit Ernst Fuchs ein Gespräch für die Tageszeitung „Die Welt". Deutlicher als in der Aufführung, die die Ideen des Regisseurs nicht präzise genug erkennen ließ und die dadurch beeinträchtigt war, dass der als Dirigent vorgesehene Komponist Hans Werner Henze sich der Aufgabe nicht gewachsen zeigte, veranschaulichten die Entwürfe, die Konzeption von Fuchs und präzisierte das Gespräch seine Absichten. Der Maler bemerkte u. a.: *„Die Zauberflöte ist für mich eine phantastische Oper und deshalb für einen phantastischen Maler besonders reizvoll. Außerdem hat sie mystische Aspekte, nicht zuletzt auch – was mir weniger liegt – humoristische Komponenten. Sie bildet* *ein wienerisch-humoristisches Feuerwerk mit mancherlei interessanten kulturhistorischen Aspekten, so die Anfänge der späteren napoleonischen Ägyptomanie, auch das Abenteuer Amerika. Der Vogelmensch Papageno ist für mich der erste Winnetou, aber zugleich auch der reine Kaffeesieder und Weinbeißer aus Wien. Mozart ist hier manchmal unglaublich naiv und volksliedhaft."*

Der Augenblick wurde gleichsam in eine mystische Zeitlosigkeit eingefangen. So erschienen in seiner „Zauberflöte" – und hier muss primär von seinen Entwürfen die Rede sein – die Damen des Königreichs der Nacht als lederbekleidete Beifahrerinnen eines Motorradrennens, wie Schwestern der Motorradfahrer aus Cocteaus „Orphée". Fuchs unterlegte seinen Gestalten jedoch keinen (bzw. kaum einen) symbolischen Sinn. Sie gehörten zur farbigen Mischung eines Volksstückes, das wegen des häufigen Szenenwechsels schwer zu verwirklichen ist. Der Maler kommentierte diese Schwierigkeit in dem erwähnten Gespräch: *„Im Vergleich zu ‚Parzifal' ist die ‚Zauberflöte' ein Monsterwerk mit 14 Bildern und hunderten von Kostümen. Der rasche Szenenwechsel zwingt zu prägnanten, signalartigen Bühnenbildern [...] bei Mozart gibt es die reinste Rokoko-Revue mit manchen klassizistischen Zügen. Was die Freimaurerei in der ‚Zauberflöte' anbetrifft, so glaube ich, dass sich das Publikum seinerzeit wenig darum gekümmert hat. Die Oper war ein Erfolg, das will heißen: unintellektuell."*

Spielmann schloss daraus, das Verhältnis von Reflexion und Naivität, des Intellektuellen zum Unintellektuellen ist von Ernst Fuchs nicht nur in Hinblick auf die „Zauberflöte" angesprochen worden. Die Fragen, die dieses nicht mehr selbstverständlich erscheinende Verhältnis heute aufwirft, betreffen das Gesamtwerk von Fuchs wie das der meisten zeitgenössischen Künstler. Der Künstler, der Unmittelbarkeit und Naivität sucht, kann sie vermutlich nur noch über das Kalkül finden, das die Mittel einschließt, deren er sich bedient. Auf diese Weise gewinnen auch für Ernst Fuchs die Mittel Priorität. Dieselben Beweggründe, die ihn dazu führten, neben der Malerei sich dem Theater mit großer Energie zu widmen, könnten ihn auch bewegen, sich von Theater und Oper weg- und dem Film zuzuwenden: *„Ich glaube und hoffe, dass ich durch das Mit-*

tel des Films noch stärker an das herankomme, was die bildende Kunst an Weltgestaltung zu leisten vermag in unserem Zeitalter.“

Der Film hat sich für Fuchs in diesen letzten 25 Jahren nicht erschlossen, sicher auch, weil der Film neben den Hollywood-Phantasien vor allem zu einem Fernseh-Neo-Pseudo-Verismo geworden ist.

Aber die „Zauberflöte“ hat eine Weiterung erfahren. 1966 entwickelte Fuchs mit dem Produzenten Rafael Brown eine Fassung für eine gigantische Art von Wandertheater. Was in der Arena von Verona zeitlich und klimatisch begrenzt zu erleben ist, setzte Fuchs auf die Gleise durch die städtischen Zentren. Von der Premiere in der Wiener Stadthalle über München bis Helsinki ist Fuchs’ Zauberflöten-Interpretation ein Erfolg. Und wer duften will wie die Königin der Nacht, der kann sich das Parfüm inklusive einer Kleinplastik der Königin der Nacht mit nach Hause nehmen.

Eine weitere Dimension.

21. Tempelbaumeister der Architectura Cælestis

1933: Die Realität des Kindes – 1946: Gezeichnete Stadtbilder nach dem Krieg – 1966: Theorien zu himmlischer Architektur – 1972: Erweckung der Vergangenheit – Gebaute Phantasien

„Schräg vis-á-vis von unserem Haus war auf der anderen Straßenseite ein Zwergerlgarten. Einige kümmerliche Reste davon existieren heute noch, und erst unlängst habe ich sie nach 33 Jahren wieder gesehen. Oft bin ich vor dem silberfarbenen Gartenzaun gestanden und habe die ‚riesigen' Zwerge bestaunt. Sie waren im Vergleich zu mir groß, und sehr schön saßen ihre hohen Zipfelmützen auf ihren würdevoll humorigen Köpfen. An ihnen erkannte ich die wirkliche Zwergenwelt.
Erst jetzt wird mir klar, dass meine Kenntnis dieser Welt, die ich in der Architectura Cælestis beschrieben habe, auf diese Zeit zurückgeht. Schildkröten krochen da umher zwischen kunstvollen Steinvasen, die mit Muscheln aller Art, Farben und Formen ornamental bedeckt waren. Da standen auf kleinen künstlichen Bergen in Felsgärtlein voll seltener Blumen Burgen, Häuschen und Mühlen, die von artifiziellen Bächlein getrieben wurden, eine Liliput- und Zwergenwelt, ein wahres Reich darstellend."
Am Ende der Kindheit stand für Ernst Fuchs die zerbombte und ausgebrannte Stadt, standen Ruinen und Hausskelette. Und er zeichnete die Stadt. In dieser Zeit entdeckte er, *„was ich bin: Surrealist"*.
„In ‚Frau im Spiegel einer Häuserfront' wollte ich das Totgebären, das Einswerden der Stadt mit der Nekropole zeigen, Fensteröffnungen wurden zu Gruften, die Häuserfronten schienen mir wie Gräberfelder, markiert von immer gleichen Kreuzen ohne Zahl.

In meinem ersten Zyklus von Bleistiftzeichnungen ‚Die Stadt', habe ich 1946 verschiedene Architekturformen entwickelt. Von da an wurde die Architektur zu einem zentralen Gedanken in meinem Gesamtwerk. Ich habe damals mit dem Synonym des Turmbaus zu Babel verschiedene Architekturvisionen formuliert. Der extreme Rationalismus, basierend auf Mies van der Rohe und Walter Gropius, hat dazu in gewisser Weise beigetragen."

Fuchs bedauerte, dass er in den folgenden Jahren nie die Gelegenheit hatte, seine Ideen auch nur als Modell zu realisieren, anschaulich zu machen, zumindest mit den Augen begehbar, den Blick einschleichen lassend. Es blieb bei Zeichnungen, Bildern, Skizzen, Texten visionärer Architektur. Auch die Bühnenarbeit ging nicht in jene räumliche Tiefen, die seine Ideen hatten. Die Bühnenarchitektur blieb, was sie sein sollte: Kulisse für Sänger und Tänzer.

Mit dem „Pintorarium" erfolgte die erste manifeste Auseinandersetzung mit der aktuellen Architektur. Hundertwasser setzte den Architekturprotest des „Pintorariums" konsequent in der Architektur fort. Und Hundertwasser brachte es in Manifesten und real gebauten Beispielen zu einer neuen Beschäftigung mit der Architektur. Und zwar mit der sozialen Architektur: mit Stadtplanung, dem Wohnbau, Gemeinschaftseinrichtungen vom Brunnen bis zur Badeanstalt, dem Kindergarten- und Schulbau, der äußeren Veränderung von Bauwerken, deren Funktion nach Ansicht Hundertwassers nicht menschengerecht war, wie Fabriksgebäuden oder Müllverbrennungsanlagen.

Die Absichten von Ernst Fuchs lagen nie in der Richtung von kommunaler Stadtplanung und Sozialarchitektur. Wenn er von Architektur sprach und schrieb, plante und zeichnete, so war es elitäre, wie er es nannte, monarchistische Architektur. Er zeichnete das himmlische Jerusalem, Kathedralen, Tempel, Paläste, die nicht bewohnbar, sondern Gefäße des Geistes waren.

„Jeder Künstler errichtet seine Welt neu, wie er sie erlebt, erträumt, schafft und lebt. Ja, ein Weltreich müsste es sein, ein ewiges, ist er doch vom Geist des ‚Nimmersatt' besessen, hinter der Vollendung einher, um sich stets zu über-

Seite aus wind-world interior design, Japan 1998. (Privat).

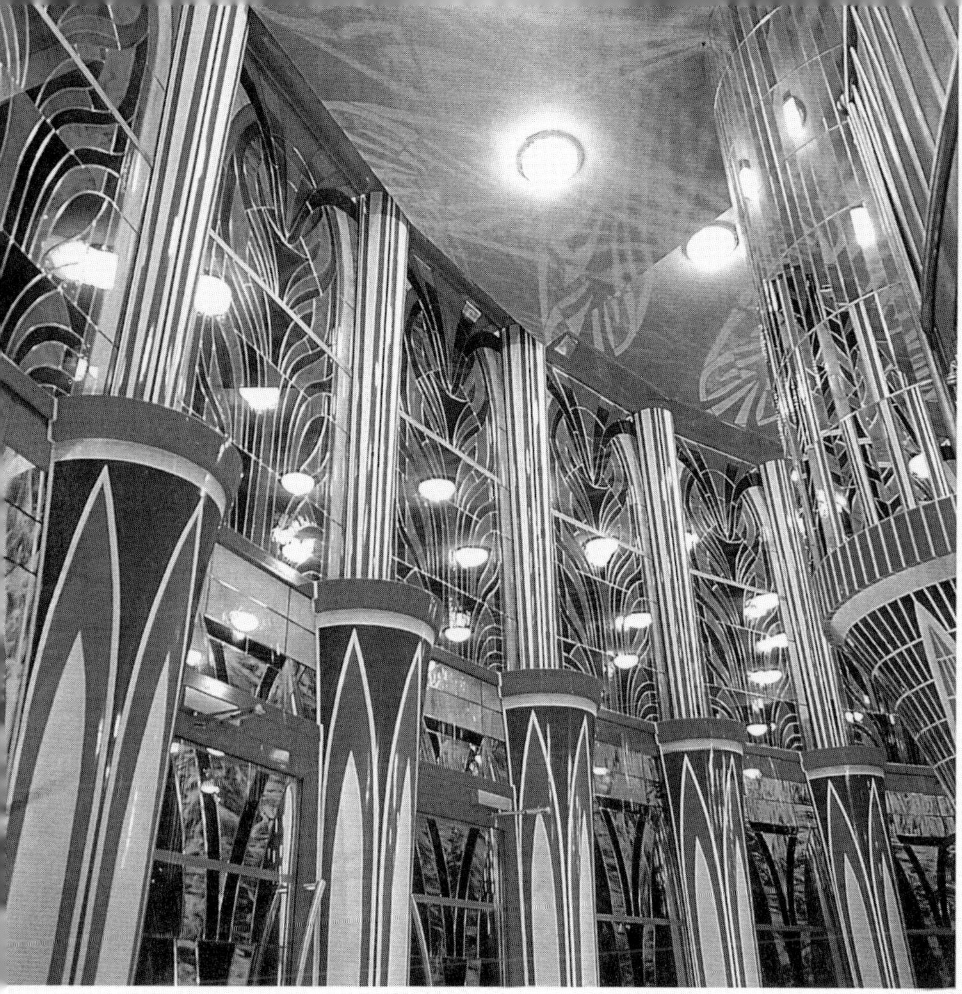

10

ンクト・ファイトはイタリア，スロベニア
の国境に近い南オーストリアのケルンテン
方にあるごく小さな街。昔は大公都市とし
栄え各地から王族，貴族が集まったものだ
た。その全盛期から何百年もたって，今度
前例のないコンセプトとデザインのセミナ
&コングレスホテルを街の新しい核としヨ
ロッパ各地からビジネスマン，プロフェッ
ョナルたちを集めようとしている。超個性
なウィーン幻想派のアーティスト，エルン
ト・フックス（1930年生まれ）の手に委ね
れたホテル「ゾウディアク」は退屈な60年
70年代の現代建築の間に突然，色彩と造
の大花火を打ち上げる。誰もが白昼夢では
いかと目を疑うだろう。それはガラスの星
宮殿だ。赤，青，黒，白，1600㎡ものファ
ードの装飾がティファニーガラスで仕上げ
れ，オパールの輝き，シルクの光沢を放っ
いる。デザインのメーンテーマでもある
ウディアク」とは天文学で黄道（後注）12宮，獣帯を意味する。ファサードにも直径5mで大きく描かれている黄道帯（後注）に12の星座を

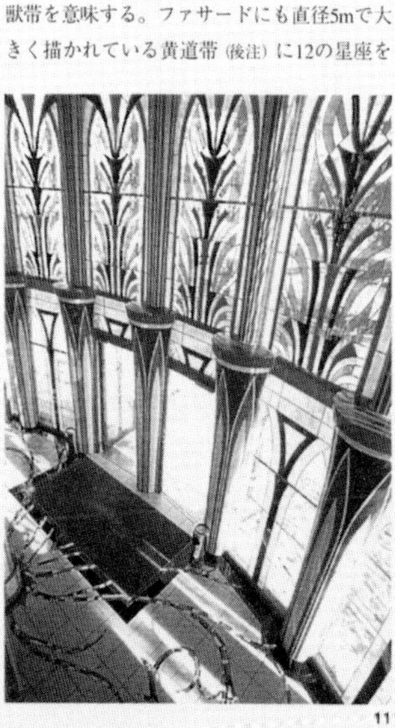

11

配した12宮図がホテルのシンボルマーク。ファサードの装飾はフックスが羊皮紙に描いた原寸スケッチを下敷きに職人が徹夜でガラスのカット作業を続けたということだ。エントランスホール上空の奇妙な屋根装飾は，日が沈むとコンピューター操作の照明効果で燃えるように赤く光っては消え，また光っては消えと神秘の様を夜空に繰り広げる。建物の周囲には澄んだ水音も心地よい，人工の小川が流れ川底からはガラス破片のモザイクが昼は陽光を反射し，夜は天の川の雰囲気でもある。橋を渡って黄色や赤の光の噴水が湧きあがるかのようなステンドグラスのエントランスを入るとロビーはクリーム色のタイルの床にティファニーガラスの幻想植物がツタを張り巡らし花を開き，壁はピンクや水色に塗られ，レセプションカウンターはファサードの縮小版のようにトリコロールカラーの装飾柱がミラーガラスと組み合わされている。カウンターのデザインはさらにバーでも反復される。

treffen. So ist die Welt, die wir bedeuten und beleben, eine, die wir stets verändern, obwohl wir sie schaffen, um sicher bei ‚Gewohntem' zu wohnen."

Im Kopf hat Fuchs Ideen für viele Häuser. Von manchen gibt es Modelle. In den siebziger Jahren entwickelte Fuchs ein Haus *„für einen Mann, der nur von seinen Zinseszinsen lebt. Es soll am Genfer See stehen: ein glattes, wie fischförmiges Gebilde, nach der Straßenfront fensterlos, das Licht kommt vom Atriumhof her."* Es wurde nie gebaut. Nicht gebaut wurde auch ein „Privat-Palais" in Form des Symbols des Rockstars Prince.

Aber es wurde in den Jahren danach auch einiges gebaut. So 1993 die Pfarrkirche St. Jakob in Thal bei Graz. In nur einem Jahr entstand ein Kirchenraum, voll von formalen Ideen als Umsetzungen geistiger Inhalte, mit Mosaiken und Glasintarsien überzogen, gestalteten Säulen, gewundenen Bänken, eingelegtem Boden, kristallenem Kreuz.

Darauf folgte das Interesse des Baumeisters Rogner, mit Fuchs etwas zu erarbeiten. Es entstand das als „Guardian Palace" für die Wiener UNO-City von Fuchs entwickelte und dann im kärntnerischen St. Veit a. d. Glan realisierte „Zodiac-Hotel". Aber so wie der von Josef Hoffmann in Wien gebaute Gemeindebau eine vergrößerte Villa ist, ist das Hotel von Fuchs ein Tempel geblieben, auch wenn es ein funktionaler Bau geworden ist. Es ist ein durch seine Farbigkeit die Stadtarchitektur bestimmendes Gebäude. Ernst Fuchs: *„Die Angst vor der Farbe ist vor allem ein Hindernis bei den modernen Architekten, ein Stadtbild zu bereichern."* Fuchs hat und hatte diese Angst nie. Dafür macht er den Architekten Angst, deren Weltsicht das, was Fuchs und Hundertwasser und Brauer machten, unerträglich fand.

Manche Projekte entstanden aus politischen Absichten und wurden auch aus solchen verhindert. So schrieb die „TAZ Bremen" im April 2000: *„Bunte Kunst für graue Schlafstadt: Nachdem der Beirat der Schlafstadt-Insel Vegesack das Kunstobjekt ‚Symbolon' von Ernst Fuchs abgelehnt hatte, reißen sich die Politiker jeglicher Couleur um das Projekt. Nach Bremerhaven möchte jetzt auch Bremen das Fuchs-Werk haben. Doch für sämtliche Parteien ist die aufwändige architektonische Hülle inklusive Kunsthalle derzeit eine heftige Zerreißprobe. ‚Mit Parteipolitik hat das nichts mehr zu tun', bestätigt CDU-Chef Michael Teiser. Denn während*

sich die CDU in Vegesack noch gegen das Symbolon aussprach, lud die CDU Bremerhaven zusammen mit den Grünen den Künstler zur Standortbegehung ein.
Am gleichen Abend war Fuchs dann in Bremen zu Gast – hier hatten die Fraktionschefs Jens Böhrnsen (SPD) und Jens Eckhoff (CDU) Fuchs in die Stadt geholt, ‚um aus dem negativen Beschluß in Vegesack etwas Konstruktives für Bremen zu machen'. Von dem Fuchs-Projekt versprechen sich die Politiker eine ganze Menge: Teiser zum Beispiel will damit ‚Bremerhaven aus der Mittelmäßigkeit rausziehen'. Und Eckhoff hofft auf einen ‚Zuschauermagneten für die Stadt am Fluss'."
Für die Strategen vom City-Marketing Vegesack war das Symbolon eine *„Nische, die in der ganzen Welt noch keiner entdeckt hat"*. Für eine Galeristin dagegen wäre Fuchs' Heile-Welt-Kunst *„eine Blamage für Bremen"*. Auch aus städtebaulicher Sicht sei das Symbolon problematisch, erklärte der Präsident der Architektenkammer.
Tatsächlich war Fuchs nicht nach City-Marketing und nicht nach Politikerüberlegungen. Ihm ist nach Gesamtkunstwerk, und da will er keine Kompromisse schließen und nicht Wünschen nachgeben, um irgendwelche ihm fremde Ziele erreichen zu helfen.

Noch bevor sich Fuchs zum ersten Mal die reale Möglichkeit bot, ein Gesamtkunstwerk zu realisieren, arbeitete er an allen Details, die sich dann, als er tatsächlich Hand an die Wirklichkeit legen konnte, nahtlos einfügen konnten. Er gestaltete Möbel, Sessel, Stühle, Sofas. Die große Bronze „Königin Esther" steht da, als wäre der Platz vor der Wagner-Villa schon 100 Jahre zuvor dafür vorgesehen gewesen.
Die erste echte Möglichkeit zur Realisierung eines Gesamtkunstwerkes bot sich mit dem Erwerb der Otto-Wagner-Villa in Wien. Das Haus war zerfallen, abbröckelnde Reste einer alten Architekturidee des Planers von Wien der Jahrhundertwende. Der vergessen war, so sehr, dass sogar der „Stern" meinte, weil er Otto Wagner nicht kannte, hier habe der Malerfürst Makart Hof gehalten.
Fuchs renovierte und erneuerte das Haus, das er seit seiner Kindheit kannte, liebte und begehrte. Er ließ in die alte Substanz Wagners

Fuchssche Form und Farbigkeit einfließen. Überzog, was noch vorhanden war, mit seinen Ideen, durchdrang die Substanz mit neuem Leben. Das erste Gebäude, das Fuchs aber errichtete, war ein Brunnenhaus: das „Nymphæum Omega" neben der Villa. Ein hermeneutischer Schrein in allem Prunk und mit der unbändigen Gestaltungsphantasie des Künstlers gestaltet. Aus edlen Materialien, mit Bronze und Gold, Mosaik und Wasser, Glasfenstern und Reliefs und einer Tür, durch die nur die Dünnen, Zierlichen und Schlanken gehen können, den anderen verwehrt sich das archaische sakrale Erlebnis des Quellraumes, des Wasser-Heiligtums.

„Die Villa hatte ein Haus geboren." Die Arbeit an der Villa und dem Nymphæum entsprang in vielem den Bildideen des Künstlers, sie hatte aber auch Einfluss auf seine Malerei. *„Sie hatte meine Palette verändert, meine Vorstellungen vom Bild und Bauwerk profiliert und zu einer Entwicklung gebracht, die in ihrer Tragweite für mich vorerst unvorstellbar war. Zwischen Tageszenit und Mitternacht spannt sich das Feld der Nuancen vom hellsten Gelb zum tiefsten Blau-Violett! Was im Konzept der Zeichnung schwarz auf weiß, in der Radierung rotgoldener Glanz auf schwarz grundiertem Kupfer ist, wird zu jener Polarität, in deren Spannungsfeld sich die Palette des Feuerfuchs manifestiert. Von der Radierung zum Bild und hin zum Fenster aus farbigem Glas. Das, was ich in vielen Zeichnungen der ‚Architectura Cælestis' als Entwürfe eines Gesamtkunstwerkes veröffentlicht hatte, sollte nun Form annehmen. So wurde mir die Wagner-Villa zur ersten Stufe eines Tempels der Kunst."*

Ernst Fuchs in seinem Atelier
in der Marokkanergasse. (Privat).

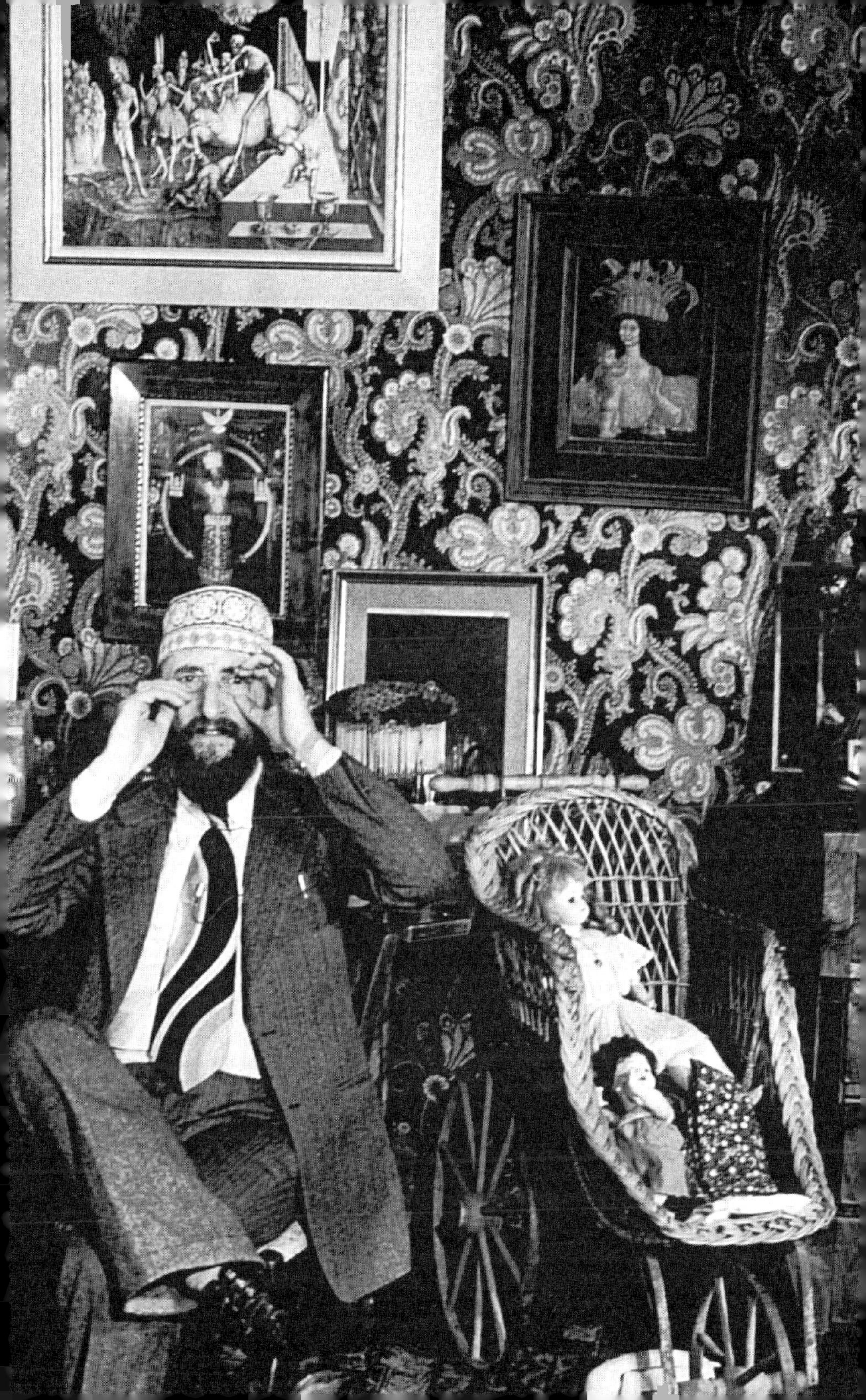

22. Der Zeit ihre Kunst

Visionen des Kindes – Die Tabus von Erotik und Esoterik – Kunst als Metapher für das Unsterbliche

„*Mich hat mit elf Jahren plötzlich eine Kraft aus dem Bett gehoben, ich bin durch den ganzen Schlafsaal geflogen, aus dem 1. Stock gesprungen, ohne mir das Geringste zu tun. Ich bin die Stiegen hinaufgeflogen, hinuntergeflogen und hab mit einem einzigen Faustschlag das riesige zweiflügelige Haustor, für das man zwei Männer brauchte, um es zu öffnen, aufgestoßen.*“ Der Dichter und Theatermacher Conny Hannes Meyer, der mit Fuchs im Kinderheim gewesen war: „*Der Ernstl hat bei diesem Anfall das Tor, dessen zwei Flügel nach innen zu öffnen waren, nach außen aufgestoßen und aus den Angeln gehoben. Und er hat geschrieen: Die Königin, die Königin!*“ Ernst Fuchs: „*Das ist in dieser Nacht zweimal passiert, und alle, die mit mir im Kloster waren, haben es gesehen und haben sich verkrochen auf ihren Matratzen. Einem von ihnen habe ich in meiner Raserei zwei Zähne ausgeschlagen. Für mich war das jenes Erlebnis, wo die Kugel mich überrollt hat, in mich eingedrungen ist. Das Gefühl, dass man einen Planeten in der Hand hält – ich habe das später gemalt, in der ‚Philosoph‘ mit dem Ei, auch im ‚Behälter des Weltalls‘ ist das drinnen. Das Gewicht ertragen, das man nicht ertragen kann, das die Form eines Planeten hat, der kommt und rollt auf einen zu. Ich hatte eine solche Angst davor. Und seither weiß ich, dass es diese Phänomene wirklich gibt, und das ist auch hunderttausendmal beschrieben worden. Aber mit einer nachvoltaireschen Menschheit ist es schwer, über diese Dinge zu reden. Jeder fängt an, ungläubig zu lächeln, und sagt, naja, Sie haben es halt schwer gehabt, damals. Jeder hatte es schwer, damals. Warum ist es gerade mir passiert? Diese Erlebnisse kamen, bis ich etwa 18 war. Wenn man sich mein Bild ‚Bikini-Atoll' anschaut: das Beherrschbare kommt vor, der Abgrund, in den man hineinschaut, und die Planeten. Das ist eine Reflexion, wenn man so will, aber eine unbewusste. Ich musste versuchen, das zu gestalten, wie man heute sagt.“*

Können spirituelle Erlebnisse eine Basis für die Kunst sein? Das Irrationale, das Unbegründbare, das Unergründbare. Es kann, denn die Kunst ist eine Möglichkeit, all das anzudeuten, zu verdeutlichen, zu deuten.

Ernst Fuchs: *„Ich konnte nie eine Antwort geben auf die Fragen: Was wollten Sie damit und was soll das bedeuten? Das sind alles Fragen, auf die ich keine Antwort geben kann. Ich wollte nichts darstellen, in keiner Weise Programmkunst machen. Ich wollte nie etwas erfinden. Etwas zusammenstellen, das war mir verwehrt. Das kann sehr schön sein. Aber ich konnte es nicht.“*

In den ersten 30 Jahren des Lebens von Ernst Fuchs stand das detailreiche Bild, die fein gezeichnete, gestrichelte Graphik, das Schwarzweiße. Dann das Ende einer künstlerischen Entwicklung, die den Übergang von der feinen Zeichnung zur starken Farbigkeit bedeutete.

„Wenn man so will, wird die Schwarzweißtendenz, wie sie in den Jahren zuvor typisch war, zugunsten einer neuen Farbigkeit zurückgedrängt. Die Arbeit mit den Spektralfarben beginnt und beherrscht die Bilder. Bilder zu dem universalen Phänomen des gefallenen Lichts gehören zu einer ganzen Reihe. Häufig wirken diese Bilder wie Glasmalerei. Ich wollte versuchen, das einstrahlende Licht, also Hell vor Dunkel einzufangen.“

Und noch etwas ist festzustellen: In den achtziger Jahren übersetzte Ernst Fuchs frühere Graphiken und Zeichnungen erstens in Großformate und zweitens vom differenzierten Schwarzweiß in kräftige Farbigkeit, ja Buntheit. Die blattgroßen Radierungen zu „Samson“ etwa oder eine kleine Moses-Zeichnung behaupten sich auch in monumentalen Formaten von eineinhalb bis zweieinhalb Meter Größe.

Und etwas ganz Neues entstand 1983. In nur wenigen Monaten zeichnete Fuchs mehr als 200 malerische Pastelle, vorwiegend Landschaften und Blumen. Da ging es nur um Farbe und Form, um die Lust am Schauen und die Freude an der kräftigen, sensibel strukturierten Farbe.

„Freude war mein Thema nie gewesen! Zerwürfnis, Klage und die ewige Frage des Wozu, Wohin, die Frage nach dem Sinn des Seins war Motor meiner

Schöpferlaune gewesen. Nie war ich ganz allein der Lust des Schauens hingegeben, ja, ich wusste kaum davon, obwohl ich Bilder genug gesehen hatte, die mir von dieser fraglosen Kunst Zeugnis ganz wundervoller Art gaben. Ein Lebensfarbenrausch erfasste meine Sinne. Mir geschah eine Verwandlung. Da gab es um mich viel Unverstand und Missverständnis. Meinem alten Kreis, den meisten Anhängern meiner Kunst, schien meine neue Welt wie ein Verrat an jener phantastischen, die ich ihnen gezeigt hatte und die sie nach Jahrzehnten endlich zu erkennen anfingen."

Es sind die Gegensätze, die Fuchs malt. *„Gegensätze wie Feuer und Wasser; Elektrizität, die Spannung in der Natur. Immer wieder hatte ich alchimistische Ansätze in meinen Motiven."*

Es gibt ein Geheimnis in der Erotik und in der Esoterik. Beides ist in unserer Gesellschaft mit einem Tabu belegt. Fuchs brach diese Tabus. Er versuchte, die Geheimnisse von Erotik und Esoterik öffentlich zu machen, gleichzeitig verschlüsselte er die Bilder für den Menschen unserer Zeit, der nicht mehr die Symbole lesen konnte. Fuchs forderte die Leser seiner Bilder heraus, die Zeichen zu entschlüsseln, die Fremdsprache seiner Bilder zu lesen, den ersten Empfindungen nachzugeben, sich einfangen zu lassen. In vielem, was Fuchs, der Tänzer und Sänger, macht, ist Transzendentes wie das der Sufis, des Ordens tanzender Derwische, des persischen Mystikers und Dichters Dschelal ed-Din Rumi. Ihre Mystik war im gemeinsamen Tanz zwischen Mann und Frau. Erotik und Esoterik. Ohne Menschenliebe, auch nicht ohne die ekstatische, findet man auch nicht zur Gottesliebe.

Die religiöse Malerei des Ernst Fuchs ist verdächtig.

Die Welt ist religiös. Europa ist die Ausnahme. Indien, Afrika, Amerika sind religiös. Europa ist nicht religiös. Hier war die Kirche Staatsreligion, deshalb entstand Widerstand, sie wurde säkularisiert. Die Autorität der Religion nimmt in Europa ab, weil die Großkirchen in Europa Monopole waren, sich zur Macht der Monopole gemacht haben, immer wieder nach diesem Monopol streben.

Fuchs malt Bilder des Glaubens in einer Zeit der Leichtgläubigkeit.

Ernst Fuchs und Salvador Dalí. (Privat).

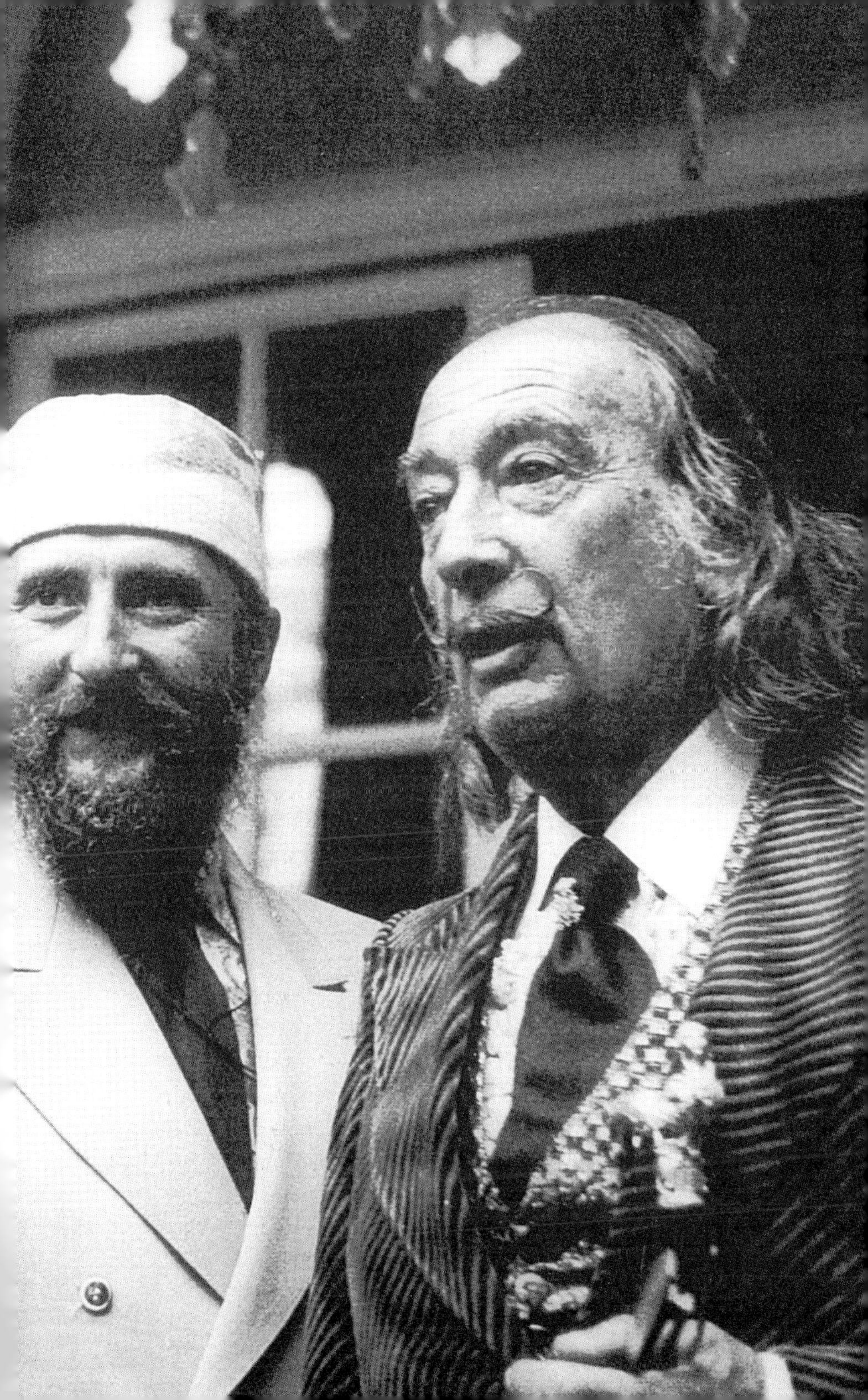

Malt Fuchs Bilder für die Unsterblichkeit? Ist die Kunst das Unsterbliche?
Ernst Fuchs: *„Die Kunst ist eine Metapher für das Unsterbliche."*
Fuchs hat etwas Alt-, Neu- und Mischtestamentarisches, etwas Bibel- und Talmudhaftes in der Gestaltung. Da ist etwas Altmeisterliches in der Technik oder etwas von der psychedelischen Flower-Power oder dem Neon-Pop und Disco-Beat.
Rudolf Hausner änderte im Grundsatz nur einmal seine Bildform. Von seiner persönlichen Vorkriegskunst, angesiedelt zwischen Expressionismus und Neuer Sachlichkeit, zu seiner von der Psychoanalyse geprägten persönlichen Form des Surrealismus. Er analysierte die Entwicklung der Bildinhalte bei Fuchs: *„Es ist beachtenswert, dass je mehr Fuchs die Verbindung zu seinem originalen Bildmaterial verliert, er um so mehr ein Virtuosentum entwickelt, er reist virtuos durch die Kunstgeschichte. Es gibt bei ihm die in Mesopotamien vorkommenden Bärte und Kopfbedeckungen, es gibt die flämische Malerei, es gibt die Gotik, es gibt die deutsche Reformation. Ich weiß nicht, ob das bewusst ist."*
Arik Brauer: *„Bei Fuchs gibt es Phasen, die sich deutlich unterscheiden. Und das ist den Kritikern und dem Publikum immer sehr schwer gefallen, dem zu folgen. Als er begonnen hat, seine Engelsköpfe zu machen, wollten alle die gotische Malerei. Sie hatten sich daran gewöhnt. Und als er angefangen hat, die riesigen Ärsche zu malen und den Jugendstil, den sie ihm vorgeworfen haben, haben sie sich nach den Engeln gesehnt. Die Leute haben eine Vorstellung: das ist Fuchs. Und wenn es abweicht davon, ist ihnen das unangenehm, und wenn er noch so positiv ist."*
Fuchs ist Maler, ein Künstler mit einem umfangreichen Werk. *„Man sagt, ich bin fleißig. Aber das ist ja nur ein Wort für dieses ‚Es-machen-Müssen'. Ich kann nicht ohne das Malen leben. Mir fällt dauernd etwas ein, etwas, das mich bewegt, von dem ich wissen möchte: Was ist es?"*
Fuchs ist Maler. Das Wort „malen" – althochdeutsch mālōn – stammt aus dem Mittelhochdeutschen und bedeutet ursprünglich „mit Zeichen versehen, markieren, verzieren, schmücken, schminken, schreiben, verzeichnen, darstellen". Es kommt vom gotischen „mēljan", was „schreiben" bedeutet.
Malen ist dem Wortsinn nach also auch „verzieren, schmücken und

schminken". Fuchs macht alles das, was dem Ursprung des Wortes „malen" entspricht. Und er übernimmt aus allen Traditionen die Zeichen, schreibt seine Botschaften, verzeichnet, was anzumerken ist, schmückt es, verziert es, hebt es damit hervor. Das muss man Fuchs zum Vorwurf machen.

Denn seit Adolf Loos' missverstandenem Anspruch gilt Ornament als Verbrechen, seit dem Bauhaus, das als wichtigste Errungenschaft der Architektur das Fußende des Bettes eliminierte, gilt die glatte leere Fläche als der Inbegriff der Verzierung und Schmückung. Das muss man Fuchs als Verdienst anrechnen.

Wieland Schmied erkannte es klar und deutlich. 1960, also Jahre, bevor er sich um die internationale Publizierung der Phantasten verdient gemacht hatte, schrieb er in der Klagenfurter „Volkszeitung": *„Der österreichische Beitrag zur Kunst unseres Jahrhunderts besteht aus dem Werk einiger großer Einzelgänger, die die Tradition und Idee der abendländischen Tafelmalerei weiterführten inmitten aller Revolutionen und Sturm-und-Drang-Perioden modernen Geistes. Der österreichische Beitrag besteht nicht darin, der Kunst neue Wege eröffnet oder immer schneller abwechselnde Ismen, Stile und Manifeste mit subtilen Mitteln festgehalten zu haben an der Gestaltung des Welt- und Menschenbildes als einer der ersten Aufgaben jeder Malerei. Unser Beitrag ist: Verfeinerung, Vertiefung der Tendenzen, deren Ursprung anderswo war; gegenwärtig zu sein durch die Wachheit des Bewusstseins, nicht durch die Geste des Revolutionärs."*

Fuchs ist kein Revolutionär. Vielleicht ist er Anarchist, wie er manchmal kokettiert. Sicher ist er ein Denker-Maler, der von einer Funktion des Bildes im Zusammenhang mit dem Göttlichen überzeugt ist.

Fuchs: *„Die künftigen Generationen werden unsere Epoche nur daran erkennen, was sie ihnen an Kunstwerken und sonstigen Gütern hinterlassen hat, so wie wir die vergangenen Zeiten und Völker nach ihrem kulturellen Vermächtnis beurteilen."*

Kann das Vermächtnis der Zeit, in der Ernst Fuchs arbeitet, eine eklektische „unzeitgemäße" Kunst sein? Fuchs ist wie ein Tempelritter des Mittelalters, der Elemente aus fremden Kulturen übernimmt, die aber zur Erkenntnis führen können. Vielleicht hat er wie diese Bewacher des

Tempels Salomon den Kompass in unsere Welt gebracht und die Bundeslade gesehen und jene Weltkarte, die den Weg über den Atlantik ins Silberland zeigt, vielleicht auch bewacht er den Gralsbecher. Zumindest malt er ihn für uns.

Fuchs bestreitet in all seinen Werken und Äußerungen, dass es einen Totalitätsanspruch auf nur eine gültige Kunstform gibt. Nicht jede Form ist seine, und er gesteht allen zu, die Fuchsschen Äußerungen nicht als die ihren zu sehen. Aber er ist zutiefst überzeugt, aus allen Kunstäußerungen aller Zeiten die Zeichen zu übernehmen, die seine Mitteilungen lesbar machen. Die Gotik, die Renaissance, die antiken Kulturen und die Gegenwart.

André Müller fragte ihn 1978: *„Auch die Kunst der Nazis?"*

Ernst Fuchs: *„Arno Breker zum Beispiel hatte auf mich großen Einfluss."*

„Macht es Sie nicht nachträglich skeptisch, dass diese Kunst so gut verwendbar war für den Faschismus?"

„Die Nazis haben alles verwendet für sich. Die Goldzähne der Toten in den Konzentrationslagern mit Gewalt, die Arbeit der Zwangsarbeiter mit Brutalität, die Arbeit der Künstler mit deren oft freudiger Zustimmung."

„Napoleon hat auch die Kunst Canovas verwendet. Der Künstler ist in gewissem Grad immer eine Hure. Schauen Sie zum Beispiel, was der Leonardo da Vinci gemacht hat. Kaum waren die Franzosen an der Macht, ist er zu ihnen übergelaufen. Dieselben Leute, die sein Reiterstandbild zerschossen hatten, sind seine Brotgeber geworden."

Darauf die Frage: *„Würden Sie sich auch als Hure verhalten?"*

Ernst Fuchs: *„Ich würde das nicht tun, weil ich ein extrem eitler und stolzer Mensch bin. Ich würde meiner Kunst zuliebe keine Kompromisse machen. Ich würde nie die Hure der Mächtigen sein."*

Zeittafel

1930	Am 13. Februar als einziges Kind von Leopoldine und Maximilian Fuchs geboren.
1936	Übersiedlung nach Ottakring.
1939–1940	Vertreibung und Flucht des Vaters aus rassischen Gründen nach Shanghai.
1942	Ernst Fuchs wird römisch-katholisch getauft.
1942–1943	Ausbildung in plastischer Gestaltung bei Emy Steinböck.
1943	Unterricht in der Freskotechnik bei Alois Schiman.
1943–1944	Besuch der Malschule St. Anna; Naturzeichnen und Komposition bei Professor Fröhlich.
1945	Studienbeginn an der Akademie der bildenden Künste bei Albert Paris von Gütersloh, Klasse für Landschaftsmalerei. Nebenfach Gobelin und Glasfenster mit Brauer, Hutter und Lehmden. Erste medial-phantastische Zeichnungen in Trance zu Apokalypse-Themen.
1946	Zeichnungen von „Monstern“ und „Grotesken“; Zyklus „Die Stadt“. Hausner stößt zur Gruppe Brauer, Fuchs, Hutter und Lehmden.
1947	Mitglied im Art Club. Teilnahme an der „Ersten Großen Österreichischen Kunstausstellung“. Erste Ehe mit Gertrude Baschnegger. Mit ihr hat Fuchs zwei Söhne: Elias und Daniel Friedemann.
1948	Erste Tafelbilder in altmeisterlicher Öl-Eitempera-Mischtechnik. Fuchs beginnt, Gedichte zu schreiben.

Ab 1948	Reisen in Europa und den USA.
1949	Beteiligung an den internationalen Art-Club-Ausstellungen.
1950	Ernst Fuchs geht für zehn Jahre – mit Unterbrechungen – nach Paris.
1951	Aktion „Hundsgruppe" und Graphikmappe „Cave Canem". Erstes Zusammentreffen mit Dalí in Paris. Mia Williams bekommt von Ernst Fuchs die Tochter Lukretia.
1952	Die zweite Frau, Geri Krongold, bekommt ihr erstes Kind: Michael Fuchs.
1954	In Paris entstehen für Wochinz die Entwürfe zu Georg Büchners „Woyzeck" und „Leonce und Lena".
1955–1957	Reise in die USA und Aufenthalte in New York sowie Los Angeles.
1957	Einige Monate Aufenthalt im Kloster „Dormilio" in Jerusalem. Beginn der Arbeit am monumentalen „Abendmahl" im Refektorium. Fuchs will Mönch werden.
1958–1960	Arbeit an den Rosenkranzbildern.
1958	Ausstellung in der Galerie St. Stephan: Graphiken von 1945 bis 1958 und die Entwürfe für die Rosenkranzkirche. Eröffnung der Galerie Fuchs.
1959	Fuchs, Rainer und Hundertwasser gründen das „Pintorarium".
1961	Ausstellung von Engelbildern in der Galerie Fuchs. Heirat mit Eva-Christina Postl.
1962	Erstes Kind, Emanuel, mit Eva-Christina Fuchs. Danach Angelika, Tillmann und Marie. Rückkehr nach Wien.
1963	Ausstellung in New York, Kritik in der „New York Times". Der Graphikzyklus „Samson" ist fertiggestellt.
1964	2. Pintorarium mit der Aktion „Zebra" in der Galerie Fuchs, Wien.
1965	Ausstellung „Wiener Schule des Phantastischen Realismus" in Hannover, Frankfurt, Berlin und Wien.
1966	Veröffentlichung des Buches „Architectura Cælestis".

1967	Pintorarium München. Fotoaktion mit Arnulf Rainer, Hundertwasser-Nacktrede und Ernst-Fuchs-Körperbemalung. Schließung der Galerie Fuchs. Beginn der großen Verbreitung der Originalgraphiken.
1968	Erste realisierte Theaterarbeit für das Akademietheater in Wien (Lotte Ingrisch) und Ausstattung der Oper „Carmen", Stadttheater Klagenfurt.
1969	Die ersten Monumentalskulpturen „Esther" und „Christophorus".
1970	Ausstattung für das Ballett „Der Golem" am Theater an der Wien und daraus resultierende intensive bildhauerische Arbeit.
Ab 1970	Möbelentwürfe.
1972	Kauf der devastierten Villa Wagner in Wien und Beginn der Restaurierungsarbeiten.
1976–1978	Arbeit für „Parzival" und „Zauberflöte" in Hamburg, „Lohengrin" in München und das Ballett „Josephslegende" von Richard Strauss in Wien.
Ab 1975	Verstärkte schriftstellerische Tätigkeit.
1977	Michael, der erste Sohn mit Stefanie Messner, wird geboren (1979 Georg, 1982 Baruch, 1988 Adam, 1989 Deborah). „Fuchs über Fuchs", die großformatige Monographie bei Draeger, Paris, erscheint.
Ab 1980	Übersetzung früherer Graphiken und Zeichnungen in großformatige Bilder von kräftiger Farbigkeit.
1981–1982	Tonträger der Gesänge von Ernst Fuchs: „Von Jahwe" und „Via Dolorosa".
1982	Sondermarke der Österreichischen Post.
Ab 1983	entstehen ca. 500 Blumen- und Landschaftspastelle.
1986–1996	Arbeit an der Brunnenanlage „Nymphæum Omega".
1987	erscheint der Prachtband „Planeta Cælestis" mit den Blumenpastellen.
1988	Eröffnung der „Villa Wagner" als Privatmuseum der Sammlung Ernst Fuchs. „Der Feuerfuchs" mit den

	starkfarbigen Paraphrasenbildern dieser Periode erscheint.
1989	Arbeitsbeginn an der Apokalypsekapelle in Klagenfurt.
Ab 1989	Mit Uta Saabel die Söhne Moritz und Julian.
1990–1992	Architekturmodell des „Guardian Palace".
1993	St.-Jakob-Pfarrkirche in Thal bei Graz. Große Ernst-Fuchs-Retrospektive im russischen Nationalmuseum in St. Petersburg.
1993–1997	Großformatiger Zyklus: zwölf Bilder zur „Apokalypse".
1994	Einweihung der St.-Jakob-Pfarrkirche in Thal bei Graz. Ernst-Fuchs-Retrospektive im Schloss Gruyère, Schweiz. Initiator und Präsident der großen internationalen Ausstellung „Du Fantastique Au Visionnaire", Venedig.
1996	Gestaltung einer Bibelausgabe. Weltpremiere der „Zauberflöte"-Tournee, Ausstattung Ernst Fuchs.
1997	CD „Mystische Gesänge".
1998	Eröffnung des Fuchs-(Zodiac-)Palast-Hotels, St. Veit an der Glan. Bildband über Architekturprojekte „Paradiso".
2001	Ausstellung in der staatlichen Tretjakov-Galerie, Moskau. Ausstellung im Palais Harrach des Kunsthistorischen Museums, Wien. Ernst Fuchs arbeitet an seiner Autobiographie.

Literatur

Für diese Biographie von Ernst Fuchs wurden Selbstzeugnisse, Tonbandaufzeichnungen von Gesprächen mit dem Künstler und Archivmaterial verwendet. Wichtige Bücher sind:

Der autobiographische Text „Biographia Mythomania – Das Bilderbuch des Einhorns“, der das Leben des Künstlers in Beziehung zum graphischen Werk setzt. Ernst Fuchs hat diesen Text für den Autor dieser Biographie – für das erste Werkverzeichnis der Druckgraphik 1967 – geschrieben.

Gleichzeitig entstand ein Schlüsselwerk von Ernst Fuchs, „Architectura Cælestis – die Bilder des verschollenen Stils“. Der Band, der mit seinen 13 Seiten Anmerkungen eine Doktorarbeit oder Habilitationsschrift sein könnte, enthält einen generellen Essay zur Architektur. Ernst Fuchs hat in 50 Jahren unzählige Tagebücher geführt. Werkstagebuchnotizen von 1963 bis 1966 ergänzen die Texte.

1977 wurde „Fuchs über Fuchs“ von Richard P. Hartmann in München herausgegeben und gedruckt bei Draeger, Paris. Es war eines der letzten Künstlerbücher vor dem großen Brand, bei dem die Druckerei Draeger in Paris vernichtet wurde.

1988 „Der Feuerfuchs“ mit den starkfarbigen Bildern dieser Periode, im Umschau-Verlag.

Dem ging 1987 der Band Planeta Cælestis über die Pastelle – vorwiegend Blumen und Landschaften – voraus.

Zur Wagner-Villa erschien 1989 ein Prachtband von Dr. Cornelia Eibl.

Der schöne Katalog „Ernst Fuchs – Fantasia“ von Igor Jassenjawsky und Joseph Kiblisky, anlässlich einer umfassenden Ausstellung in Moskau 1993 produziert, setzt in kurzen Bildinterpretationen des Künstlers Leben und Werk in Beziehung.

Ernst Fuchs schreibt (2000/01) an einer umfangreichen Autobiographie.

Stichwort- und Personenverzeichnis

Abstraktion, abstrakte Kunst, ungegenständliche Kunst, Konstruktivismus
Eine Stilrichtung der modernen Kunst unter Verzicht auf die Darstellung der gegenständlichen Wirklichkeit.
Siehe auch Tachismus

Aberbach, Joachim und Jean
Aus Deutschland stammende Kunsthändler, die ihr Vermögen mit Urheberrechtsverwertung an „Vom Winde verweht“, den Beatles und Elvis Presley machten. Mit der Galerie in New York besonderer Einsatz für das Werk von Hundertwasser, Brauer und Fuchs.

Abu Nif siehe **Neuwirth, Arnulf**

Achleitner, Friedrich
(geb. 1930) Schriftsteller, Architekturhistoriker, Mitglied der literarischen „wiener gruppe“, seit 1983 Lehrstuhl für Architekturgeschichte an der Universität für angewandte Kunst in Wien. Vertreter der konkreten Poesie und modernen Dialektdichtung. Zusammen mit Gsteu baute er die „Rosenkranzkirche“, für die Ernst Fuchs die Bilder schuf.

Altdorfer, Albrecht
(1480–1538) Deutscher Maler, Kupferstecher, Holzschneider und Baumeister. „Linker“ Stadtpolitiker in Regensburg. Hauptmeister der Donauschule. Historische und biblische Szenen und stimmungshafte Landschaft, die er als erster europäischer Künstler auch völlig figurenfrei darstellte. Bizarre Architekturphantasien und visionäre Lichteffekte.

Andersen, Robin C.
(1890–1969) Maler. War neben Kokoschka und Schiele Mitglied der „Neukunstgruppe“. Professor an der Wiener Akademie der bildenden Künste, der strenge Farbprinzipien und lineare Strukturen verband.

Archipenko, Alexander
(1887–1964) Russischer Bildhauer, ab 1923 in den USA; Lehrer am New Bauhaus, Chicago, und an einer 1939 von ihm gegründeten Bildhauerschule in New York. Seit 1910 vom Kubismus angeregt, suchte A. durch die „Skulptomalerei“ (Einbeziehung von Hohlformen) neue plastische Ausdrucksmöglichkeiten. Im letzten Lebensjahrzehnt entstanden abstrakte Skulpturen, durchsichtige Hohl-

plastiken aus Kunststoff und Bewegungsobjekte.

Anouilh, Jean
(1910–1987) Französischer Dramatiker, der u. a. antike Themen wie „Antigone“, „Eurydike“ und „Medea“ als Gegenwart auf die Bühne brachte.

Arman
(geb. 1928), eigentlich Fernandez Arman. Französischer Materialkünstler, lebt in Frankreich und New York. Gehört zu den Begründern der Gruppe der „Nouveaux Réalistes“. Schuf als Erster die „Accumulations“, Anhäufungen von gleichartigen Gegenständen wie Geigen oder Autoteilen.

Arp, Jean (Hans)
(1886–1966) Schweizerisch-französischer Maler, Graphiker, Bildhauer und Dichter. 1916 Mitbegründer des Züricher Dada. Abstrakte, organische Formen in Graphik und Plastiken. Collage-Gedichte, in denen Zufallsfunde von Wörtern verbunden sind.

Art Club
(1947–1959) Internationaler Art Club, Österreich. Gegründet 1947 als Sektion des Internationalen Art Club. Sitz im Konzerthaus, Wien, 1951–1953 Clublokal „Strohkoffer“, ab 1953 Ausstellungslokal im „Dom-Cafe“. Beendigung der Vereinsaktivitäten 1955, vereinsrechtliche Auflösung 1959.

Artmann, H. C. (Hans Carl)
(1921–2000) Österreichischer Schriftsteller, Lyriker, vergleichender Sprachwissenschafter, gehörte zur „wiener gruppe“. Fuchs illustrierte die Traumsequenzen des Bandes „Grünverschlossene Botschaft“.

Bacon, Francis
(1909–1992) Irisch-englischer Maler. Früher Arzt, malte als Autodidakt alptraumhafte Porträts, häufig nach Fotos oder Reproduktionen von Kunstwerken (z. B. nach Velázquez).

Baumeister, Willy
(1889–1955) Deutscher Maler, Graphiker und Bühnenbildner. 1919–1922 konstruktivistische Holzreliefs und auf Sandgrund gemalte Bilder. Verbot als entarteter Künstler. Seit 1945 Konstruktivismus mit surrealistischen Elementen.

Bayer, Konrad
(1932–1964) Österreichischer Schriftsteller der „wiener gruppe“. Experimentierte in seinen avantgardistischen Texten, dem „literarischen cabaret“ und im Experimentalfilm mit neuen Ausdrucksformen.

Beardsley, Aubrey
(1872–1898) Englischer Zeichner und Dichter. Seine an japanischer Kunst orientierte Linienkunst war für die Graphik des Jugendstils von Bedeutung. Buchillustrationen zu O. Wilde, „Salome“.

Beauvoir, Simone de
(1908–1986) Französische Schriftstellerin, trat für eine radikale Frauenemanzipation ein und schrieb existenzialistische Romane. Lebensgefährtin von Jean Paul Sartre.

Beck, Gustav Kurt
(1902–1983) Österreichischer Maler und Graphiker. 1920–1926 Studium in Rotterdam und Wien, von 1938 bis 1946 in Rom und Venedig, dort Mitbegründer des internationalen Art Club. 1946 Rückkehr nach Österreich und Errichtung der österreichischen Sektion, deren Generalsekretär und späterer Vizepräsident er wurde. Wurde 1961 Leiter der Druckwerkstätte im Schloss Wolfsburg, Deutschland.

Beckett, Samuel
(1906–1989) Irischer Schriftsteller. Zeigte in seinen nihilistischen Dramen und Romanen in einfacher, abstrakter Sprache das menschliche Dasein als absurd und ausweglos („Warten auf Godot", „Endspiel").

Bellmer, Hans
(1902–1975) Deutsch-französischer Zeichner, Graphiker und Maler. Begann 1923 in Berlin als technischer Zeichner und Werbegraphiker. Als Künstler mit linker Orientierung flüchtete er 1938 nach Paris. Vorwiegend erotische Zeichnungen mit surrealistischem Formvokabular vertauschter Gliedmaßen und Zwitterbildungen. Puppenkonstruktionen von Kindfrauen mit zergliederter Körperlichkeit.

Bertoni, Wander
(geb. 1925) Bildhauer, 1943 als Fremdarbeiter nach Wien deportiert; 1946 Gründungsmitglied des Art Club. Ab 1965 Professor an der Hochschule für angewandte Kunst in Wien. Ein vielfältiges, von der abstrahierenden Form ausgehendes Werk, das sich zu symbolisch-figuralen organischen Formen entwickelte.

Bilger-Biljan, Maria
(1912–1997) Bildhauerin und Gobelinweberin. Eine prächtige Farbigkeit zeichnet die naive, ungemein frische und herzliche Tonplastik aus. Mitbegründerin des Wiener Art Club.

Böcklin, Arnold
(1827–1901) Schweizerischer Maler und Bildhauer, Hauptvertreter des Idealismus der deutschen Malerei des 19. Jahrhunderts. Seine landschaftliche Stimmungskunst der „Toteninsel" (1880–1883) beeinflusste Ernst Fuchs.

Boeckl, Herbert
(1894–1966) Als Maler Autodidakt, Akademieprofessor nach 1945. Als Maler, Zeichner und Bildhauer Realist des österreichischen Expressionismus. Landschaften, Porträts, Aktzeichnungen. Seine Fresken sind vom Kubismus beeinflusst.

Bosch, Hieronymus
(um 1450–1516), eigentlich van Aeken. Niederländischer Maler, der ein höchst eigenwilliges Werk schuf, mit ungeheuren Panoramen und von zahllosen Figuren in dünnem, glasigem Farbauftrag bevölkert. In den großen Triptychen werden phantastische Versuchungen des Fleisches und Höllenstrafen demonstriert. Dämonische Wesen, in menschlich-tierisch-pflanzlicher Mischform, in schwer deutbaren Allegorien. Das in der

Wiener Akademie befindliche Triptychon war nicht ohne Einfluss auf die Wiener Phantasten.

Botero, Fernando
(geb. 1932) Kolumbianischer Maler und Bildhauer, lebt in New York. Gestaltet in altmeisterlicher Manier ballonartig aufgeblasene Dinge und monströse Figuren mit winzigen Händen und Köpfen.

Braque, Georges
(1882–1963) Französischer Maler, Graphiker und Plastiker, wurde 1907 mit Picasso bekannt und begründete mit diesem den Kubismus. Vorwiegend Stillleben und symbolhafte Figuren, wie Vögel, in kräftigen Farben und Formen.

Brauer, (Erich) Arik
(geb. 1929) Österreichischer Maler, Graphiker und Plastiker, bedeutender Vertreter der Wiener Phantasten. Studium bei Albert Paris von Gutersloh. Erich Brauer hebräisierte seinen Namen zuerst auf Arik Bar'or und dann auf die israelisch-österreichische Mischform Arik Brauer. Lebt in Israel und Wien.

Brô, René
(1930–1987), eigentlich René Brault. Französischer Maler. Gehört zu den Künstlern der Galerie Iris Clert und der „Nouveaux Réalistes". Freundschaft mit Ernst Fuchs und Hundertwasser, mit dem er gemeinsam Bilder malte.

Braun, Felix
(1885–1973) Österreichischer Schriftsteller.

Brauner, Victor
(1903–1966) Rumänisch-französischer Maler. Surrealist, mit von Südsee, Maya und rumänischer Volkskunst inspirierter Silhouette betonten Arbeiten sowie mythologischen und okkultistischen Themen.

Breton, André
(1896–1966) Französischer Schriftsteller, Theoretiker und Mitbegründer des Surrealismus, schrieb Manifeste („Manifeste du surréalisme"), Prosa, Traumerzählungen, Gedichte und Kritiken.

Brubeck, Dave
(geb. 1920) US-amerikanischer Jazzpianist. Vertreter des West-Coast-Jazz und Cool Jazz, studierte bei Darius Milhaud und Arnold Schönberg.

Campendonk, Heinrich
(1889–1957) Maler, Graphiker und Glasmaler. Mitglied des „Blauen Reiter" mit poetischen Bildern von starker Farbigkeit.

Camus, Albert
(1913–1960) Algerisch-französischer Schriftsteller und Philosoph, war Schauspieler, Journalist und Regisseur. Während des Zweiten Weltkrieges Widerstandskämpfer in der Résistance. Vertreter eines christlichen Existenzialismus („Der Mythos von Sisyphos").

Carrà, Carlo
(1881–1966) Italienischer Maler und Kunstschriftsteller. Mitbegründer des Futurismus, führender Vertreter der

„Pittura Metafisica", der italienischen Entwicklung des Surrealismus.

Celan, Paul
(1920–1970), eigentlich Paul Antschel. Lyriker, lebte seit 1948 als Sprachlehrer und Übersetzer (u. a. Arthur Rimbaud) in Paris. Erstveröffentlichungen seiner surrealen Lyrik mit starken Metaphern des jüdischen Schicksals u. a. in der Zeitschrift „Plan".

Cézanne, Paul
(1839–1906) Französischer Maler und Graphiker. Porträts und Landschaftsbilder vom Impressionismus beeinflusst. Seine analytische Methode, die Realität auf ihre geometrischen Grundformen zurückzuführen, führte zur Trennung vom Impressionismus und beeinflusste die Moderne. Die „Fauves" (die Wilden) sahen ihn als Lehrmeister, Picasso und Braque entwickelten daraus den Kubismus.

Chagall, Marc
(1887 oder 1889–1985) Russisch-französischer Maler. Umfangreiches graphisches Werk. Daneben auch Keramik, Bühnenbilder und zahlreiche Glasfenster.

Christo
(geb. 1935), eigentlich Christo Javacheff. Internationaler Verpackungskünstler, lebt seit 1958 in Paris und New York. Er verpackte Stühle, Fahrräder, nackte Mädchen und 1969 mit 380.000 m² Kunststoffolien eine Felsenbucht in Australien. Dem folgten u. a. „Valley Curtain" (Talvorhang), der „Running Fence" (Laufender Zaun), „Surrounded Islands" (Umgürtete Inseln), das Reichstagsgebäude in Berlin und die Bäume der Fondation Beyeler.

Chaimowicz, Georg
(geb. 1929) Österreichischer Maler und Zeichner, 1939 Flucht mit seinen Eltern nach Kolumbien, ab 1948 Studium an der Akademie in Wien. Erste Ausstellung 1958 als erste Ausstellung der „Galerie Fuchs". Lebte in Frankreich und Wien. Satirisch-politische Zeichnungen gegen den Neonazismus, in einer zeichenhaften, auf wenige Spuren reduzierten Formensprache.

Cocteau, Jean
(1889–1963) Französischer Schriftsteller, Maler, Graphiker und Filmemacher. Freundschaft und Zusammenarbeit mit vielen Künstlern. Einfallsreiche surrealistische Romane und Filme („Orphée" 1949).

Dadaismus
Seit 1916 (Gründung des „Cabaret Voltaire", Zürich) internationale, pazifistische, künstlerische Protestbewegung mit Hinwendung zu Zufall, Spontanität und scheinbar Sinnlosem. Der Dadaismus beeinflusste stark den Surrealismus.

Dalí, Salvador
(1904–1989) Katalanisch-spanischer Maler, Graphiker, Plastiker, Schriftsteller und Filmemacher. Lebte von 1940 bis 1948 in den USA, danach in Port Lligat, Paris und New York. Von der Tiefenpsychologie und katalanischer Mystik beeinflusst, entwickelte Dalí

seit etwa 1930 einen höchst eigenwilligen Surrealismus von präziser Detailtreue. Surreale Theorien (paranoid-kritische Methode) und Manifeste.

De Es (Schwertberger)
(geb. 1942), eigentlich Dieter Schwertberger. Österreichischer Maler. Nach der Akademie bei Pauser, Studium bei Ernst Fuchs. Erste Ausstellung seiner magischen, an versteinertes, außerirdisches Leben erinnernden Arbeiten in der Galerie Fuchs. Lebt in den USA und Österreich.

Doxat, Robert
(geb. 1930) Österreichischer Maler und Zeichner. Studierte Philosophie und bei Gütersloh Malerei. Seltsame, tibetisch anmutende, wie aus Eierschalen gebildete Architekturen und Gesichter. Erste Ausstellung in der Galerie Fuchs. Zog sich als Mönch ins Chorherrenstift Klosterneuburg zurück.

Chirico, Giorgo de
(1888–1978) Italienischer Maler und Schriftsteller; lebte in Paris, New York und Italien. Begründete mit Carrà 1917 die „Pittura metafisica“ mit klaren surrealen Raum- und Figurenarrangements antikisch anmutender Plastiken in kulissenartigen Räumen.

Delaunay, Sonja
(1885–1979), eigentlich Delaunay-Terk. Russisch-französische Malerin, verheiratet mit dem Maler Robert Delaunay, mit dem sie zusammen den von Apollinaire so genannten „Orphismus“ erfand. Farbe und kreisförmige Formen sind die dominierenden Elemente ihres vielseitigen Schaffens. Sie entwarf Stoffe und Kleider für Coco Chanel, Bühnenbilder für das Diaghilew-Ballett und Kartons für Tapisserien.

Dobrowsky, Josef
(1889–1964) Österreichischer Maler und Aquarellist. Expressive Helldunkelmalerei mit starker Farbigkeit. Ab 1946 Professor an der Akademie der bildenden Künste in Wien.

Doderer, Heimito von
(1896–1966), eigentlich René Stangeler. Österreichischer Erzähler und Epiker („Die Strudlhofstiege“). Bezeichnet in „Der Grenzwald“ den Ort, an dem die Wagner-Fuchs-Villa steht, als das geheime Zentrum der Erde.

Dolezal, Peter
(geb. 1941) Österreichischer phantastischer Graphiker.

Dominguez, Oscar
(1906–1957) Spanisch-französischer Maler und Plastiker. Surrealist, erfand die Décalcomanie, ein Abklatschverfahren, das später Max Ernst aufgriff. Mit „Grammophon“ 1938 nahm er die Idee des Environments vorweg.

Draeger
Berühmter französischer Drucker von luxuriös ausgestatteten Büchern, u. a. über Dalí und Ernst Fuchs.

Dufy, Raoul
(1877–1953) Französischer Maler und

Graphiker, Mitbegründer des Fauvismus. Malte in einem betont dekorativen Stil farbenfroh-heitere gegenständliche Stillleben und Landschaften sowie Strandszenen und Festzüge.

Dürer, Albrecht
(1471–1528) Deutscher Maler und Graphiker, gelernter Goldschmied. Zahlreiche Reisen in Europa. In seiner Kunst vollzog sich mit stärkster schöpferischer Kraft der Übergang von der Spätgotik zur Renaissance. Er erneuerte die Druckgraphik und verfasste eine kunsttheoretische Schrift. Sein Text zum Problem der Proportionen erschien erst in seinem Todesjahr. Dürer ist eine der beherrschenden Gestalten der deutschen Kunst. Das Gesamtwerk umfasst etwa 125 Gemälde, 450 Graphiken und mehr als 1000 Handzeichnungen sowie zahlreiche Werke, die abwechselnd für echt oder falsch erklärt werden.

Eder, Otto
(1924–1982) Österreichischer Bildhauer, 1948–1952 Studium bei Wotruba. Initiator eines Bildhauersymposiums in Kärnten.

El Greco
(1541–1614), Spanisch „Der Grieche", eigentlich Dominico Theotocopuli. Spanischer Maler griechischer Herkunft. Schüler von Tizian, jedoch von Tintoretto und Michelangelo beeinflusst. In Spanien entwickelt er einen ekstatisch-visionären Manierismus, mit langen, schmalen Proportionen, irrationalen Lichteffekten und flackernden Farben.

Ende, Edgar
(1901–1965) Deutscher Maler phantastisch-surrealer Bilder. Lebte in München.

Ernst, Max
(1891–1976) Deutsch-französischer Maler, Graphiker und Plastiker. Autodidakt, begründete die rheinische Gruppe „Dada W/3" und war mit Breton u. a. Gründer der surrealistischen Bewegung. Das Unbewusste war für ihn in Collagen (Klebebildern) und Frottagen (Abreibebildern), in Assemblagen (Zusammenstellungen) von Objekten und in den Bildern Darstellungsbereich sowie Triebkraft schöpferischen Gestaltens.

Everding, August
(1928–1999) Theaterleiter und -regisseur. Begann als Assistent von F. Kortner und H. Käutner. Zuletzt Generalintendant der Münchner Bühnen. Veranlasste Fuchs zur Gestaltung von Bühnenbild und Ausstattung für Wagner- und Mozart-Opern.

Existenzialismus
Existenzphilosophie. Hauptvertreter in Deutschland sind vor allem Martin Heidegger (der den Begriff für seine Philosophie ablehnt) und Karl Jaspers, die den von Sören Kierkegaard gebildeten Terminus „Existenz" in diesem Sinn gebrauchten. Der Begriff „Existenz" wurde seinem ursprünglichen Sinn entfremdet zum Modewort nach dem Zweiten Weltkrieg. Ange-

regt durch die in Frankreich als Philosophie der Résistance begründete, ebenso literarisch-weltanschauliche wie philosophische Bewegung des Existenzialismus. Jean Paul Sartres atheistischer Humanismus und das christliche Gegenbild von Camus postulierten, dass der Mensch die Freiheit hat, sich den Sinn seiner Existenz selbst zu geben.

Expressionismus
„Ausdruck", eine um 1905/06 entstandene Stilrichtung in der bildenden Kunst und Literatur. Die subjektive Ausdruckssteigerung der künstlerischen Mittel, als Reaktion auf Naturalismus und Impressionismus. Wesentlichste Vertreter waren O. Kokoschka, E. Nolde und M. Beckmann. In der Literatur der Jahre um den Ersten Weltkrieg ist der Expressionismus fast ausschließlich in Deutschland vertreten.

Fackel
„Die Fackel", kultur- und sprachkritische Wiener Zeitschrift, von Karl Kraus 1899–1936 herausgegeben und seit 1912 fast allein von ihm geschrieben.

Fatty George
(1927–1982), eigentlich Franz Georg Pressler. Österreichischer Jazzmusiker, eröffnete 1952 das erste Jazz-Casino in Innsbruck und 1958 das Lokal „Fatty's Saloon" in Wien.

Fauvismus
Die „Fauves" („Wilden"), eine nachimpressionistische, dem deutschen Expressionismus entsprechende Stilentwicklung der Malerei in Frankreich.

Ferra, Raimund Georg
(geb. 1920) Gelernter Graveur, seit 1955 Autodidakt als Zeichner. 1961 erste Ausstellung in der Galerie Fuchs. Fein gestochene, dichte Zeichnungen mit starken konstruktiven Elementen.

Fischhof, Georg
(geb. 1922) Wiener Sexualpsychologe, Managementkonsulent und Betriebspsychologe. Partner von Ernst Fuchs in der Galerie Fuchs.

Fini, Léonor
(1918–1998) Italienisch-französische Malerin. Surrealistische Bilder mit sphinxhaften Mädchengestalten. Phantastische Ausstattungen und Kostüme für Theater, Ballett und Film.

Foret, Joseph
Französischer Verleger. Verleger der von Dalí illustrierten „Göttlichen Komödie", des „Don Quichotte" und des Monumentalwerks „Apokalypse" unter der Mitarbeit von Ernst Fuchs.

Fujita (Foujita) Tsuguharu
(1886–1968) Japanisch-französischer Maler und Graphiker, in Paris tätig. Verbindet in Frauenbildnissen, Landschafts- und Tierbildern die japanische Kunsttradition mit Stilelementen der modernen französischen Malerei.

Frankl, Viktor Emil
(1905–1998) Österreichischer Neurologe und Psychiater, Begründer der Logotherapie.

Friedlaender, Jonny
(geb. 1912) Deutsch-französischer Graphiker, Meister der Farbradierung.

Frohner, Adolf
(geb. 1934) Österreichischer Maler, Graphiker und zeitweilig Kunstkritiker. Als Maler Autodidakt. Nach kubistischen Anfängen Mitbegründer der österreichischen Objekt- und Aktionskunst, danach eigenständige, kritische, expressionistische Malerei. Seit 1972 Professor an der Universität für angewandte Kunst in Wien.

Fruhmann, Johann
(1928–1985) Österreichischer Maler. Nach einer frühen geometrischen Periode informelle und großflächige Malerei. Mit seiner Frau, der Malerin Christa Hauer, begründete er die „Galerie im Griechenbeisl" (1960 bis 1971).

Genet, Jean
(1910–1986) Französischer Schriftsteller. Nach einem abenteuerliche Leben in der Fremdenlegion und in Gefängnissen schuf er Dramen und Romane in lyrischer, bilderreicher Sprache über Ausgestoßene sowie Apotheosen erotischer und sexueller Abweichungen.

Gide, André
(1869–1951) Französischer Schriftsteller. Der bibelgläubige Protestant wurde zum „ästhetischen Immoralisten", der Lebenshunger und Lebensgenuss als wandlungsreicher, betont unabhängiger Individualist beschrieb.

Godet, Robert
Französischer Verleger. Erster Verleger von Ernst Fuchs.

Grandma Moses
(1860–1961) Anna Mary Robertson-Moses, genannt Grandma Moses. US-amerikanische Malerin, begann mit über 70 Jahren mit der Malerei. Bedeutendste Vertreterin der naiven Malerei in den USA. Sie wurde durch den ehemaligen Wiener Kunsthändler (Neue Galerie) Otto Kallir entdeckt und gefördert.

Grünewald, Matthias
(1470/1480–1528), eigentlich Mathis Gothart Nithart (Neidhardt). Maler, Architekt und Wasserkunstmacher, tätig in Aschaffenburg. Neben Dürer der bedeutendste spätgotische Maler. Expressiv leuchtende Farbigkeit mit grellem Licht kontrastiert mit fahlem Dunkel. Wegen ihrer Subjektivität und Expressivität wirkte seine Malerei nicht so stil- und schulbildend wie die „schönen" Bilder Dürers.

Gsteu, Johann Georg
(geb. 1927) Österreichischer Architekt, studierte in Wien bei Clemens Holzmeister und war Professor an der Gesamthochschule Kassel. Zu seinen Sakralbauten gehört auch die „Rosenkranzkirche", für die Ernst Fuchs die Bilder schuf.

Gütersloh, Albert Paris von
(1887–1973), eigentlich Albert Conrad Kiehtreiber. Österreichischer Maler und Schriftsteller, Professor an der Akademie der bildenden Künste in Wien. Besonders wichtig für die

Entwicklung der österreichischen Nachkriegskünstler. Vater von Wolfgang Hutter. Schriftsteller expressiver, barock verschlungener Romane.

Guttenbrunner, Michael
(geb. 1919) Kärntner Lyriker. Herausgeber der Zeitschriften „Der Alleingang" (1960–1964) und „Das Ziegeneuter" (1965–1980). Schwerste Konflikte und Anfeindungen wegen seiner unbeugsamen Haltung. 1994 Ehrendoktorat der Universität Klagenfurt.

Hakel, Hermann
(1911–1987) Journalist und Schriftsteller, Verfasser der ersten Monographie (1964) über die fünf Maler der Wiener Schule.

Hartmann, Richard P.
(geb. 1935) Sohn des Komponisten Karl Amadeus Hartmann. Zuerst Maler, dann Medizinstudium. Ab 1963 Verleger und Galerist in München. Besonderes Interesse an der Beziehung zwischen Psychologie und Kunst. Verleger zahlreicher Bildbände über das Werk von Ernst Fuchs. Gründung des Instituts für Bildsprache und Kunst.

Hartung, Hans
(1904–1989) Deutsch-französischer Maler und Graphiker. Ungegenständlich graphisch empfundene schwarze Linienspiele vor hellen Grundfarben, an asiatische Tuschmalerei erinnernd.

Hauser, Carry (Maria)
(1895–1985) Maler, Graphiker, Bühnenbildner und Schriftsteller. Kontakte zu „Der Blaue Reiter" und Präsident des Künstlerbundes „Hagenbund". Emigration 1939–1947 in die Schweiz. Nach dem Krieg Präsident des Österreichischen PEN-Clubs.

Hausner, Rudolf
(1914–1995) Maler und Graphiker. Erste von Impressionismus und Expressionismus beeinflusste Bilder. Ab 1938 Ausstellungsverbot, während des Krieges 1943 erste Erfahrungen von unbewussten Projektionen, an die sein weiteres Werk durch die Umsetzung psychologischer Erkenntnisse anschließt. „Adam", „Anima" und „Narrenhut" sind die Hauptthemen seiner Malerei. Bedeutender Maler der Wiener Schule des Phantastischen Realismus. Professur in Hamburg und an der Akademie in Wien.

Hayter, Stanley William
(1901–1988) Englisch-französischer Maler und Graphiker. Zuerst Chemiker, ab 1925 als Maler tätig. Nach Phasen mit surrealistischen und abstrakten Einflüssen Bilder in intensiver Farbgebung mit Betonung wellenförmiger Linien.

Henz, Rudolf
(1897–1987) Österreichischer Schriftsteller religiöser Lyrik und Laienspiele.

Hocke, Gustav René
(1908–1985) Kulturschriftsteller. Er behandelte vor allem Kunst, Literatur und Philosophie des Manierismus („Die Welt als Labyrinth").

Hofmann, Werner
(geb. 1928) Österreichischer Kunsthistoriker. Begann an der Albertina, wurde Sekretär der Sezession, 1960 Direktor des Museums des 20. Jahrhunderts in Wien, danach der Hamburger Kunsthalle. Professuren in den USA und in Wien.

Hogarth, William
(1697–1764) Englischer Maler, Graphiker und Kunsttheoretiker. Hofmaler und Begründer einer unabhängigen national-englischen Malerei. Satirische Gemälde und graphische Zyklen über die englische Gesellschaft des 18. Jahrhunderts („Leben einer Dirne", „Leben eines Wüstlings").

Hollegha, Wolfgang
(geb. 1929) Maler. 1959 mit A. Rainer, J. Mikl und M. Prachensky Mitbegründer der Gruppe „Galerie St. Stephan" in Wien. Nach kurzer phantastischer Phase eine auf Farbflecken aufgebaute Malerei. 1972–1997 Professur an der Akademie in Wien.

Hrdlicka, Alfred
(geb. 1928) Österreichischer Bildhauer und Graphiker. Studierte an der Akademie der bildenden Künste bei A. P. v. Gütersloh, J. Dobrowsky und F. Wotruba. Hrdlicka hält konsequent an einem figurativ-expressiven Stil fest. Er löste politische und gesellschaftskritische Diskussionen aus.

Hundertwasser, Friedensreich
(1928–2000), eigentlich Friedrich „Fritz" Stowasser. Österreichischer Maler, Graphiker, Architekt. Gab sich den Namen Hundertwasser. Fügte später die Namen Dunkelbunt und Regentag hinzu, mit denen er auch Werke signierte sowie in der japanischen Form Hyaku Mitsu stempelte. Neben dem malerischen Werk wurde das öko-philosophische und architektur-kritische Werk in Manifesten, Entwürfen und realisierten Projekten immer wichtiger. Lebenslange Freundschaft mit Ernst Fuchs.

Hutter, Wolfgang
(geb. 1928) Maler und Graphiker, bedeutender Vertreter der Wiener Phantasten. Studium ab 1945 bei A. P. v. Gütersloh. Fein gemalte, farbdifferenzierte Bilder von klarer Form. Professor an der Hochschule für angewandte Kunst.

Informel
„art informel", besonders in Frankreich nach 1945 entwickelte Stilrichtung der modernen Malerei, verwandt mit dem „Tachismus", dem in den USA entstandenen „abstrakten Expressionismus" und „Action Painting". Material sowie der spontane und rhythmische Malprozess bestimmen die Form der oft kalligraphischen Zeichen ohne Bildmotiv oder kompositorische Regeln.

Ingerl, Kurt
(1935–1999) Österreichischer Bildhauer und Graphiker. Konstruktivistische Bilder und Plastiken neben „Dokumentarplastiken" durch Gipsabgüsse geschnürter Akte. Konstruktivistische Grafiken und surreale Collagen.

Ionesco, Eugène
(1912–1994) Rumänisch-französischer Schriftsteller. Verfasser zahlreicher Theaterstücke („Antidramen") des absurden Theaters.

Janschka, Fritz
(geb. 1919) Maler, Bildhauer und Graphiker. Eng befreundet mit Wolfgang Hutter und einer der frühesten Wiener Künstler des Phantastischen Realismus. Nach einem Austauschjahr 1949 in den USA wurde er Professor am Brywn Mawr College in Philadelphia.

Jené, Edgar
(1904–1984) Maler. Der gebürtige Saarländer studierte in München, lebte 1935–1950 in Wien, übersiedelte dann nach Frankreich. Kontakte mit den Surrealisten. Das malerische Werk steht unter dem Einfluss von Tanguy und Max Ernst. Großer Einfluss auf die Wiener Kunstszene nach 1945.

Jünger, Ernst
(1895–1998) Deutscher Schriftsteller, der das Kriegserlebnis („In Stahlgewittern") schilderte. Seine Schriften zwischen Ästhetizismus und Symbolismus sind zumindest opportunistisch, wenn nicht faschistoid, deshalb gilt er als „wandlungsreicher Vertreter und Überwinder eines heroischen Nihilismus".

Kahnweiler, Daniel-Henry
(1884–1979) Deutsch-französischer Kunsthändler und Schriftsteller. Zunächst Bankkaufmann. Ab 1907 entwickelte er in Paris als Galerist neue marktkonforme Kunsthandelsstrategien. Durch die Förderung avantgardistischer Künstler der damaligen Zeit, z. B. Picasso, schuf er Markenartikel und Verteilungsmechanismen.

Kallir, Otto
(1894–1978) eigentlich Otto Nirenstein. Vor dem Krieg zeigte er zahlreiche Ausstellungen der klassischen österreichischen Moderne wie Schiele (von dem er auch das Werkverzeichnis erstellte). Aus Wien vertrieben, stellte er in seiner Galerie St. Etienne (= St. Stephan) in New York bedeutende österreichische Künstler aus. Nach 1945 zeigt der Art Club in den Räumen der „Neuen Galerie" von Otto Kallir-Nirenstein seine erste Ausstellung in Wien. Erste Ankäufe von Fuchs-Graphiken.

Ketterer, Wolfgang
(geb. 1920) Münchner Kunsthändler und Auktionator, der Ausstellungen mit Katalogen phantastischer Künstler aus Deutschland (darunter Edgar Ende) und Österreich, besonders Ernst Fuchs, zeigte.

Kies, Helmut
(geb. 1933) Österreichischer phantastischer Maler und Graphiker. Sein Hauptthema sind Landschaften. Der Harlekin ist die zentrale Schlüsselfigur in seinem Werk.

Klee, Paul
(1879–1940) Schweizerischer Maler, Graphiker und Kunsttheoretiker. Nach surrealen Zeichnungen fand er durch Kontakte zum „Blauen Reiter" zu einem abstrahierenden Bildaufbau,

1920–1930 Lehrer am Bauhaus. Im nationalsozialistischen Deutschland waren seine Werke als „entartete Kunst“ verboten.

Klein, Yves
(1928–1962) Französischer Maler. Gilt als Hauptvertreter der „Nouveaux Réalistes“. Schuf meist blaue monochrome und aktionistische Werke. Bilder mit Körperabdrücken unter Einwirkung von Wind, Regen und Feuer.

Klemmer, Robert
(1938–1971) Fernmeldemonteur, als Maler Autodidakt. Er fand um 1960 innerhalb der phantastischen Malerei einen Übergang zur Pop-Art. Erste Einzelausstellung 1964 in der Galerie Fuchs.

Klimt, Gustav
(1862–1918) Österreichischer Maler und Zeichner. Hauptmeister der Wiener Jugendstilmalerei. Begründer der Wiener Sezession.

Klitsch, Peter
(geb. 1934) Österreichischer phantastischer Maler. Studium in Wien und Stockholm. Neben der Malerei betätigte er sich als Autorennfahrer und Croupier. Initiierte die Galerie „Zur silbernen Rose“ in Wien für phantastische Kunst.

Köller, Ernst
Kunstkritiker der Tageszeitung „Salzburger Nachrichten“ und Redakteur der Kunstzeitschrift „alte und moderne kunst“. Förderte die phantastischen Maler durch monographische Artikel.

Kokoschka, Oskar
(1886–1980) Österreichischer Maler, Graphiker und Schriftsteller. Führender Meister des Expressionismus. Nach Aufenthalten in Berlin und Dresden Emigration über Prag (1934 bis 1938) nach London. Im Nationalsozialismus wurde Kokoschka als „entartet“ verfemt. Frühe expressionistische Dramen, graphische Zyklen, Porträts und monumentale Landschaften.

Kont, Paul
(geb. 1920) Österreichischer Komponist, Pianist und Dirigent. Entwickelte eine eigene Tonalität.

Konitz, Lee
(geb. 1927) US-amerikanischer Musiker des Cool Jazz (Saxophon), spielte mit Miles Davis, Lennie Tristano, Stan Kenton und eigenen Bands.

Korab, Karl
(geb. 1937) Maler. 1957–1964 an der Akademie in Wien. Ausgehend vom Surrealismus, gelangte er zu einer vereinfachten, klaren Bildsprache.

Kraus, Karl
(1874–1936) Österreichischer Schriftsteller und Publizist der Zeitschrift „Die Fackel“ (1899–1936). Meister des Wortspiels und des scharfsinnigen Witzes. Leidenschaftlich gegen die schlagworthafte Sprache der Presse.

Krejcar, Anton
(geb. 1923) Österreichischer phantastischer Maler und Graphiker. Studium nach 1945 bei Dobrowsky an der

Akademie in Wien. Mitwirkung an der „Hundsgruppe“ und gemeinsame Ausstellung mit Ernst Fuchs in Turin und im Art Club, jedoch nicht in den Kreis der Wiener Schule integriert.

Kubismus
Stilrichtung der modernen Malerei, 1907/08 von Picasso („Les Demoiselles d'Avignon“) und Braque in konsequenter Weiterentwicklung der Malweise Cézannes begründet. Grundsätzlich sind im Kubismus die darzustellenden Gegenstände auf ihre Grundformen Kugel, Kubus, Zylinder, Kegel zerlegt und flächig übereinander gelagert. Unter Ausschaltung der Augentäuschung und Nachahmung sollte die objektive Form wiedergegeben werden.

Kudrnofsky, Wolfgang
(geb. 1927) Studierte Psychologie und machte die Meisterprüfung als Fotograf, Autor und Filmemacher. Experimentelle Fotos und Collagen, Mitwirkung an der „Hundsgruppe“.

Lampe, Jorg
Kunstkritiker der Wiener Tageszeitung „Die Presse“.

Lassnig, Maria
(geb. 1919) Malerin und Graphikerin. Studierte bei Albert Paris von Gütersloh. Lebt in Wien, Paris und New York und setzte sich mit einer Vielzahl künstlerischer Richtungen vom Surrealismus über Realismus bis zur abstrakten Kunst und dem Animationsfilm auseinander. In ihrer feministischen „Körperempfindungskunst“ nehmen Selbstbildnisse und Stillleben eine zentrale Stellung ein. Professur an der Hochschule für angewandte Kunst in Wien.

Léger, Fernand
(1881–1955) Französischer Maler und Graphiker. Er entwickelte einen vom Kubismus und von Maschinenformen ausgehenden großflächigen Stil mit Konturen und leuchtenden Farben. Besonderes Interesse an der öffentlichen Wirkung seiner Kunst durch Großkeramiken.

Leherb
(1933–1997), eigentlich Helmut Leherbauer. Österreichischer Maler und Graphiker. Im Mittelpunkt seiner surrealen Bilderfindungen stehen er selbst und seine Frau, die Malerin Lotte Profohs. Er machte die surreale Selbstinszenierung zu einem Teil seines Werkes.

Lehmden, Anton
(geb. 1929) Maler und Graphiker, bedeutender Vertreter der Wiener Phantasten. Studium ab 1945 bei Albert Paris von Gütersloh. Lehrtätigkeit in Istanbul, ab 1971 Professur an der Akademie in Wien. Die Themen seiner Bilder sind Kriegsereignisse, Naturkatastrophen und Landschaften. Das 1966 erworbene Renaissanceschloss Deutschkreutz (Burgenland) wurde von ihm restauriert und zum gestalteten Museum für sein Werk adaptiert.

Leinfellner, Heinz
(1911–1974) Österreichischer Bildhauer. Ab 1959 Professor an der Hochschule für angewandte Kunst.

Lipka, Charles
(1901–1976) Studium in Wien, Florenz und Rom. Österreichischer phantastischer Maler und Zeichner phantastischer Baumstrukturen. Erste Einzelausstellung des fast 60-Jährigen in der Galerie Fuchs.

Luby, Franz
(1902–1989) Studium in Wien. Ministerialbeamter und phantastischer Maler. Mitbegründer des „Neuen Hagenbundes". Erste Ausstellung 1928 in der Secession. Bilder mit starken freimaurerischen Bezügen.

Maar, Dora
(1907–1997) geborene Markovic, Fotografin. Ab 1936 Geliebte und Modell von Picasso.

Maeght
Die Brüder Maeght waren Drucker, die in der französischen Widerstandsbewegung durch das Fälschen von Ausweisen und Lebensmittelmarken mit Künstlern in Kontakt kamen. Nach dem Krieg die bedeutendste Galerie für Chagall, Miró, Braque u. a. Katalogpublikationen mit Originalgraphik.

Magnelli, Alberto
(1888–1971) Italienischer Maler und Bildhauer, Mitglied der Gruppe „Abstraction-Création".

Makart, Hans
(1840–1884) Österreichischer Historien- und Bildnismaler des Historismus. Stilbildend durch seinen Festzug der Stadt Wien für den Kaiser, seine Porträts und Kolossalgemälde unter dem Einfluss der dekorativen Großmalerei und „Kitschiers" Frankreichs. Pathos, üppige Farbensinnlichkeit und dekoratives Talent kennzeichnen seine Werke. Sein Atelier und seine Feste waren Zentrum des gesellschaftlichen Lebens.

Manessier, Alfred
(1911–1993) Französischer Maler. Abstrakte Glasmalereien und Bilder in kräftigen, leuchtenden Farben.

Marc, Franz
(1880–1916) Deutscher Maler der Gruppe „Der Blaue Reiter". Bilder von kristallinen Formen und transparenten Farbflächen, berühmt das verschollene Bild „Turm der blauen Pferde".

Masson, André
(1896–1987) Französischer Maler. Vom Kubismus und Surrealismus beeinflusster Maler. Er realisierte Bilder im Sinn des surrealistischen Manifests in der Art des „psychischen Automatismus".

Mathieu, Georges
(geb. 1921) Französischer Maler der lyrischen Abstraktion, der in Malaktionen – in Wien auf der Bühne von Wochinz' „Theater am Fleischmarkt" – seine Bilder herstellte. Der Malprozess wird bestimmt durch die Schnelligkeit und die Ausschaltung rationaler Vorgänge.

Matouschek, Richard
(1920–1976) Mit 14 Jahren Instrumentenmacherlehre. Als Maler und Graphiker Autodidakt. Erste Ausstellung 1958 in der Galerie Fuchs.

Michelangelo
(1475–1564), eigentlich Michel Angelo Buonarroti. Italienischer Bildhauer, Maler, Architekt und Dichter.

Mikl, Josef
(geb. 1929) Österreichischer Maler und Graphiker. Studium 1946 bis 1955 in Wien. Ab 1956 Motor der Malergruppe der Galerie St. Stephan, der wesentlichen Gruppierung abstrakter Malerei. Initiiert die Herausgabe von Graphiken und originalgraphischen Plakaten. Satirische Bildfolgen, Glasfenster und große Wandbilder. Professur in Wien.

Mauer, Otto
(1907–1973) Monsignore. Katholischer Publizist, Akademiker- und Künstlerseelsorger, Domprediger von St. Stephan in Wien. 1955 Gründer und Leiter der „Galerie nächst St. Stephan“, einem wichtigen Ausstellungsort der Abstrakten.

Mautner-Markhof, Manfred
(1903–1981) Industrieller, der neben der Leitung des Familienunternehmens (Bier, Senf, Essig) in vielen wirtschaftspolitischen und kulturellen Funktionen tätig war. War mit vielen Künstlern befreundet.

Meyer, Conny Hannes
(geb. 1931) Österreichischer Autor und Theatermann. Begründete 1954 das Theater „Experiment“ und 1958 „Die Komödianten“. Konzentrierte sich auf antifaschistisches und sozialkritisches Theater im Sinne von B. Brecht.

Meštrović, Ivan
(1883–1962) Jugoslawischer Bildhauer, Maler und Graphiker. Beeindruckt von Michelangelo, entwickelte er einen Monumentalstil, klassische und volkstümliche Elemente vereinend.

Meyrink, Gustav
(1868–1932), eigentlich Gustav Meyer. Österreichischer Schriftsteller, der lange in Prag lebte. Er schrieb antibürgerliche Satiren und okkulte Erzählungen („Der Golem“).

Mikula, Kurt
(geb. 1928) Studium an der Keramikklasse der Hochschule für angewandte Kunst, als Maler und Graphiker Autodidakt. Darstellungen des Hahnes dominieren in seinem Werk.

Miró, Joan
(1893–1983) Spanischer Maler, Graphiker und Plastiker. Vom Kubismus und Surrealismus beeinflusst, entwickelte er einen weitgehend abstrakten Stil von starker Farbigkeit und skripturalen Zeichen.

Moldovan, Kurt
(1918–1977) Aquarellist und Zeichner. Sein Werk reicht von phantastischen Zeichnungen mythologischer und historischer Inhalte bis zu Stadtlandschafts-Aquarellen unter besonderer Bevorzugung von Venedig.

Mondrian, Piet
(1872–1944) Maler und Kunsttheoretiker. Mitbegründer der „Stijl“-Bewegung. Malte gegenstandslos-konstruktive Bilder.

Moore, Henry
(1898–1986) Englischer Bildhauer und Graphiker. Einer der wichtigsten Bildhauer des 20. Jahrhunderts. Gegenständliche und abstrahierte Arbeiten entstanden nebeneinander. Seine Zeichnungen, die er als Kriegszeichner von den Schutzräumen Londons während der V2-Angriffe machte, haben Ernst Fuchs besonders beeindruckt.

Moore, John Peter
(geb. 1919) Captain der englischen Armee, Abteilung für psychologische Kriegführung. Ab 1951 Direktor der Filmfirma von Alexander Korda. Ab 1951 Zusammenarbeit mit Dalí, von 1962 bis 1976 Sekretär Dalís.

Morandi, Giorgio
(1890–1964) Italienischer Maler und Graphiker. Der „Pittura metafisica" nahestehend, malte er streng gebaute, aus einfachen Grundformen gebildete Stillleben.

Mourlot, Fernand
Die 1914 gegründete Druckerei wurde nach 1945 die bedeutendste lithographische Werkstätte für Künstler wie Braque, Picasso, Chagall u. a. in Paris.

Muschik, Johann
(1911–1979) Publizist und Kunstkritiker. Redakteur der Zeitschrift „Plan". Mitglied des PEN-Clubs und Kunsttheoretiker, der den Begriff der „Wiener Schule des Phantastischen Realismus" begründete.

Music, Zoran Anton
(geb. 1909) Jugoslawisch-französischer Maler. Nach lyrisch-abstrakten Landschaften, verarbeitete er seine Erfahrungen im KZ Dachau.

Neuwirth, Arnulf
(geb. 1912) Maler, Graphiker, Schriftsteller und Kunstkritiker. Lebte während der Emigration auf den Kanarischen Inseln. Ist stark vom französischen Surrealismus beeinflusst, argumentiert aber gegen die Wiener Phantasten. Redakteur des „Plan". Im Art Club und der Künstlergruppe „Der Kreis" aktiv.

Nowak, Fred
(1919–1974) Drucker in der Österreichischen Nationalbank. Als Maler und Graphiker Autodidakt. Entwickelte eigene malerische Formen der Monotypie und führte viele Künstler in die Druckgraphik ein. Ausstellungen ab 1951.

Okamoto, Yoichi (Yoishi)
Japanisch-amerikanischer Fotograf, der im Auftrag der US-Armee nach 1945 das Leben in Wien, darunter viele Künstler, fotografierte.

Orengo, Charles
Französischer Verleger von illustrierten Luxusausgaben. Er beauftragte Ernst Fuchs mit dem „Samson"-Zyklus.

Pace, Inge
(geb. 1921) Studium in Graz und ab 1945 in Wien bei Gütersloh, wo sie Ernst Fuchs traf. Sehr realistische, sozial engagierte Zeichnungen und Holzschnitte.

Pack, Claus
(geb. 1921) Studium an der Akademie bei Boeckl. Maler und Kunsttheoretiker.

Patzak, Peter
(geb. 1945) Studierte Psychologie und Malerei. Gehört zu den letzten Entwicklungen der phantastischen Kunst in Wien. Als Film- und TV-Regisseur hat seine Serie „Kottan ermittelt" 1976–1983 Kultstatus erreicht. 1992 Professor an der Universität für Musik und darstellende Kunst in Wien.

Pauser, Sergius
(1896–1970) Österreichischer Maler, Porträtist. Studierte in den zwanziger Jahren in München und Wien. Zunächst Expressionist, danach Vertreter der „Neuen Sachlichkeit", von der er sich später wieder distanzierte. 1942 lehnte er eine Berufung an die Kunstakademie Karlsruhe ab. 1943–1944 und 1945–1967 Professur in Wien.

Peithner-Lichtenfels, Bernhard
(geb. 1927) Kunsthändler in Wien, der die Wiener Phantasten und phantastische Werke anderer Künstler in einer Reihe von Ausstellungen in seiner kleinen Stadtgalerie zeigte.

Picasso, Pablo
(1881–1973), eigentlich Pablo Diego José Francisco de Paula Juan Nepomucéno Maria de los Remedios Crispiín Crispriano Santísima Trinidad RUIZ Picasso. Spanischer Maler, Graphiker und Plastiker. Bedeutender Erneuerer der Kunst im 20. Jahrhundert.

Phidias (Pheidias)
(nach 500 v. Chr.–423 v. Chr) Athenischer Bildhauer und Ingenieur, Vollender der griechischen Klassik. Bestimmte entscheidend das Menschenbild der Plastik. Die von ihm ausgebildeten Schüler bestimmten für Jahrzehnte die Kunst Athens. Aus Athen wegen Unterschlagungen geflüchtet, arbeitete er in Olympia aus Gold und Elfenbein das Kultbild des Zeustempels, eines der sieben Weltwunder des Altertums.

Plan
Zeitschrift für Literatur, Kunst, Kulturpolitik. Drei Hefte Januar–März (Sonderheft: Surrealismus) 1938 im Verlag der Wiener Ringbuchhandlung. Verbot durch die Nationalsozialisten. Ab Oktober 1945 bis Februar 1948 erschienen zwölf Hefte des ersten und sechs Hefte des zweiten Jahrgangs.

Praxiteles
(um 370–330 v. Chr.) Athenischer Bildhauer, der in der Antike neben Phidias als Repräsentant der griechischen Klassik galt. Er war wegen seines hohen technischen Könnens bei der Arbeit mit Marmor berühmt. Als epochale Neuerung galt den Zeitgenossen die unbekleidete „Aphrodite von Knidos", um 340, die in zahlreichen Kopien erhalten ist.

Proksch, Peter
(geb. 1935) Studium an der Akademie in Wien. Phantastischer Maler und Graphiker. Erste Einzelausstellung in der Galerie Fuchs. Tapisserien in Zusammenarbeit mit seiner Frau.

Raffael
(1483–1520), eigentlich Raffaello Santi. Italienischer Maler und Baumeister, neben Michelangelo und Leonardo da Vinci Hauptmeister der italienischen Renaissance. Bilder und Teppichentwürfe für den Vatikan. Ab 1515 Bauleiter der Peterskirche.

Rainer, Arnulf
(geb. 1929) Maler und Graphiker. Zunächst am Surrealismus und dem Informel interessiert. Signierte mit „TRRRR". Hinwendung zu „Formzerstörungen" und Übermalungen von Graphiken und Fotos. Professur in Wien.

Regschek, Kurt
(geb. 1923) Österreichischer phantastischer und realistischer Maler. Nach der Kriegsgefangenschaft Studium in München und Paris bis 1951. Erste Ausstellung 1958 in der Galerie Fuchs. Mitorganisator von Ausstellungen phantastischer Kunst.

Rembrandt
(1606–1669), eigentlich Rembrandt Harmensz van Rijn. Niederländischer Maler und Graphiker. Gilt als einer der bedeutendsten Maler mit etwa 600 Gemälden, über 300 Radierungen und mehr als 1500 Zeichnungen.

Renoir, Pierre Auguste
(1841–1919) Französischer Maler und Plastiker, Hauptmeister des Impressionismus.

Rubens, Peter Paul
(1577–1640) Flämischer Maler, Kunsttheoretiker und Historiker. Hofmaler und Diplomat in Antwerpen. Er gilt neben Rembrandt als das größte künstlerische Genie seiner Zeit und beeinflusste alle Bereiche der Kunst. Er schuf Altarbilder, mythologische Szenen, Landschaften, Jagdstücke sowie Porträts und zyklische Folgen, die als Raumausstattungen Verwendung fanden. Von den 2000 bis 3000 Gemälden des Gesamtwerkes gelten etwa 600 als eigenhändig.

Rühm, Gerhard
(geb. 1930) Musiker, experimenteller Schriftsteller der „wiener gruppe" und Graphiker. Als radikaler „konkreter Poet" versuchte er in Rückgriff auf Expressionismus und Surrealismus eine theoretische Standortbestimmung. In der Lyrik verbindet er akustische und graphische Elemente. Happenings mit literarischen und akustischen Arbeiten.

Roth, Joseph
(1894–1939) Österreichischer Schriftsteller, emigrierte 1933 nach Paris. Mit sublimer Melancholie beschrieb er den Untergang der österreichisch-ungarischen Monarchie. Er verstarb als Alkoholiker in einem Armenhospital in Paris.

Saint Phalle, Niki de
(geb. 1930) Französische Plastikerin, Graphikerin, Objektkünstlerin und Schriftstellerin. Sie begann mit „Self-Shooting-Bildern" und erregte Aufsehen mit farbigen Großplastiken, den „Nanas". Gemeinsam mit Jean Tinguely schuf sie bewegliche Brunnen. Gehört zur Gruppe der „Nouveaux Réalistes".

Sartre, Jean Paul
(1905–1980) Französischer Philosoph und Schriftsteller. Lebensgefährte von Simone de Beauvoir. Begründer des französischen Existenzialismus.

Scheer, Manfred
Wiener Kunsthändler, der in Zusammenarbeit mit der Tagespresse neue Käuferschichten für die Wiener Künstler erschloss.

Schiele, Egon
(1890–1918) Maler und Zeichner. Landschaften, Porträts, Akte, Kinderbildnisse sowie Gemälde, die um das Thema Tod kreisen. Seine Arbeiten sind von harter, zeichnerischer Malweise, wobei die Figuren expressiv, unbeschönigt, oft bis zum Skelett abgemagert, darstellt sind.

Schliesser, Roman
Journalist, der als Gesellschaftsreporter „Adabei" der „Kronen Zeitung" wesentlich zum Erfolg und der allgemeinen Akzeptanz der Wiener Künstler beitrug.

Schmeller, Alfred
(1920–1990) Kultur- und Kunstkritiker, Sekretär des Art Club, der den „Strohkoffer" anregte. Konservator am Bundesdenkmalamt und zuletzt Direktor des Museums des 20. Jahrhunderts in Wien. Kenntnisreicher und aktiver Förderer der Kunst seiner Zeit.

Schmied, Wieland
(geb. 1929) Lyriker, Publizist und Kunsthistoriker. Leiter wichtiger Museen und Kultureinrichtungen, wie der Kestner-Gesellschaft oder der Berliner Nationalgalerie. Präsident der Bayerischen Akademie der Schönen Künste, München. Er zeigte die erste Ausstellung der fünf Maler der „Wiener Schule" in Deutschland (1965).

Schongauer, Martin
(1450–1491) Maler und Kupferstecher. Hauptmeister der spätgotischen Malerei und Schöpfer von mehr als 100 Kupferstichen.

Spiel, Hilde
(1911–1990) Schriftstellerin und Übersetzerin. Emigration nach London, Rückkehr 1963 nach Österreich. Bis 1972 Vizepräsidentin des PEN-Clubs.

Stangl, Heinz
(geb. 1942) Studium an der Akademie in Wien. Fand von einer eigenständigen Form der phantastischen Malerei zu einer Form der psychologischen, figurativen Kunst. Erste Ausstellung in der Galerie Fuchs.

Staudacher, Hans
(geb. 1923) Lebt in Wien und Kärnten. Maler und Graphiker informeller Aktionsmalerei unter Einbeziehung von Schriftzeichen („Lettrismus"). Beteiligte sich an Malaktionen (1964 „Bilderverbrennung", 1970 „Abbruch").

Steiner, Rudolf
(1861–1925) Goethe-Forscher, Begründer der Anthroposophie. Versuchte, eine Wissenschaft des Übersinnlichen, mit Betonung der Intuition, philosophisch zu begründen.

Stenvert, Curt
(1920–1992), eigentlich Kurt Steinwendner. Maler, Graphiker, Objektkünstler und Filmemacher. Studium bei Albert Paris von Gütersloh. Frühe Freundschaft mit Ernst Fuchs. Entwickelte die Theorie der „Kybernetischen Malerei“ sowie zeit- und kulturkritische Plastiken.

Surrealismus
„Surrealistische Manifeste“ (1924 und 1930) von A. Breton. Von Apollinaire 1917 benannte Richtung der Literatur und bildenden Kunst. „Der Surrealismus erstrebt die Ausschaltung der Logik und der rational arbeitenden Psychologie, die Vertauschung und Auflösung der normalen Dimensionen, das freie, schöpferische Spiel als assoziierendes Mittel, die Freilegung und Nutzung der Kräfte des Unbewussten und die Hinwendung zur Traum-, Symbol-, Märchen- und Mythenwelt.“

Swoboda, Gerhard
(1923–1974) Studium der Bildhauerei bei Wotruba, jedoch vorwiegend Maler und Graphiker mit phantastischen Landschaften und bukolischen Szenen.

Sydow-Zirkwitz, Heinrich von
Kunsthändler in Berlin und Frankfurt, der sich besonders um die phantastische Kunst bemühte und hier in verstärktem Maß um Ernst Fuchs.

Szyszkowitz, Rudolf
(1905–1975) Österreichischer Maler, Mitglied der „Neuland“-Jugendbewegung. Studium in Graz und Wien. Mitglied des Art Club. Professur in Graz.

Tachismus
siehe Informel

Urbach, Elsa Olivia
(geb. 1935) Malerin und Graphikerin. Studium in Wien, u. a. auch bei Gütersloh. Erste Ausstellung in der Galerie Fuchs. Erstes weibliches Mitglied in der 100-jährigen Geschichte der Künstlervereinigung „Künstlerhaus“.

Verkauf, Willi
(1920–1994) Verleger, Kunsthändler und als André Verlon Maler. Nach der Emigration führte er in Wien eine kleine Galerie für Künstlerbücher und internationale Graphik. Als Maler schuf er zeitkritische Bilder und Collagen.

Wagner, Otto
(1841–1918) Österreichischer Architekt und Stadtplaner. Nach historisierenden Anfängen einer der einflussreichsten Vertreter der Jugendstilästhetik.

Whistler, James Abbott McNeill
(1834–1903) US-amerikanischer Maler und Graphiker, in London und Paris tätig. Schuf Landschaften, Bildnisse und Radierungen.

Wieternik, Peppino
(1919–1979) Maler und Graphiker. Nach Anfängen im Bereich der phantastischen Malerei kam es zur Auseinandersetzung mit der Zwölftonmusik J. M. Hauers und mit Farbtheorien. Mitglied des Art Club.

Wochinz, Herbert
(geb. 1925) Schauspieler, Theaterleiter, Regisseur. Studium am Reinhardtseminar in Wien. 1950–1955 in Paris, mit Kontakten zu wesentlichen Autoren wie Genet, Beckett, Ionesco und Cocteau, deren Stücke er inszenierte. Theatergründungen in Wien und im Schloss Porcia.

Wols
(1913–1951), eigentlich Alfred Otto Wolfgang Schulze-Battmann. Maler, Graphiker und Fotograf. Nach dem Beginn als surrealistischer Maler entwickelte er in der Umgebung von J. P. Sartre den Tachismus.

Zadkine, Ossip
(1890–1967) Russisch-französischer Bildhauer. Lebte in Frankreich und den USA. Viele seiner Plastiken sind gekennzeichnet von einem expressiv umgeformten Kubismus und haben symbolische oder literarische Inhalte.

Zettl, Walter
Hofrat, Kunstkritiker und Kulturpublizist. Unter seiner Leitung als Generalsekretär des Künstlerhauses wurden Phantasten als Mitglieder aufgenommen, darunter die erste weibliche Künstlerin. Er bereitete die große Surrealistenausstellung 1962 vor und stellte nach seiner Berufung an das Österreichische Kulturinstitut in Rom wichtige Kontakte zu Galerien und Künstlern her. Er initiierte die große Wiener-Schule-Ausstellung anlässlich der Europalia in Belgien.

Dieses Buch wurde fertig gestellt
am 30. März 2001.
Exlibris, Selbstporträt und Originalprägung des Einbandes
schuf der Künstler
speziell für dieses Werk.